KB272887

정신보건시설과 인권

정신보건시설_과 인권

김수원 지음

KSI 한국학술정보㈜

정신건강을 위한 10가지 수칙

1. 긍정적으로 세상을 본다.

   ▶ 동전에 양면이 있다는 사실을 믿게 된다.

2. 감사하는 마음으로 산다.

   ▶ 생활에 활력이 된다.

3. 반가운 마음이 담긴 인사를 한다.

   ▶ 내 마음이 따뜻해지고 성공의 바탕이 된다.

4. 하루 세끼를 맛있게 천천히 먹는다.

   ▶ 건강의 기본이자, 즐거움의 샘이다.

5. 상대의 입장에서 생각한다.

   ▶ 다툴 일이 없어진다.

6. 누구라도 칭찬한다.

   ▶ 칭찬하는 만큼 내게 자신이 생기고 결국 그 칭찬은 내게 돌아온다.

7. 약속시간에 여유 있게 가서 기다린다.

   ▶ 초조해지지 않아 좋고 신용이 쌓인다.

8. 일부러라도 웃는 표정을 짓는다.

   ▶ 웃는 표정만으로도 기분이 밝아진다.

9. 원칙대로 정직하게 산다.

   ▶ 거짓말을 하면 죄책감 때문에 불안해지기 쉽다.

10. 때로는 손해 볼 줄도 알아야 한다.

   ▶ 내 마음이 편하고 언젠가는 큰 것으로 돌아온다.

[보건복지부. 2005. '정신보건사업 안내'에서 발췌]

정신질환에 대한 10가지 편견 바꾸기

1. 위험하고 사고를 일으킨다.

    ▶ 치료받고 있는 사람은 온순하고 위험하지 않다.

2. 격리수용해야 한다.

    ▶ 급성기가 지나면 시설 밖에서의 재활치료가 바람직하다.

3. 낫지 않는 병이다.

    ▶ 약물치료만으로도 호전되고 치료재활기술이 개발되어 있다.

4. 유전된다.

    ▶ 유전적 경향성이 있을 뿐이며 이는 고혈압, 당뇨, 심장질환도 같다.

5. 특별한 사람이 걸리는 병이다.

    ▶ 평생 동안 열 명 중 세 명은 정신질환에 걸린다.

6. 이상한 행동만 한다.

    ▶ 증상이 심할 때만 잠시 부적절한 행동을 한다.

7. 대인관계가 어렵다.

    ▶ 만날 친구가 없어 혼자 지낼 뿐 실제는 사귀기를 원한다.

8. 직장생활을 못한다.

    ▶ 정신질환이 기능을 상실시키지는 않으며 일할 기회가 없어서 못한다.

9. 운전과 운동을 못한다.

    ▶ 상태가 악화되었을 때만 주의하고 제한하면 된다.

10. 나보다 열등한 사람이다.

    ▶ 정신질환이 지능과 능력을 떨어뜨리지는 않는다.

[보건복지부. 2005. '정신보건사업 안내'에서 발췌]

머리말

[현관에 들어서자마자 강렬한 소독약 냄새가 나고 있다. 입원환자의 명단을 건네주는 직원들의 근심어린 표정, 쌓여 있는 환자들의 입원과 퇴원관련 서류들, 의무기록지와 계속입원심사 관련 자료들을 뒤적이며 나오는 한숨소리, 원무과장의 장황하고도 쉼 없는 해설, 환자들의 불안해하는 눈동자, 창문을 가리고 있는 쇠창살, 원장님께서는 전화를 어디에 자꾸 걸고 계시는지 원.] 정신병원에서 124시간의 강박과 격리로 인하여 환자가 사망하였다는 얼마 전 보도를 보면서 떠올린 정신병원에 대한 기억이다. 수많은 시설에 대한 조사과정 중에 나는 이들을 방치한 사회와 내가 미친 줄 알았다.

A정신병원에 입원해 있다가 퇴원한 한 환자의 입에서는 온갖 불만의 소리가 쏟아져 나오고 있다. "진료 및 간호인력 부족으로 환자가 적절한 환경에서 치료받을 권리를 침해당했습니다. 야간 당직의사가 없어서 응급환자에 대한 조치가 미흡합니다. 방치로 인해 환자가 사망한 것 같아요. 전화사용도 못하게 하고 면회를 막 금지시켜요. 강제노역도 시키고 가혹행위도 있어요. 이놈의 격리와 강박이 문제예요"

B정신병원 역시 마찬가지이다. "환자들이 입원할 때 보호자 동의 없이 입원동의서 및 입원서약서를 직원이 작성하고 있어요. 퇴원사실 없이 계속 입원해 있는 환자에 대해서도 보호자에 의해 퇴원한 것처럼 서류를 허위로 작성했어요. '입원 후 3개월 이전에는 퇴원을 할 수 없다.'는 내용의 각서를 환자보호자들에게 부당하게 징구하는데요. '정신보건심판위원회'에서 퇴원명령을 한 환자에 대해서도 퇴원조치 없이 서류상으로만 입·퇴원 처리를 했어요. 10년 동안 한 번밖에 나가질 못했어요."

이들 환자 말이 사실이라면 이는 정신보건법 위반뿐만 아니라 우리나라 헌법에서 규정하고 있는 인간의 기본 권리(인간의 존엄과 가치 및 행복추구권, 신체의 자유, 사생활의 비밀과 자유 및 통신의 자유 등) 침해와도 무관하다 할 수 없다. 물론 위의 진술 모두가 사실임을 증명할 수는 없지만, 지난 2004년도 해당 검찰청이 이곳 소재 정신병원 2곳에 대하여 정신보건법 위반, 국가인권위원회법 위반, 사문서 위조, 위조사문서행사죄로 기소하였고 법원 또한 이에 대한 범죄사실을 인정한 사실이 있다는 점만으로도 시설 수용 정신장애인들에 대한 인권침해는 이미 심각한 수준에 이르렀다고 판단할 수 있다.

이 책은 필자가 수년 동안 정신보건시설에 대한 조사 과정에서 얻은 내용들을 기본으로 하고 있으며, 따라서 시설에서의 다양한 인권침해 행위들에 대하여 비교적 상세히 기록할 수 있었다. 또한 이러한 조사를 할 수 있는 바탕이 되는 정신보건법과 시설의 사회적 책임과 관련된 내용 등을 언급하여 포괄적인 시설 인권을 설명하려 하였다.

정신보건시설에 대한 지금까지의 다양한 조사결과를 놓고 살펴보면, 시설과 처우 등 전반적인 인권수준이 향상되었다고는 볼 수 있지만 이것은 어디까지나 수년 전의 상황과 비교한 상대적 평가일 뿐이며 앞으로도 많은 부분이 개선되어야 함이 분명하다.

앞에서 언급한 일부 내용들만으로 이들 전체 시설들을 평가하거나 매도할 수는 없을지 모르나 아마 정신장애인에 대한 처우와 정신보건시설의 실태에 조금이나마 관심이 있는 사람들은 2003년 말에 개봉되었던 박찬욱 감독의 영화 '올드보이'를 한 번쯤 떠올렸을 것이다. 이 영화는 영문도 모른 채 장기강제 감금되었던 한 남자의 이야기이다.

2007년 10월

저자 김수원

차 례

제 **1** 부

이론과 사례

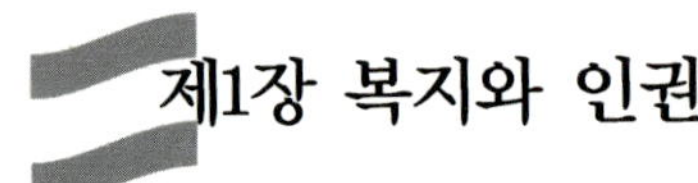

제1장 복지와 인권

1. 인권의 개념과 역사

※ 정의와 특성

인권은 말 그대로 인간이 가지고 있는 기본적 권리로서 단순히 사람이라는 이유 하나만으로 누리는 권리를 말한다. 또한 인권은 인간이 사회생활을 영위해 가면서 마땅히 누려야 할 권리를 의미하기도 하며 인간이 세상에 태어나 성장해 가면서 바라는 것, 희망하는 것, 요구하는 것들을 권리의 개념으로 승화시킨 것이라 할 수 있다.[1]

아울러 인권이란 개념은 매우 복잡하고 논쟁적인 개념이라고도 할 수 있다. 개략적으로 말해서 인권은 단지 인간이라는 조건으로부터 주장할 수 있는 정치적, 경제적, 사회적 및 문화적 제반 권리를 지칭하기도 하지만 인권이 포괄할 수 있는 권리의 구체적 내용과 범주에 대해서는 다양한 시각이 대립되고 있기도 하다(Weigel 1995, 41-45).

인권에 관한 이렇게 많은 자료와 내용 중에서도 우리나라 국내법인 '국가인권위원회법'에서 규정하는 인권에 대한 정의를 살펴보면 포괄적이고 명료함을 알 수 있다. 그것은 '인간의 존엄과 가치 및 자유와 권리'이며, 구체적으로는 '우리나라 헌법과 법률에서 보장하는 권리'이기도 하고 '우리나라가 가입 · 비준한 국제인권조약에서 인정하는 권

---

1) http://cyberhumanrights.com:5555/index.html

리', '국제관습법에서 인정하는 권리'임을 말하고 있다.[2] 정리하자면 인권은 기본적이고 필수적인 권리라 할 수 있으며, 보편성을 가지고 있고 법으로 보장되는 권리 이상의 것이라고 할 수 있다. 그리고 인권은 생명, 자유, 평등, 정의, 사회적 책임 등을 기본 가치로 하고 있다는 데에서 특성을 찾을 수 있다.

※ 사상적 연원

계몽주의 기간의 자연권 사상을 기점으로 활발하게 논의되었던 인권 개념은 그 형성 및 전개과정에서 도출되었던 기간적 한계를 극복하고 지난 수 세기 동안 노동자, 여성, 아동, 소수민족 및 정치사회적 소외 계층 등 정치적 삶에서 주변화된 행위주체들의 권리 회복과 증대를 중심으로 한 정치적 투쟁과 일차적인 연계성을 갖는다. 특히 이 과정에서 인권 개념은 자체의 주체성 및 정체성에 근거하여 사회적 측면에서 실천성의 담보를 실현해야 하는 역사사회학적 의제 설립에 있어서 중심적 위상을 확보할 수 있다는 가능성과 기대를 제공하기도 하였다. 이러한 상황조건의 변화에 근거하여 기본적 인권규범의 내용과 가치도 끊임없이 발전해 왔다. 즉 자유에 대한 관념과 국가폭력으로부터의 보호에 기반을 둔 시민적·정치적 권리로부터 시작된 소극적 인권관념이, 사회적·경제적 재화와 용역 및 기회에의 평등을 보장함과 동시에 이를 위한 국가의 적극적 의지 및 행동을 요구하는 경제적·사회적·문화적 권리로까지 발전하기에 이르렀다(Donelly 1989, 143-144).

이에 따라 모든 국가 권력이 인권을 최대한 존중하고 보장할 의무가 있다는 규범적 전제가 가능해졌는데, 이것이 확대되어 온 인권에

---

2) 국가인권위원회법 제2조 제1항.

대한 기본 내용을 구성하게 되었다. 이러한 서구적 인권 사상의 핵심은 현재 인권의 개념 및 그 적용 범위가 단지 서구 사회에 한정되지 않고, 전체 지구사회에서 일반적으로 적용·준수되는 '보편적 권리'로서의 포괄적 수용성을 지녀야 한다는 사회적 함의를 획득하기에 이르렀다.

※ 세대별 구분

이러한 근대 인권의 발전사를 세계사적 맥락에서 세대별로 구분하여 이론적으로 접근하고 있는 아래의 입장은 매우 시사적이라 할 수 있다(Montgomery, 1996 ; Vasak, 1982).

흔히 제1세대 인권이라고 불리는 '자유권'은 근대 시민사회 형성기에 부르주아들의 자유로운 산업 활동을 보장하기 위한 권리 보장에 근거를 두며 주로 자유민주주의권 국가들에서 발전되어 왔다. 이후 파리코뮌과 러시아혁명을 거치면서 제2세대 인권이라 불리는 '사회권' 개념이 확대·발전되었다. 사회권 개념은 주로 사회주의권 국가들에 의해 자유권에 선행되어야 한다는 논리로서 지지되어 왔지만, 현재 국제사회에서는 자유권에 비해 그 법적 차원에서의 제도화 수준 및 실질적 장치가 상대적으로 취약한 상황이다. 이러한 제1세대와 제2세대 인권 개념은 상호 간에 그 우선순위를 두고 지속적인 논쟁을 전개해 오고 있으며, 이는 일부 서부 국가들과 제3세계 간의 외교적 마찰로까지 연계되는 등 매우 복합적인 정치적 의제를 형성해 나아가고 있다.

인권 문제를 둘러싼 제3세대 논쟁은 1960, 70년대에 식민지 해방투쟁이 전 세계적으로 본격화되면서 '민족자결권'(self-determination)의 주장 등을 중심으로 현재에 이르고 있다. 특이할 만한 사실은 최근 이러한 제3세대 인권논쟁이 기존의 제1세대, 제2세대 인권논쟁과 중층적으로 연계되면서 전개되고 있다는 점이다. 제3세대 인권논쟁의 핵심은 개인의 권리보다는 집단과 공동체의 권리에 초점이 맞춰지고 있는데, 발전에 대한 민중의 권리, 환경권, 평화권, 더 나아가서 문화적 유산 보존 및 인도주의적 원조(humanitarian assistance) 등 최근의 현안들이 거의 망라되어 있다(Chung, 1999, 8-9). 이는 세계사적 변화의 역동적 추동성을 언급할 경우, 학계가 일반적으로 제시하는 1970년대 일련의 현상들(예: 비국가행위자들의 등장, 비정치적 쟁점인 하위정치의 전면적 부상, 제3세계의 중요성, 쟁점 중심의 국가들 간 통합 추세 등)뿐만 아니라, 1968년의 혁명사적 현상들(예: 신좌파 및 신사회운동에 의한 자본주의사회의 모순 및 인권·여성·환경·평화 등의 의제들)과 밀접한 관련성을 지니며, 이런 현상은 21세기에 더욱 확산되고 있는 반주류적인 세계사회운동 등에서도 필연적인 논리적 연계가 있음을 발견할 수 있다.

※ 이론적 구분

정형적인 이론적 패러다임의 수준에서도 인권문제에 대한 다양한 접근태도를 발견할 수 있다(Schmitz 2003, 521-522). 먼저 현실주의(realism) 시각에서는 국가의 정책 결과들이 안보와 같은 국가의 거시적 정책이나 정치권력의 물질적 능력의 분포에 의해서 결정되기 때문에, 인권과 같은 규범이나 비국가행위자들을 독립적인 세력으로서의 중요성을 갖지 못한 것으로 인식하는 관점을 취하고 있다. 그에 비해 자유주의(liberalism) 시각은 다양한 집단들의 정치적 선호와 같은 국가 하위적 원천들을 정치적 결과의 결정요인으로 간주하기 때문에, 인권은 매우 중요한 정치적 의제로서 인정된다. 최근의 구성주의(constructivism) 시각은 국가사회의 두 요소인 행위주체와 체제구조의 상호작용을 중시하면서, 국제적·국내적인 정책 결과에 대해 물질적인 인식과 대비되는 인권에 대한 행위주체들의 관념(ideas)과 정체성(identities)이 상호주관성(intersubjectivity)을 매개로 하여 사회적으로 구성해 내는 인권규범과 실행의 사회적 구조화를 강조한다. 따라서 이런 시각에 따르면, 인권에 대한 주체로서의 행위자를 강조하는 점에서는 현실주의와, 인권을 둘러싼 행위자로서의 주체와 정치권력 및 제도라는 구조의 사회적 상호작용을 강조하는 점에서는 자유주의와 확연한 변별력이 있음을 관찰할 수 있다.

2. 복지정책과 인권

※ 사회복지의 가치관과 인권

사회복지의 개념은 사회문화적 환경과 시대적 발전에 따라 다양하게 변화되어 왔지만 사회복지는 인간존중, 인간의 존엄성, 평등, 자유, 권리, 사회정의, 자기결정권 등과 같은 내용을 표방해 왔기 때문에 사회복지의 핵심적인 가치는 인권이라 해도 결코 지나친 주장이 아닐 것이다. 보다 구체적으로 사회복지가 추구하는 가치는 다음과 같이 이야기할 수 있다. ① 개인의 복지와 안녕을 사회의 일차적인 관심으로 본다. ② 개인과 사회 환경은 상호 의존적이다. ③ 인간들은 서로 도와주어야하는 사회적 책임이 있다. ④ 모든 인간은 공통적이면서도 개인적인 독특한 요구를 갖는 존재이다. ⑤ 민주사회의 본질은 개인의 잠재력을 개발하고 적극적인 사회참여를 통해 사회적 책임을 수행하도록 한다. ⑥ 사회는 개인의 자아실현에 방해가 되는 요소를 제거하거나 예방할 책임이 있다(국가인권위원회 a 2003, 108).

만일 장애, 신분, 재산 등의 원인으로 인해 개인의 존엄성이 훼손된다든지 열악한 주변 환경으로 인해 이들의 활동성과 행복추구권이 침해당한다면 인권 침해 상황이 발생되었다고 능히 볼 수 있다.

복지정책이 지향하는 인권의 요소는 아주 분명하다. 과거에는 '인권' 그 자체보다는 '욕구충족'의 문제에 집착해 있었다. 그러나 엄밀히 생각해 보면 복지정책은 본질상 인권의 이상을 여러 형태로 실현, 보장해 주는 실천 분야이다. 이것은 단순히 우리만의 생각이 아니고 세계적인 추세이기도 하다. 이러한 추세에 대한 이해는 복지정책을 수행하는 사람들에게는 하나의 도전임과 동시에 인권실무의 중요성을 환기시켜 새로운 생각과 실천의 장을 제공한다. 복지정책이 인권에 대해 관심을 갖는 것은 단순히 수사학적인 용어로 우리에게 감동을 주고자 하는 것만이 아니라, 국민통합의 과제를 실현하겠다는 핵심적인 국가정책과도 밀접하게 연계되어 있다. 그럼에도 복지정책은 헌법의 보장에도 불구하고 다분히 시혜적인 관점에서 접근되며 인권의 향상이라는 보다 본질적인 목표와는 거리가 먼 것이 현실이다. 이것은 의도적이라기보다는 인권이라는 추상적 가치와 정책과제 간의 관계에 대한 인식의 역사가 일천하기 때문일 것이며 사회권 실현이 요구하는 예산 확보의 문제와도 연루되어 있다(국가인권위원회 a 2003, 109).

※ 복지패러다임의 변화

과거의 복지정책은 시혜적이고 자선적인 요소가 강했고 사회문제의 해결, 인간의 사회복지와 복지정책이 긴밀한 관계를 맺는 데에는 상당히 긴 역사적 과정을 필요로 했다. 그리고 가족이나 지역사회, 종교의 자선적 기능이 유지되던 과거의 전통사회에서는 협의의 개념인 복지의 '보완적' 기능이 큰 문제를 제기하지는 않았다. 그러나 현재의 복지정책은 광의의 개념인 '제도적' 부분이 강조되고 있으며 이것이 뿌리를 내리는 데에는 산업화로 인한 가족 기능의 변화, 농촌사회의 도시화 외에 이념 간의 갈등도 한몫을 했다. 이런 점을 염두에 둔다면 오히려 사회복지는 '인권'이라는 개념을 사용하지 않았을 뿐 이미 오래전부터 인권의 향상이라는 과제와 긴밀한 관계를 맺고 있었다. 인권의 향상에 직접적인 영향을 미치는 복지정책은 전문사회사업의 가치관과 밀접한 관계를 가진다. 아마도 복지와 인권과 헌법, 특히 사회법이 밀접한 관계를 가지고 등장하기 시작한 것은 최근에 와서 인권과 복지에 대한 세계적인 추세가 전통적인 시혜적 복지에서 권리의 개념으로 변화하기 시작한 것에서부터이다. 즉 과거 복지정책이 의·식·주와 같은 '인간의 기본적 욕구 충족'이라는 욕구패러다임(Needs Paradigm)에서 권리의 패러다임(Rights Paradigm)으로 사고의 전환이 이루어지기 시작했는데, 이때 복지수혜 대상자가 생존을 보장받을 수 있는 욕구를 충족해야 된다는 것은 단순한 개인의 능력이나 선택의 문제가 아니라 국가의 책임을 강조하는 기본적인 정의와 권리의 문제라는 인식이 대두되기 시작한 것이다. 물론 이것은 '욕구'의 개념이 더 이상 복지정책에 시사하는 가치를 약화시키는 것은 아니며, 국가는 과거 시민사회에서는 자유로운 경제활동을 지원하기 위하여 방임적·소극적이었지만 이제 복지국가의 기간에는 공공의 복리, 사회질서 유지 등을 법리를 통하여 계약적 자유를 제한하는 적극적 역할을 수행함으로써 시혜가 아닌 권리로서 인정해야만 욕구의 충족 그 자체도 가능할 것이라는 인식에서 비롯된 것이다. 그러나 헌법, 사회복지법의 존재에도 불구하고 이러한 패러다임의 변화는 아직도 현실적 구체성을 가지지 못하는 하나의 이상으로 간주되기 때문에 복지의 소극적 개념인 보완적 차원에 기초한 '욕구패러다임'을 넘어서지 못했다. 따라서 복지정책 그 자체를 인권실무의 한 국면으로 인식하는 것은 이러한 문제를 극복하기 위하여 아주 중요한 의미를 갖는다(국가인권위원회 a 2003, 110-111).

한 나라의 복지정책과 관련 법률의 제정은 단순한 지원이라는 차원을 넘어서 개인의 당연한 권리의 문제로 인식하고 접근해야 한다. 물론 우리나라도 전통적인 복지의 개념에 대한 인식의 변화가 있었고, 많은 관련 법률의 제정과 정부의 정책적 지원이 뒤따랐다. 그럼에도 불구하고 복지의 개념이 갈수록 부각되고 있는 것은 이러한 기본적 권리의 개념을 포괄적으로 적용하고 적극적으로 구현하려는 대다수 국민들의 노력 때문이다.

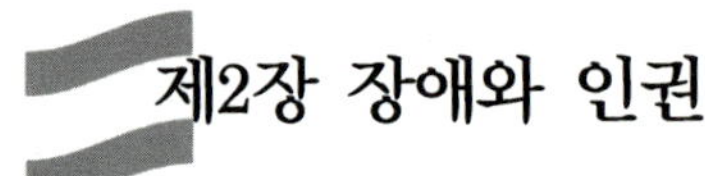

제2장 장애와 인권

1. 장애인 복지와 인권

※ 차별과 인권침해

장애인들에 대한 차별과 인권침해 행위는 우리 주위에도 많이 존재한다. 2001년 11월 26일부터 2007년 6월 30일까지 국가인권위원회에 접수된 장애 관련 차별 진정은 453건에 이르고 있으며, 다수인보호시설 침해관련 진정은 933건으로 이들 내용 역시 다양하다.[3] 물론 조사대상에 해당되지 않거나, 내용이 사실과 다름으로 해서 각하나 기각처리된 것도 상당수이지만 비교적 많은 진정들이 문제가 있다 해서 권고처리되었다.

장애에 의한 차별은 장애를 이유로 고용·교육 등에서 배제하거나 구별 또는 불리하게 대우하는 경우를 의미한다.[4] 장애를 이유로 한 차별을 금지하고 있는 영역은 고용(모집, 채용, 교육, 배치, 승진, 임금, 임금 외 금품, 정년, 퇴직, 해고 등)과 재화 등의 공급이나 이용(재화, 용역, 교통수단, 상업시설, 토지, 주거시설 등), 교육시설 등의

---

3) 국가인권위원회 인권정보-인권통계자료-107번 참조.
국가인권위원회법에서 규정하고 있는 다수인보호시설에는 장애인복지시설과 정신보건시설이 포함된다.
4) 장애인복지시설과 정신보건시설에서의 인권침해 행위에 대해서는 뒤에서 별도 언급하기로 한다.

이용으로 구분되며 위 영역에서 비장애인과 동등하게 대우하지 않는 행위 등 합리적인 이유 없이 장애인에게 불이익을 주거나 이들을 배제·구별 또는 불리하게 대우하는 일련의 모든 행위를 차별행위로 본다(국가인권위원회 2005, 126).

그러나 이러한 장애인에 대한 차별과 인권침해행위를 엄격히 제한하고 있음에도 아직 우리사회에서는 장애인에 대한 부당한 처우가 이루어지고 있고 법률적으로도 실질적 도움을 받기가 어려운 형편이다. 한 예로, 우리나라 '장애인복지법'에는 '정치·경제·사회·문화생활에서 차별해서는 안 된다.'라고만 언급되어 있을 뿐 장애인 차별행위에 대하여 구체적으로 명시하지 않고 있다. 또한 가족관계에 있는 사람으로부터 성폭행을 당하는 경우, 병원이나 시설 입원을 강요당하는 경우, 장애를 가졌다는 이유로 이혼을 요구당하는 경우, 장애 자녀를 출산했다는 이유로 이혼을 요구당하는 경우, 이혼과 함께 양육권을 침해당하는 경우 등 이와 관련된 사례는 실로 헤아릴 수 없이 많다.

※ 사례: 장애인 특별전형 시 장애유형에 의한 응시기회 차별[5]

이모 씨는 2003년 2월 ○○대학교 등이 특수교육 대상자 특별전형을 실시하면서 지원자격을 시각·청각·지체부자유 장애인으로 제한한 것은 위 유형 외의 장애인에 대한 차별이라며 진정을 제기하였다.

진정인은 양극성정동장애로 인해 정신장애 2급 판정을 받았는데, 2003년 ○○대학교 특수교육 대상자 특별전형에 응시하려 했으나 해당대학이 지원자격으로 제시한 위 경우에 해당하지 않는다는 이유로 원서조차 접수하지 못했다.

이에 국가인권위원회는 특수교육 대상자 특별전형에 따른 최종적인

---

5) 국가인권위원회 보도자료. 2004. 2. 25.

학생선발은 대학이 자율적으로 결정할 사안이나 평등성과 보편성의 원리에 입각하여 교육적·사회적으로 소외되어 있는 계층에 대해서도 대학교육의 기회를 확대할 필요가 있고, 특히 고등교육기관으로서 각 대학은 특수교육에 필요한 시설 등을 지속적으로 확충하고 적극적 우대조치를 통해 장애인의 고등교육 기회를 확대하는 등 궁극적으로 우리 사회의 장애인에 대한 인식을 개선하는 데 선도적인 역할을 담당해야 할 사회적 책무가 있다고 보아 특수교육 대상자 특별전형 지원자격을 위와 같이 제한한 것은 '특수교육진흥법' 제10조가 규정하고 있는 정신지체, 정서장애(자폐성 포함), 언어장애, 학습장애를 가진 자에게 특별전형에 지원할 수 있는 기회조차 박탈한 것으로 장애의 종류를 이유로 교육시설 이용에서 차별한 행위라고 판단하여 시정을 권고하였다.

※ 사례: 장애를 이유로 한 승진 차별[6]

김모 씨는 1977년에 9급 국가공무원으로 임용되어 ○○대학교 도서관에 근무하면서 장애인이라는 이유로 20년 동안 6급 승진에서 누락되고 있다며 2004년 2월 해당 대학교 총장을 상대로 진정을 제기하였다.

진정인 김모 씨는 3급 뇌성마비 장애인으로 2급 정사서 자격증을 가지고 있고, 1977년 ○○대학교 도서관에 9급 공무원으로 신규 임용되어 열람과와 정리과에서 일본서·중국서를 비롯한 여러 종류의 도서 분류·정리·수정 일을 하였으며 1984년 7급 공무원으로 승진된 후 현재까지 이 일을 하고 있다.

이에 국가인권위원회는 김모 씨가 장기간의 근무경력과 일본서·중국서 정리업무에 필요한 언어능력 등을 갖추고 있으며, 함께 근무하는 직원의 다수가 김모 씨의 업무능력에 대해 긍정적인 평가를 내리고

---

6) 국가인권위원회 보도자료. 2004. 11. 16.

있고, 1999년부터 2003년까지 근무평정을 한 평정자 역시 김모 씨의 업무능력에 대해 특별한 문제점을 지적하고 있지 못함에도 불구하고 지속적이고 예외적으로 하위의 평정점수를 준 것은 장애인 차별이라고 인정하여 권고하였다.

2. 장애인 인권법과 관련 규정

※ 국제규정

UN '세계인권선언'(1948)에서는 모든 사람의 자유와 이들의 동등한 존엄성 및 권리를 천명하고 있고 신체장애 및 기타 불가항력적인 사정에 의한 생활의 곤궁 시 생활보장을 받을 권리에 대하여 규정하고 있다. UN '장애인권리선언'(1975)에서는 신체적, 정신적 장애를 예방하고 장애인들이 능력을 최대한 개발할 수 있도록 원조하며, 가능한 이들이 통상적인 생활에 통합될 수 있도록 촉진해야 함을 언급하고 있으며, UN '장애인권리협약'(2006)은 전 세계 국가와 일반사회로 하여금 모든 장애인이 모든 인권과 기본적인 자유를 완전하고 동등하게 향유하도록 증진·보호·보장하고 모든 인권향유를 명백히 하여 보호·장려해야 함을 규정하고 있다. 또한 장애인의 고유의 존엄성을 존중하도록 장려함을 목적으로 하고 있다. 이와 같은 장애인권리협약은 기존의 선언들에 비해 국제적 강제력을 가질 뿐 아니라, 기본 이념과 원칙에 있어 진일보한 내용을 담고 있다고 볼 수 있으며, 주요 원칙으로는 스스로 선택할 수 있는 자유를 포함한 개인적 자율성과 독립성 존중, 차별금지, 완전하고 실질적인 사회참여와 사회통합, 인류다양성과 인간성의 부분으로서 장애의 다양성 수용, 기회균등, 접근성, 양성평

등, 장애아동 역량개발을 위한 존중과 장애아동의 정체성 보호를 위한 권리존중 등이라 할 수 있다(국가인권위원회 a 2006, 14-15).

그리고 국제연합의 여러 규정에서도 장애인의 인권과 관련된 다양한 내용들을 찾아볼 수 있는데 '정신장애인보호와 정신보건의료 향상을 위한 원칙'(1991), '장애인 기회 균등에 관한 기준 규정'(1993) 등이 그것이다.

※ 국내법·규정

우리나라 '헌법'에서는 모든 국민이 인간으로서의 존엄과 가치를 가지며 행복을 추구할 권리 등에 대한 기본적 인권에 대하여 규정하고 있으며 '장애인복지법' 역시 이들의 존엄과 가치존중 및 이에 상응하는 처우에 대하여 전반적으로 언급하고 있는데, 모든 장애인은 국가 및 사회를 구성하는 일원으로서 정치, 경제, 사회, 문화 기타 모든 분야의 활동에 참여할 기회를 보장받고, 차별금지, 구체적인 복지서비스 청구의 권리 등에 대한 내용 등이 그것이다.

또한 '특수교육진흥법'에서는 장애인의 동등한 교육보장, 장애학생의 의무교육 및 다양한 교육방식에 대하여 규정하고 있으며 '장애인·노약자·임산부등의편익증진보장에관한법률'에서는 다른 사람의 도움 없이 안전하고 편리하게 시설 및 설비를 이용하고 접근하도록 보장함으로써 이들의 사회활동 참여와 복지증진에 이바지해야 함을 언급하고 있다. '한국장애인인권헌장'(1998) 역시 장애인이 인간의 존엄과 가치를 가지며 행복을 추구할 권리를 갖는 인권의 주체임을 천명하면서 국가와 사회는 장애인의 인권보호와 완전한 사회참여 및 평등을 위한 사회적 여건과 환경을 조성해야 함을 선언하고 있다.

제3장 정신장애와 인권

1. 정신장애인과 인권

※ 차별과 인권침해

WHO(World Health Organization)에 따르면, "정신 및 행동장애는 질병의 12%를 차지하고 있음에도 불구하고 대부분의 국가들이 전체 보건지출의 1%미만만을 지출하고 있다"고 지적하고 있다. 그리고 2001년의 세계보건보고서에서도 "약 4억 5천만 명이 정신 및 행동장애로 고통을 받고 있으나 오직 소수만이 최소한의 치료를 받고 있다"고 보고하고 있다. 또한 "40% 이상의 국가가 정신보건정책을 갖고 있지 않으며(아동과 청소년 정신보건정책의 경우는 90% 이상), 30% 이상이 정신보건프로그램을 갖추고 있지 않다"는 내용도 언급하고 있다(국가인권위원회 2006, 63).

정신장애인 인권단체인 Mental Disability Rights International(MDRI)은 정신장애인이 대부분의 국가에서 낙인과 차별의 대상이 되고 있으며, 대중의 눈을 벗어나 이루어지는 인권유린의 정도가 다른 어떤 집단에 비해 더욱 심각하다고 보고하고 있다. 이들이 각국을 조사하며 보고한 사례인 '정신장애인시설에서의 직원에 의한 성폭행'(Kosovo), '우리 안의 감금'(Hungary and Paraguay), '마취제나 이완제를 쓰지 않는 전기경련요법'(Turkey, Peru, and Bulgaria) 등은 우리나라의 현실과 무관하지 않다

(MDRI, 2005).

현재 정신장애인 인권침해에 관하여 사회적으로 문제 되고 있는 것은 정신보건시설에서의 장기입원 및 장기입소(감금과 유사), 시설 내에서 발생하고 있는 다양한 형태의 부당 행위들이지만 정신장애인의 생존권 및 행복추구권, 주어진 환경에서 적합한 치료를 받을 권리와 같은 사회적 기본권에 대한 논의가 선행되지 않는다면 여러 가지 제시되고 있는 해결책들은 의미가 없다고도 볼 수 있다. 다시 말하면 이들의 치료받을 권리, 이를 뒷받침해 줄 수 있는 치료환경, 이에 근거가 되는 법률적 문제 등의 재검토가 필요하다.

※ 일반 법안에서 정신질환자에 대한 차별[7]

정신질환을 앓고 있는 사람의 기회박탈로 인한 인권침해는 일반 법안에 쉽게 발견되고 있다. 이는 현실적으로 일반대중을 포함하여 법의 제정을 주도하는 사회지배계층이 정신질환에 대한 이해가 매우 낮은 상태에서 정신질환자의 권익에 대한 중요한 결정을 내리기 때문이다. 1980년대 이후 새로운 향정신약물의 개발 등 정신의학의 급격한 발전은 과거의 정신분열증 환자의 기능과 매우 다른 가능성을 보여주고 있다.

과거에는 대부분의 정신분열병 환자가 제한되지 않은 환경에서 다양한 기본 권리를 행사하기에는 어려웠던 측면이 있었지만 이제는 적절한 치료 여부에 따라 사회적 필요에 의해 제한된 기본 권리를 누릴 수 있는 충분한 상태에 이른 환자가 많아지기 시작했다.

따라서 정신분열병, 조울정신병 등의 정신질환자도 소인(trait)보다는 상태(state)에 따라 의사결정능력이나 위험성이 결정된다. 즉 최근

---

7) 국가인권위원회의 정신과시설 인권현황관련 공청회(2004. 11. 20) 자료 중 '정신장애인의 인권보호', 서동우의 글 발췌.

에는 정신질환자의 상당수가 질병의 악화상태에서 잠정적인 기간 동안만 현실 판단능력이 저하되는 속성으로 변화된 정신질환의 개념을 받아들이고 있다. 그러나 우리나라는 정신병환자를 단지 질병의 유무에 따라 기본적인 권리의 부여 여부를 판단하는 과거 정신질환의 개념에 따라 입법된 대부분의 법과 제도가 아직도 유효한 실정이다.

그 차별의 예로는 다음과 같은 것을 들 수 있다.

첫째, 직업선택의 자유를 제한하고 있다. 정신병을 앓는 사람은 주세법상 주조사, 축산법상 수정사, 공중위생법상 이용사 및 미용사, 약사법상 약사, 식품위생법상 영양사, 의료법상 의료인 등이 될 수 없도록 되어 있다.

둘째, 각종 면허를 취득할 수 없다. 정신병을 앓고 있는 사람은 수상레저법상 수상조정면허, 화장품 제조 허가, 원동기 취급면허 등을 취득할 수 없다.

셋째, 정신질환을 앓고 있는 사람은 각종 공공 서비스를 이용할 수 없다. 관련법과 시행령에 의하면 국립현대미술관, 중앙도서관, 민주평화통일자문회의 등에 관람하거나 참석할 수 있는 권리가 없다고 명문화되어 있다.

물론 질병유무가 아닌 증상의 상태에 따라 법률을 달리 적용하는 것은 입법 기술상 어려운 측면이 있다. 그러나 선진국의 입법 사례를 참고하여 예외적으로만 정신질환자의 권리를 제한하도록 각종 법률을 개정하여야 한다.

※ 정신장애인 보호에 관한 이론적 관점

'역사적 제도주의'(Historical Institutionalism)는 1950년대 이후 사회과학의 지배적인 조류였던 '행태주의', '다원주의' 등에 대한 비판으로 등장한다. 즉 '행태주의'가 집합적 행위의 결과를 설명하기 위해 개인의 선호를 분석의 기초로 삼고 개인이나 집단의 특성, 태도 및 행위에 초점을 맞추는 것과는 달리, '역사적 제도주의'는 개인의 선택과 행위에 미치는 제도의 영향을 강조하고 있으며, '다원주의'가 정책을 집단 간 상호작용의 균형을 통해 형성되는 것으로 파악함으로써 집단적인 정치적 행동을 개인적 선택의 집합적 결과에 불과하다고 보는 데에 반해 '역사적 제도주의'는 정책이 형성되는 사회적 맥락과 관계가 개인을 제약할 수 있는 가능성에 초점을 둔다. 또한 '역사적 제도주의'는 '합리선택론적 제도주의'(Rational Choice Institutionalism)와는 제도의 형성을 보는 시각을 달리한다. '합리선택론적 제도주의'가 특정 시기에 제도를 형성하는 행위자들 간의 상대적 권력 관계를 주어진 것 혹은 효용극대화를 위한 자발적인 협력에 의해 만들어진 합리적인 것으로 가정하는 데 반하여, '역사적 제도주의'는 특정 제도에 있어서 그것을 형성한 권력관계 자체가 정치현상의 본질적인 것으로 파악함으로써 제도의 비효율성과 의도하지 않은 결과에 주목한다(국가인권위원회 2006, 65).

정신장애인의 인권과 서비스체계의 문제에 접근하는 데에 있어서 '역사적 제도주의'의 관점은 서비스체계 내에서의 개인의 행위를 개인이나 집단의 특성, 태도 및 행위에 초점을 두고 이해하는 것이 아니라 제도에 의해 특징 지워지는 것으로 해석할 수 있는 시각을 제공한다. 또한 이 관점은 특정한 제도에 내재해 있는 권력관계를 현상의 본질로 파악함으로써 대부분의 인권침해에 수반되는 권력관계의 불평등과 그 비효율성을 들어내어 제도개혁의 본질적 부분을 파악할 수 있는 관점을 제공한다. 정신보건역사에서 정신장애인 보호에 관한 연구는 대부분 그들이 수용상태에서 지역사회로 돌아오게 되는 역사적 맥락에 관한 서술에 초점을 두고 있다. 즉 어떠한 역사적 동인에 의해 정

신장애인들이 정신병원에의 감금상태에서 지역사회로 돌아오게 되었
는가 하는 문제가 주된 관심이 되었다(국가인권위원회 2006, 66).

2. 정신보건시설

※ 시설개요

정신보건시설과 이곳 입소·입원자들의 계속적인 수 증가는 우리나
라 복지·보호정책의 흐름을 예측하게 하고 있으며 또한 이에 대한
연구가 필요함을 말해주고 있는 현상이라 할 수 있다. 하지만 대상자
의 수와 입소 가능한 시설들을 비교해 볼 때 시설의 수는 형편없이
부족하다. 그 이유는 시설은 가정보호 기회에서 벗어날 경우 최소한
합리적 절차를 통한 지원이 되어야 하며 이는 극소수자의 문제이지
공통된 사회 및 복지문제와는 관련이 적다는 인식에서 비롯되었다고
도 볼 수 있으며, 이러한 인식의 확대는 점점 대상자들의 사회적 방치
의 문제로 나타나고 있기 때문이다.

아울러 이러한 경향과 현상은 복지제도가 잘 되어 있는 일부 나라
들에서도 여러 시행착오를 거쳤던 것이며 따라서 비단 우리나라 사례
만은 아니라고 할 수 있다. 사회가 발전하고 생활수준이 높아짐에 따
라 복지에 대한 국가개입의 당위성은 힘을 얻고 있고 국가의 국민복
지 향상 노력과 이에 대한 투자는 선심과 지원이 아니라 의무와 책임
이라는 인식의 확대는 다양한 시설들과 이들의 사회적 책임에 관한
연구를 할 수 있도록 하는 바탕이 되어 주고 있다.

우리나라 현행 정신보건시설들은 서비스 대상의 특성과 설립유형
측면에서 다양한 형태를 보이고 있다. 물론 궁극적으로는 시설입소(입

원)와 보호가 줄어야 하며 이를 위해 가장 필요한 것은 가정의 보호와 이러한 기능을 지원하는 사회보장제도라고 할 수 있다. 다시 말하면 불가피할 경우에만 시설보호 중심으로 전개되어야 하며 이러한 시설보호프로그램은 대상자들을 위해 선택할 수 있는 최후의 방법이 되어야 한다는 것이다. 그렇지만 또 다른 측면에서 본다면 가족과 보호자들의 정신적 스트레스와 육체적 어려움, 경제적 상황을 무시할 수도 없는 것이기 때문에 이들 시설의 역할과 이에 대한 유관 연구가 다양하게 이루어져야만 한다.

※ 시설의 변화

현대사회의 산업화와 도시화 현상은 가족의 구조와 기능 및 가족과의 관계에 많은 변화를 가져와 규모의 축소 및 단순화, 유대약화 등의 현상으로 이어지고 있다. 이와 같은 사회 환경의 변화가 사회 복지 전반에 미치는 영향을 무시할 수 없으며 이는 또다시 시설의 문제로 나타나고 있다.

일반적으로 정신보건시설이 아래와 같이 변화되고 있다고 가정해 볼 때, 우리나라의 시설 상황은 현재 어느 단계라고 단정하기는 어렵다. 그 이유로 우리나라는 시설의 종류와 위치, 지역, 지원형태에 따라 어느 한 단계가 아니라 모든 단계에 걸쳐 다양하게 공존하고 있고 또 현재도 진행과 변화 중인 것으로 파악되고 있기 때문이다. 하지만 아래 표의 마지막 단계인 윤리적이고 인권적인 시설이 궁극적 목표라고 한다면 아직 우리나라는 이 시설로의 접근이 되지 않았다고 판단할 수 있고 그 이유 중의 하나로서 책임문제를 언급할 수 있다. 따라서 사회적 책임의 부족문제는 인권적 시설로의 접근이 어렵다는 것으로 해석할 수 있다.

[표 1] 정신보건시설의 진행과정[8]

※ 시설현황[9]

정신보건법에서는 정신보건시설을 아래의 표에서 보는 것처럼 크게 정신의료기관, 정신요양시설, 그리고 사회복귀시설로 분류하고, 정신보건사업의 수행에 필요한 인력으로 정신보건전문요원제도를 법제화하고 있다.

정신의료기관은 다시 정신병원, 종합병원 정신과, 병원 정신과, 정신과의원으로 분류되고 있다. 2005년 6월 현재 국공립정신병원은 18개소 8,211병상, 사립정신병원, 종합병원 정신과, 병원 정신과 및 정신과의원이 1,018개소 51,652병상이 운영되고 있으며, 정신요양시설은 전국적으로 56개소 14,050병상이 있다. 한편 사회복귀시설은 134개소가 운영되고 있으며 정신보건센터는 126개소의 운영이 중앙정부에 의해 지원되고 있다(국가인권위원회 2006, 67).

이 외에도 행정지침상으로 정신보건서비스를 제공하는 것을 주목적으로 하는 조직으로는 사회복귀시설, 정신보건센터, 알코올상담센터, 정신병원, (종합)병원 정신과, 정신과 의원 그리고 정신요양시설 등이 있다. 정신보건사업을 실시하고 있는 보건소, 지역사회에서 빈곤계층,

---

8) 최근에는 보호시설들의 소규모화가 강조되고 있는데, 본 표에서는 초기 시설들의 설립과 운영이 소규모로 시작되었음을 표시하기 위해 소규모시설을 앞에 배치해 놓았다.

9) 시설 현황부분과 관련해서는 2006년도 국가인권위원회 인권상황실태조사 연구용역 보고서인 '정신장애자 인권개선을 법제연구'의 현황을 인용하였다.

장애인, 노인, 청소년 등 소외집단에게 상담, 사례관리, 자조집단, 사회
성 훈련 그리고 취미활동 등의 서비스를 제공하고 있는 장애인 복지관
등도 취약계층의 정신질환 예방활동이나 재활사업과 관련된다는 측면
에서 넓은 의미의 정신보건조직에 포함해서 고려할 수 있다.

[표 2] 우리나라 정신보건시설 현황(2005년 6월 30일 현재)

구분		기관수	인원/병상 수	주요 기능
정신보건센터		126	28,847 (등록)	정신질환예방, 정신질환자 발견 · 상담 · 진료 · 사회복귀훈련 및 사례관리, 정신보건시설 간 연계체계 구축 등 지역사회정신보건사업 기획 · 조정 및 수행
정신의료 기관	국 · 공립	18	8,211	정신질환자 진료, 지역사회정신보건사업 지원
	민간	1,018	51,652	정신질환자 진료
정신요양시설		56	14,050	만성 정신질환자 요양 · 보호
사회복귀시설		134	681(입소) 3,335(이용)	치료 · 요양하여 증상이 호전된 정신질환자 일상생활 · 작업훈련, 주거
계		1,372		

정신보건법 제정 이후의 특징적 변화로 1996년에 1,211명이었던 정
신과전문의가 2000년에 1,358명으로 증가한 것과 정신병상이 1996년
21,531병상에서 1999년 8월 36,387병상으로 증가한 것을 살펴볼 수 있
다. 2004년에 이르러서는 정신병원의 병상은 62,554병상으로 이전보다
더 빠른 속도로 증가하였다.

1996년 18,639병상에 달하였던 정신요양시설은 2000년에 12,676명으
로 감소하였다. 정신보건법 제정 이후 전체적인 정신장애인 수용자 수
는 38,938명에서 2000년에 47,306명으로 증가하였으나, 약 20개의 정신

요양시설이 정신병원으로 전환함으로써 같은 기간에 정신요양시설 병
상 수가 이와 같이 급속히 감소되는 결과를 가져왔다.

[표 3] 1997년 이후 정신장애인시설 변화 추이

연도	정신병상 (1일평균 재원자 수)	정신병원 1일평균 재원자 수	정신과 의사	부랑인 수용자	부랑인 시설 수용자 중 정신장애인	정신요양 시설 수	정신시설 수용자	전체정신 장애인 수용자 수
1990	11,557 (9,310)	89	785	13,284	4,556	74	17,432	31,298
1996	21,513 (15,197)	93	1,211	13,013	5,102	78	18,639	38,938
2000	36,3878* (30,418)		1,358	13,062	4,212	55	12,676	47,306
2004	62,554					55	13,850	76,394**

* 1999년 8월 31일 병상 수
** 정신병원＋정신요양시설 수용자

제4장 다수인보호시설

1. 다수인보호시설과 사회적 책임

※ 개념과 종류

다수인보호시설의 개념에 대해서는 사람에 따라 다양하게 정의할 수 있지만, 법적 의미는 말 그대로 다수의 사람을 보호·수용하는 시설을 뜻하며 이는 법률에서 정의하고 있는 구금·보호시설의 한 분야이기도 하다.[10]

보다 자세하게 언급하자면 사회보장적 차원에서 사회적 약자 및 보호대상자 등을 수용하고 보호하는 보호시설이나 복지시설이라 할 수 있는데 여기에는 아동복지시설, 장애인복지시설, 정신보건시설, 부랑인복지시설, 노인복지시설, 요보호자를 위한 복지시설, 갱생보호시설이 있다.

국가의 꾸준한 독려와 자극은 오늘날의 경제발전과 사회의 안정을 이루었지만 이와 함께 정부의 정책에 부합하지 못한 이른바 소외계층, 사회적 약자들도 같이 생겨나게 되었다. 이들은 노령과 질병, 장애와 가정상황 등으로 자발적 생존능력을 상실한 경우가 많은데 이 같은 책임을 개인에게만 지우기에는 한계가 있으며 따라서 국가에서 이들을 보호해 주어야만 하는 상황에 직면하게 된 것이다.

---

10) 국가인권위원회법 제2조 제2항 및 제3항.

[표 4] 다수인보호시설의 종류[11]

종 류	근 거
아동복지시설	아동복지법 제16조 제1항 제1호 내지 제6호의 규정에 의한 아동양육시설 · 아동일시보호시설 · 아동보호치료시설 · 아동 직업훈련시설 · 자립지원시설 및 아동단기보호시설
장애인복지시설	장애인복지법 제48조제1항제1호의 규정에 의한 장애인생활 시설
정신보건시설	정신보건법 제3조제3호 내지 제5호의 규정에 의한 정신의 료기관(수용시설을 갖추고 있는 것에 한한다) · 정신질환자 사회복귀시설 및 정신요양시설
부랑인복지시설	부랑인의 보호 및 재활을 목적으로 사회복지사업법 제34조 제1항 또는 제2항의 규정에 의하여 설치된 사회복지시설
노인복지시설	가. 노인주거복지시설: 노인복지법 제32조제1항제1호 및 제 2호의 규정에 의한 양로시설 및 실비양로시설 나. 노인의료복지시설: 노인복지법 제34조제1항제1호 및 제 2호의 규정에 의한 노인요양시설 및 실비노인요양시설
요보호자를 위한 복지시설	윤락행위등방지법 제11조제1항제1호 내지 제3호의 규정에 의한 일시보호소 · 선도보호시설 및 자립자활시설
갱생보호시설	보호관찰 등에 관한법률 제67조의 규정에 의한 갱생보호사 업의 허가를 받은 자가 갱생보호사업을 위하여 설치한 시 설(수용시설을 갖추고 있는 것에 한한다)

그래서 정부는 이들 계층에 대한 대책을 꾸준히 연구하여 다양한 정책으로서 시행하였고 이에 따라 시설에 입소케 하여 보호하는 방법을 일반적으로 선택하였다. 물론 이들 시설들은 대상자들의 연령과 신체상태 등에 따라 다양하게 분류되고 있다.

다양하게 운영되는 보호시설 입소자들 모두는 기본적 보호가 필요한 사람들이라 할 수 있는데, 따라서 정부도 처음부터 이들의 인권보호를 정책시행의 목적으로 두고 있었다. 하지만 이와 반대로 다수가

---

11) 국가인권위원회법 시행령 제2조를 재구성하여 표로 작성하였다.

같이 생활하며 또 이를 관리하다보니 이로 인한 인권침해문제도 같이 존재하고 있다는 것이 드러나게 되었고 그 원인 중의 일부로 시설의 낙후 및 운영자·관리인의 인권의식 및 도덕성 결여, 사명감 부족 등이 언급되고 있다.

다수인보호시설 제도의 시행과 운영은 사회복지 확대와 사회약자 보호 등의 뜻 깊은 취지에서이다. 하지만 갈수록 사회적 문제가 야기되고 있는 이들 다양한 다수인시설들은 이에 대한 국가기관 등의 조사만으로는 처벌과 질책에의 한계가 있다. 근본적인 시설의 사회적 책임과 윤리문제가 확대되지 않고서는 시설의 존립 자체가 흔들릴 수밖에 없다.

※ 사회적 책임

그리고 다수인보호시설의 사회적 책임이라 한다면 다수인보호시설이 보호시설의 운영 및 활동으로 인해 발생되는 다양한 문제들을 적극 해결함으로써 당사자인 시설입소자와 또 사회의 요구와 기대까지도 충족시켜 주어야 하는 복지의무라고도 정의할 수 있다. 다시 말한다면 국가와 국민들은 해당 시설들의 주체성을 존중하고 보호시설은 자발적으로 시설의 임무를 수행하는 책임을 져야 한다는 것을 의미한다고도 볼 수 있다.

이러한 다수인보호시설의 사회적 책임은 최근 인권과 윤리의 부각으로 그 개념이 확대되고도 있는데, 시설윤리란 시설을 운영해 나가는 상황에서 나타나는 행동이나 태도의 옳고 그름, 인권의 판단기준과 도덕적인 가치를 반영하는 시설의 행동과 의사결정의 핵심이 되는 개념이라고도 할 수 있다.

이러한 시설윤리는 시설의 대형화와 확대되는 개인 운영화 등 때문에 점점 본래의 의도와는 다른 현실적 이윤추구로 변화되고 있으며, 사회공헌과 사회적 책임은 뒷전으로 밀리는 상황으로까지 변질되어 가고 있다. 이로 인해 지금 우리사회는 보호시설과 이를 지켜보는 국민들 사이의 인식 간격이 커지고 있으며, 정부뿐만 아니라 국민들과 시민·사회단체에 의한 압력으로 시설 운영이 어려워지고 있다. 또한 이들의 존립 자체도 위태롭게 되고 있는 상황인바, 현재 다수인보호시설이 중요한 사회적 이슈가 되고 있는 것만은 분명하다고 말할 수 있다. 따라서 이러한 마찰을 해소하는 사회적 책임문제를 각 보호시설들은 주시해야 하는데 여기에는 기본적인 법적책임과 윤리적 책임, 시설의 존재이유라고 할 수 있는 인간의 존엄성과 연관되는 책임, 교육적 책임 등을 들 수 있다.

다수인보호시설이 주위로부터 존경을 받을 수 있는 사회공헌과 혹 있을 수 있는 이익의 환원과 공유까지도 포함해야 함은 이들 시설이 일반 기업과는 다른 설립목적을 가지고 있으며 국가의 인권 척도뿐만 아니라 사회적 영향력 또한 크기 때문이다.

2. 다수인보호시설의 사회적 역할에 대한 논란

※ 공공성의 문제

이는 정부의 중개와 지원기능이 약화되고 있다는 것을 의미하며 이는 형평성의 문제라고도 볼 수 있다. 정부는 개인의 보호시설 입소기회를 다양하게 제공해야 함에도 불구하고 일부계층에게만 혜택을 주고 있다.

부의 분배가 극단적으로 변하고 있으며 부익부 빈익빈 형태의 구조로 인하여 극빈자와 일반 서민과의 물질적 차이와 정신적 차이가 줄어들어 가고 있는 상황에서 이제까지 중간계층이라고 생각해 왔던 일반서민들의 시설접근기회가 점점 줄어들고 있다. 이는 국가의 지원을 받지 못하는 대다수 수요자들에게 비용을 전가시키고 있다는 말로도 해석될 수 있는데, 지역서민에 대한 시설 접근성과 수혜를 높이기 위해 국고 지원의 확대 방안을 강구해서 이로 인한 보호시설 입소 대상자 선정 등의 논란을 해결해야 한다.

공공성은 흔히 효율성, 수익성 등 이윤과 관련된 용어와는 상대적 의미를 지니며 사회복지개념상 보호시설의 공공성은 정부의 보정기능과도 관련된다 할 수 있다. 따라서 보호시설의 공공성은 단순한 자본의 논리에 구애받지 않는 공적부조의 개념을 포함하는 것이다. 물론 여기에는 보호시설의 사회에 대한 소극적 책임으로서 운영의 투명성, 인권과 윤리문제 등에서의 사회적 가치를 통해 사회 전체에 이익이 될 수 있도록 해야 함이 전제되어야 한다.

비록 소수를 위한 지원개념이기 때문에 다수의 사회구성원의 직접적 공동이익은 아니라고 할 수도 있겠지만 이는 정부의 역할뿐만 아니라 모든 사회 구성원들의 책임이며 이를 통한 모든 구성원의 공동이익의 측면에서 이해한다면 이에 대한 논란은 어느 정도 줄일 수 있을 것이다. 따라서 보호시설의 지원은 적극적인 사회적 공헌이라 할 수 있다.

또 이러한 투자와 지원이 효율적인 정부의 자원배분이 아니며 공정성에도 위배된다는 생각을 가지고 있는 일부에 대해서는, 공정성은 공평한 경쟁기회 제공과 동등한 상황에서만이 가능하며 보호시설문제는 사회구성원의 이익증대와는 무관한, 하나의 정부의 책임이며 기능이라는 생각을 갖게 할 수 있다면 정책의 수립과 운영에 부담을 덜 수 있을 것이다.

※ 책임성의 문제

보호시설과 관련한 책임문제는 다양하다 할 수 있다. 예를 들어 국가는 보호시설에 대해 적법하고 합리적인 운영을 하고 있는지에 대한 책임을 물을 수 있으며, 국민들은 국가에게 이들에 대한 관리가 제대로 되고 있는지에 대한 책임을 추궁할 수 있다. 시설 또한 국가에 여러 가지 지원 측면에서의 책임수행을 논할 수 있으며 그 종류가 다양하여 중요성도 커지고 있다. 그래서 이에 대한 책임소재의 논란도 끊임없이 제기되고 있는 상황이다.

따라서 보호시설과 관련한 책임문제에 대한 이해와 명확한 개념의 정립이 필요하며 이제는 책임의 측정까지도 고려해 볼 필요가 있다. 물론 책임의 범위가 넓고 종류가 다양하여 정의하기가 쉽지는 않겠지만 정리해 보면 다음과 같다.

① 보호시설의 사회적 책임은 복지차원에서 사회의 기대를 바탕으로 한 시설의 활동을 통해 이에 대한 긍정적인 인식을 주어야 하는 책임이 있으며, ② 국가의 사회적 책임은 이윤문제가 아닌 복지향상과 윤리문제라는 두 가지 측면을 고려해야 하는 것이며, ③ 개인은 다양한 이해관계를 가지고 있을 수 있는바, 시설과 국가의 실질적 혜택과 처우를 감시하고 문제제기를 해야 할 책임이 있다. 그리고 ④ 시설입소자들은 성실히 시설의 규칙을 따르며 빠른 재활과 사회복귀를 위한 노력을 해야 할 책임을 져야 한다.

사회복지분야의 지원을 확대하고 다양한 복지시설 및 보호시설들이 건립되며 이에 따른 관리자들이 배정되고 입소를 원하는 많은 대상자들이 있다는 것 자체만으로도 이미 국가에서 운영하고 있는 시설들은 국민들의 관심을 받고 있으며 이를 통해 복지의 척도까지도 가늠하게 되고 있다. 아울러 국가는 민간에게도 사회사업 및 복지 · 보호 사업에 동참할 수 있는 기회를 제공하고 있는데 본래의 취지대로라면 이들은 사회적 정당성 획득과 아울러 사회적 책임을 수행하면서 국민복지 향상에 일조를 하고 있어야 한다. 그렇지만 이러한 사업이 일부 관리자들의 어긋난 윤리와 목표의식의 실종으로 인하여 사회적 책임을 다하지 못하고 있다는 데 문제가 있으며 이로 인한 논란거리를 제공하고 있는 것이다.

※ 균형성의 문제

균형성의 문제 또한 몇 가지로 요약해 볼 수 있다.

① 국가의 복지이념 추구와 시설의 경제적 상황 균형 - 국가는 예산의 균형배분이라는 주어진 제약 요건하에서 복지분야를 극대화시키는 조정자가 되어야 한다. 아울러 사회복지 여러 분야에 따른 지원 및 보호시설의 지원을 효율적이고 균형 있게 해야 할 의무가 있다. 중요한 점은 국가의 공정성만큼 사회적 책임도 중요함을 인식하고 이에 따른 사회적 공헌을 고려해 보아야 한다는 것이다. 특히 허술한 운영자금의 지원으로 인한 폐단과 합당한 시설로의 지원인가를 잘 따져보아 이에 따른 균형과 수혜가 공평하게 이루어지도록 노력해야 한다. 시설들도 혹시 있을 수 있는 이익을 사회에 환원한다는 원칙을 정해 놓고 이를 적극 실현하며 홍보할 필요도 있다. 이를 통해 국가의 복지제도에 대한 의지를 국민들에게 확인시킬 수 있을 뿐 아니라 보호시설에 대한 인식도 긍정적으로 변화시킬 수 있는 것이다.

② 시설과 대상자들 사이의 수적인 균형 - 다양한 보호시설들은 전반적 법규와 운영규칙 등에 따라 설립 및 운영 이념을 알리며 운영해 나갈 필요가 있다. 이와 같은 노력은 넘치는 대상자들을 무리 없이 보호할 수 있도록 여론을 형성하게 할 수 있고 기금조성 및 뜻있는 사

업가나 개인들과의 장기적인 거래관계를 맺음으로써 사회전체적인 반향을 불러일으키게 할 수도 있다. 따라서 이러한 방법 연구가 필수적이며 그러면 시설의 평판도 높일 수 있어서 이는 곧 윈-윈(win-win) 전략이라고 말할 수 있을 것이다. 단 공공성과 공익성 추구가 과다할 경우 원칙에만 충실하게 되어 개인적이고 인간적인 측면이 소홀하게 되어 자칫 취지에서 벗어날 수도 있을 수 있음을 고려하면서 이들의 균형을 잘 유지해 나가야 한다.

③ 개인의 이해와 국가의 복지정책과의 균형 – 복지정책에 사용되는 예산 중에서도 보호시설의 신설과 관리·운영에 따른 비용을 일반 국민들이 납득할 수 있도록 홍보 및 설득작업을 해야 한다. 장기적으로는 이 같은 정책이 우리 모두의 이익일 수 있다는 확신을 심어주는 것이 필요하며, 진행이 다소 늦는 것은 있을 수 있다 하더라도 본래의 사회적 소수자 및 약자에 대한 보호라는 인권적 가치를 생각한다면 중단할 수는 없을 것이다. 또한 이것은 우리나라의 복지향상의 거름이 된다. 물론 국가예산이 보호시설로 유입되는 구조문제를 놓고 비판의 목소리가 나올 수도 있다. 국민의 세금을 투입하여 보호시설에 투자를 하고 이에 대한 가시적 이득을 일반 서민들은 돌려받을 수 없다는 주장일 수 있는데 이에 따라 국가도 다양하게 논리를 전개할 필요가 있다. 더욱이 복지제도의 확대과정에서 이러한 이익문제를 놓고 균형에 금이 가는 것은 바람직하지 않다는 것이다.

3. 다수인보호시설 생활자들의 기본적 인권

※ 인간의 존엄과 가치 및 행복추구권

우리나라 헌법 제10조는 인간의 존엄과 가치, 행복추구권을 규정하고 있다. 이는 우리 헌법의 기본권보장의 원칙적인 가치가 인간의 존엄성에 있음을 명백히 하는 것이다. 인간의 존엄과 가치는 인간의 인격과 이에 대한 독자적 평가로 보는 것이 가장 타당하다고 보며 이 존엄과 가치는 양도·포기할 수 없으며 초국가적 개념으로서 자연법 사항에 기초를 두고 있다. 따라서 우리나라 헌법이 예상하고 있는 인간상은 고립된 인간도 아니고 또한 독립적 지위를 전혀 갖지 못한 인간도 아닌, 인간의 고유한 가치를 유지하면서 사회에 구속되며 사회와 일정한 관계를 가진 인간을 의미한다고 할 것이다. 이러한 인간은 자신의 고유한 가치의 주체로서, 사회 공동체의 주체로서 사회공동생활을 책임 있게 형성해 나가야 할 자주적 인간을 뜻한다(김수원 외 2005, 12).

그렇기 때문에 다수인보호시설에 입소되어 이곳에서 생활하는 사람들일지라도 인간의 존엄과 가치는 유효하며 이들 또한 행복을 추구할 권리를 가지고 있는 것이다.

※ 신체의 자유

헌법은 신체의 자유에 대해서도 규정하고 있는데 이 또한 다수인보호시설 입소자들에게도 당연히 똑같이 적용되는 권리라 할 수 있다. 자신의 의사와 반하지 않는 범위 내에서 보호와 개별적 케어(individualised care)를 받을 권리, 건강한 생활을 위한 양질의 서비스를 제공받을 권리, 자기결정·자기선택을 할 권리 등도 이에 해당한다고 볼 수 있으며 만

약 보호시설의 관리자들에 의해 신체의 자유가 침해당하였을 시는 이에 상응하는 법적 처벌이 따른다.

※ 사생활의 비밀과 자유

나이와 신체상태, 처해진 상황 등에 관계없이 개인 사생활은 보호되어야 하며 교통·통신에 대한 권리 또한 기본적 권리라 할 수 있다. 시설 안에서도 최대한 이해하기 쉽게, 다양한 정보를 제공받을 수 있어야 하며 - 이 또한 개인 사생활 보호와 밀접한 관련이 있다 - 개인의 의견과 고충에 대해 표명하며 때에 따라서는 이에 대한 비밀이 지켜져야만 한다.

아울러 프라이버시에 관련된 정보를 아무 생각 없이 외부로 유출되지 않도록 하는 정보관리의 관점에서와 보호시설에서 생활하는 데 있어서 대상자들에 대한 보호의 관점에서 관리자들은 이를 철저히 시행해야 한다.

이와 같은 사회복지 영역과 기본적 인권과 관련된 권리는 다수인보호시설에서는 보다 자세한 내용과 엄격한 기준으로 운용되어야만 한다. 오늘날 일반인의 생활수준과 가치관, 인권의식, 복지이념 등에 적합한 복지권의 추구 못지않게 다수인보호시설에서도 이와 같은 가치 실현의 노력이 절대적으로 요구된다.

제5장 다수인보호시설의 사회적 책임 회피

1. 법 률

그동안 다수인보호시설과 관련된 법률 및 해당부처의 규정 등은 관련 시설의 부적절한 운영, 인권침해 사건의 발생 등 대체로 부정적 계기를 통해 재검토 작업이 이루어져 왔다.

현행 형사법 관련 규정에서 보면 형법은 다수인보호시설에서의 인권과 관련하여 발생할 수 있는 범죄행위를 규율하고 있으면서 이를 통한 여러 행위를 금지하고 있다. 아동혹사죄, 학대죄, 체포·감금죄, 강간죄, 강제추행죄, 유기죄 등이 그것들이라 할 수 있으며 세부내용은 더욱 다양하다.

또한 복지관련 행정법령에서도 사회보장기본법, 노인복지법, 장애인복지법, 아동복지법, 정신보건법 등을 두어 보다 구체적이고 유형에 따라 세분화하고 있다.

하지만 시설의 증가와 이에 따른 관리·감독의 문제, 시기에 따른 시설 운영의 변화 추이를 법과 규정이 따라가지 못하는 사례가 빈번하게 발생하고 있다. 물론 늦게나마 이에 대한 심각성을 인식하고 입법예고, 국회 계류 혹은 여론 수렴 단계에 있는 법률도 있지만 법률로써 보호시설의 운영과 행위를 통제하는 데에는 한계가 있을 수밖에 없는 일이다. 시대가 변화하고 이에 따른 대상자와 관리자의 사고가 다르며, 처벌의 요건이 변화되며 처벌의 수위가 행위에 상응하지 못하고 있는 그런 상황임에 비추어 본다면 신속히 이들 관련 법률을 재검토해 볼 필요가 있다.

보건복지부는 2005년 7월 말까지 전국의 미인가 복지시설을 법정 신고시설로 전환한다는 계획을 수립하였고[12] 이에 따라 신고시설로 전환한 시설에 대해서는 여러 가지 시설과 운영비상의 혜택을 제공한 바 있다. 물론 전환이 어려운 시설들에 대해서는 자진 및 강제 폐쇄조치도 따랐지만 문제는 기존의 법률로서는 전환시설들에 대한 운영을 규율하기가 어렵다는 데 있다.

유예 기간이 있었고 정부 해당부처의 계속적 지원이 있다고는 하지만 전환된 시설의 대부분은 법적 기준에 미치지 못하는 곳이 대부분이며 이로 인한 문제점들이 계속적으로 발생하고 있다. 규칙상의 인력 및 시설기준에도 미치지 못할 뿐 아니라 어떤 종류의 시설로 전환이 적합할 것인지에 대한 판단도 제대로 하지 않고 정부와 지방자치단체들은 시설운영 허가를 해 준 것이다. 그 결과 피해는 입소자들과 그 보호자들이 받고 있는 형편이다.

또한 현재 상태는 범법행위를 인지한다 하더라도 이에 대한 처벌이 어려운 경우라 할 수 있다. 시설폐쇄 및 시설장에 대한 형사처벌 등을 강력히 한다 하더라도 기존 시설에 보호되고 있는 입소자들의 분산문제, 형평성 문제 등으로 인하여 해결이 단기간에 쉽게 이루어지지 못하는 형편이라는 데 문제의 심각성이 있다.

결국 다수인보호시설의 사회적 책임을 유도하고 강제하지는 못하고 순서가 바뀐 정책시행으로 인하여 법률적 책임문제가 제기되고 있는 것이다. 이러한 법률을 이용하는 시설들의 사회적 책임회피와 국가의

---

12) '유예기간 종료 후 미신고복지시설 선별적 양성화추진'(보건복지부 보도
자료 2005. 6. 3)

법률적 관리 책임 문제는 다수인보호시설 정책에 있어서 심각한 걸림돌이 되고 있는 것만은 확실하다.

2. 인 권

다수인보호시설의 운영에 있어서 가장 중요한 것은 입소 생활자들의 인권이라 할 수 있다. 이에 대한 종류와 기준은 다양하게 제시되고 있지만 몇 가지 것들에 대한 언급을 해보고자 한다.[13]

먼저 시설과 환경적인 측면이다. 시설에의 접근성과 내·외부 환경,[14] 식당 및 화장실 이용 등에 있어서의 접근성 등과 관련한 시설 설비 부문[15]을 언급할 수 있으며 덧붙여서 음식 및 개인 위생상태, 사고에 대비한 대피 및 안전교육 등 안전관리부문을 들 수 있다.

두 번째는 관리 측면이다. 이는 각 법률과 규칙에서 규정하고 있는 관리자들의 기준(관리자들의 종류 및 인원수 등)과 조건 및 이들의 근무시간과 근무의 충실성 등을 들 수 있다. 이들 관리자들의 근무태도와 마음가짐은 보호시설이 사회적 책임을 다할 수 있는 기본적 기준이 된다고도 볼 수 있다.

세 번째는 서비스의 질 측면이다. 입소자들의 의류와 침구 등의 청

---

13) 이하 언급되는 기준 및 세부항목은 국가인권위원회의 다수인보호시설 조사 관련 체크리스트를 참고한 것이다.

14) 건물의 청결상태, 추락 및 전기, 가스 등 위험요인, 휠체어 이동 등과 관련된 구조, 채광과 온도·조도, 방과 거실 등 생활시설 관련 내용 등이 이에 포함된다.

15) 화장실 및 목욕실의 크기, 바닥 재질, 수납공간, 면회 및 상담실, 여가활동을 위한 프로그램실 등의 구비 등이 해당된다.

결상태, 식단의 작성과 공고에 대한 내용, 기타 환자들에 대한 치료 및 보호를 위한 의료서비스 등이 포함되어 있다.[16]

네 번째는 생활과정에서의 인권침해 행위들과 관련된 내용이다. 여기에는 우리나라 헌법에서 규정하고 있는 기본권의 제한과 관련된 내용들이라 할 수 있는 항목들이 대부분인데, 관리자들의 말투와 종교 활동의 강요, 가혹행위 및 상해행위, 성적 수치심을 주는 성폭행 및 성희롱행위, 개인정보 관리 및 유출문제, 통신제한 여부 등이 포함된다 할 수 있다.

물론 각 시설마다 이에 반하는 행위들로 인하여 법적 처벌을 받은 사례들도 다수이다. 처벌규정에서는 자유형과 벌금형으로 규율하고 있고 때에 따라서는 7년 이하의 큰 책임도 묻고 있는바, 시설이 사회적 책임을 다하고 있다는 객관적 증명이 될 때까지는 이에 대한 관리가 철저히 이루어져야만 한다.

국가인권위원회에서도 아래 표에서와 같이 다수인보호시설에 대한 인권침해 관련 상담을 하고 있으며 다양한 조사활동을 통하여 대안 마련을 강구하고 있다.

[표 5] 국가인권위원회 인권침해사건 유형별 처리현황[17]

단위: 건

구분	접수	종결	수사 의뢰	합의 권고	권고	고발	징계 권고	법률 구조 요청	긴급 구제	합의 종결	각하	이송	기각	조사 중지
보호 시설	664	524	0	0	43	20	1	1	0	7	238	6	197	11

※ 기간: 2001. 11. 26. ~ 2006. 11. 30.

---

16) 자치활동 여부, 야외활동, 재산 및 금전처리의 적정성, 자원봉사자 및 후원자 활동 등도 포함된다.

[표 6] 국가인권위원회 인권침해 상담유형별 통계[18]

단위: 건

기관별 \ 년도별	총 누계	2006년	2006년 11월
계	11,315	3,145	267
경찰	4,209	1,081	101
기타국가기관	1,948	483	32
다수인보호시설	1,287	600	56
검찰	1,221	247	26
지방자체단체	988	323	27
기타군사	520	134	13
구금시설	563	129	6
사법기관	255	78	4
상담용 보호시설	91	9	
국가정보원	78	19	
특별사법경찰관리	50	12	
군검찰	45	13	
입법기관	20	8	2
군헌병	22	4	
기무사	10		
군구금시설	8	5	

3. 교 육

　보호시설은 경제적 합리성이 아니라 사회복지를 기반으로 존재한다 할 수 있다. 따라서 필요에 따른 일시적 사명감만으로는 사회적 책임을 지속하고 실천하기 어렵고, 이러한 한계를 극복하기 위해서 다양한 교육이 이루어져야만 한다.

---

17) http://www.humanrights.go.kr/. 인권통계자료.
18) http://www.humanrights.go.kr/. 인권통계자료.

일반 국민들에게 보호시설에 대한 정확한 인식 교육과 보호시설 내부에서 생활하고 있는 관리자들과 입소자들에 대한 교육이 그것이라 할 수 있는데, 이제까지는 이들에 대한 공통적이고 체계적인 교육이 부족했고 따라서 이들에게 있어서 사회적 책임을 요구하기에는 무리가 있었다고도 볼 수 있다.

첫째, 일반국민을 대상으로 하는 교육이다. 우선 이러한 복지 측면에서의 사회적 책임활동이 일시적인 유행이나 개인의 이미지 제고 차원에 그치지 않기 위해 체계적인 학교교육과 성인교육이 있어야 하며, 이에 관심을 가져야만 하는 이유와 이를 통한 사회적 책임활동에 대한 비전과 가치에 대해 명확히 교육해야 할 필요가 있다. 우리국민은 왜, 무엇을, 누구를 위해, 어떻게, 사회적 책임활동을 수행할 것인가를 명확히 하고 이에 대한 공감대를 얻기 위한 교육이 필요하다. 이제까지는 이러한 교육의 부재로 인하여 국가와 보호시설들이 결과적으로 사회적 책임을 회피했다 하더라도 앞으로는 이러한 과정을 통해 나도 사회적 책임 활동을 수행할 수 있다는 인식을 모두에게 심어줄 필요가 있다.

둘째, 보호시설 관리자들에게 해당되는 교육이다. 사회적 책임활동을 보호시설운영과 봉사에 연결시켜 시설운영의 목적과 가치를 재인식시키는 방법이 필요하다. 물론 사회적 책임활동은 시설관리자뿐만이 아니라 국가와 자치단체, 일반 국민 모두의 관심으로 이루어져야 하지만, 사회적 책임활동에 공감하는 보다 적극적인 관리자와 예비 관리자들을 발굴함으로써 시설의 발전이 이루어질 수 있음에 대한 교육도 있어야 한다. 그렇다고 한다면 현재 보호시설에서 근무하고 있는 경험 많고 교육되어 있는 핵심 인재들의 이직률을 줄이고 이것이 복지와 곧바로 연결될 수 있는 방안 강구에도 힘을 기울여야 한다. 사회적 책임활동을 충실히 이행하는 도덕적인 직업이라는 이미지는 관리자들에게 시설에 대한 애착과 자발적 신뢰감을 불어넣어 줄 수 있어 시설의 사회적 책임을 다하는 데 기여를 할 수 있을 것이다.

셋째, 입소자들의 의지가 뒷받침되어야 한다. 재활과 사회복귀의 가능성에 대한 지속적인 교육을 통하여 입소 기간을 단축하고 나아가 시설 내부에서의 스스로 역량을 발휘토록 하는 방법에 대한 교육도 고려해 볼 수 있다.

결국 아래 표에서와 같이 다수인보호시설 구성원뿐 아니라 모든 국민의 교육이 시설의 투명성을 확보하게 할 수 있으며 시설이 사회적 책임을 회피하지 않게 만들 수 있는 하나의 방법이라는 말이다.

[표 7] 교육의 종류 및 내용

구분	시설 내(입소자 및 관리자)	시설 외(국민)
예방적 교육	교육 시스템 구축: 법령준수 및 책임	사회적 책임주지: 사회복지의 일환
적극적 교육	활동을 통한 사회복지 실현: 시설의 사회적 책임	사회공헌활동: 기부 및 자선

4. 윤 리

다수인보호시설 관련 사회적 요구와 경제적 요구를 조화시킬 수 있는 방법이 없는가? 세계의 많은 나라들도 이것들의 조화와 균형을 위해 윤리를 포함한 사회적 책임활동을 시설운영과 관리에 적용하고자 노력해 왔다. 이러한 것들은 보호시설에서의 윤리문제를 본격적으로 고민하기 시작한 우리나라에 많은 도움이 될 수 있다.

윤리나 사회적 책임 같은 도덕적인 내용들이 21세기 모든 제도와 사회 분야에서 새로운 이슈로 등장했지만, 이 같은 사회적 요구를 복지에 반영하는 것은 결코 쉽다고 볼 수 없다. 사람에 따라서는 복지분야로의 지원이 공정한 정부재원의 분배라고 여기지 않을 수도 있기 때문이다. 이는 대상자들이 한정되어 있다는 말이다. 따라서 윤리와 같은 보편적 가치를 복지에 반영하거나 일부의 사회적 요구로 부응하기에는 제약이 따를 수밖에 없었고 우리나라 역시 마찬가지였기 때문에 윤리 측면에서의 사회적 책임을 회피하고 있다는 비난을 피하기 어려웠다. 그렇지만 대다수 사람들은 윤리수준이 높고 사회적 책임에 충실한 국민들일수록 모든 면에서 앞설 수 있다는 공통된 인식을 하고 있다.

따라서 이러한 것들을 바탕으로 한 윤리의 문제는 복지에 대한 투자와 개인의 이익이 상생관계로 작용될 수 있는 매개체의 역할을 하고 있다는 의식을 갖도록 환경을 조성해 주어야 한다.

법률은 위반하면 이에 대한 처벌이 따르지만 윤리는 개인의 사상으로서 이것으로부터 자유롭다 할 수 있다. 그래서 앞으로는 이러한 개인적 성향과 강제하지 않는 특성으로 인한 사회적 책임의 소홀함을 사회적 책임을 충실히 이행하는 쪽으로 변화시켜 나가야 한다. 국가도, 국민들도, 보호시설관리자들도, 입소자들도 마찬가지이다. 어느 누구 하나의 책임이며 누구의 책임회피로 이야기하기에는 무리가 있다. 예산 때문에 혹은 근무환경과 처우 때문에 다소 윤리문제에 관심이 덜 했을 수도 있다. 하지만 이는 기업들이 강조하고 있는 사회적 책임 문제가 아니며 기본권과 관련되어 있는 문제이기 때문에 그 중요성 또한 강조되고 있는 것이다.

보호시설의 윤리 경영, 국가의 윤리지원, 국민들의 윤리의식은 법령

준수와 처벌은 물론 사회통념에 어긋나지 않는 의사결정 관행을 마련
함으로써 여러 문제의 소지가 있는 세부내용들을 사전에 예방할 수
있다. 윤리적 가치를 사회복지 및 보호시설 분야에 적용하고 이를 통
해 책임 있는 의사결정을 유도할 수 있다면 이는 이제까지와는 달리
국가의 정책에 대한 보호시설의 공헌을 의미할 수도 있을 것이며 더
이상 사회적 책임을 회피한다는 누명에서도 벗어날 수 있을 것이다.

제6장 정신보건시설의 인권침해 유형

1. 예비적 검토

※ 논의의 배경: 시대적 변화

정신병은 의학적 기준에서 볼 때 질병인 것이 분명하지만, 그렇다고 그것이 단순히 객관적인 의학적 대상으로만 존재하는 것은 아니다. 정신병을 둘러싸고 있는 치료방식이나 제도 등 사회적인 처리과정은 사회문화적인 과정의 일부분이며, 동시에 국가정책 등 정치적인 행위의 대상이기도 하다(현명호 2004). 즉 정치적, 사회적 그리고 종교적인 패러다임 및 정신질환자와 그 관련자의 이해관계에 따라 정신병의 의미나 가치가 달라지는 것이다.

이렇게 볼 때 정신병원 혹은 정신보호시설의 문제가 대두된 것은 이른바 근대 이후라고 할 수 있다. 이전에는 정신질환자에 대한 무지와 무관심으로 인하여 거의 방치상태였다고도 볼 수 있다. 특히 정신질환자에 대한 사회정책은 그들을 사회로부터 격리하여 대규모 정신병원이나 수용시설에서 치료와 재활을 도모하는 것이 전통적인 접근이었다. 그러나 선진국들은 1960년대 이후 탈원화(탈시설화)를 통해 정신질환자들의 지역사회재활을 강조해 왔다. 국내에서는 1995년 정신보건법이 제정되면서 입원중심의 치료모델에서 지역사회재활과 예방을 강조하는 지역정신보건사업이 공식적으로 도입되었다.

  이러한 내용들을 바탕으로 현재는 정부의 지원과 사회적 인식의 변화 등으로 보다 체계적인 정신질환자에 대한 치료가 이루어지고 있는 것이다. 하지만 단순 치료행위만으로서 이들에 대한 사회적 도리를 다 했다고는 볼 수 없다. 퇴원 후에도 이들이 사회에 적응할 수 있도록 만들어 주어야 하며 이들에 대한 인간적인 처우며 인권을 최대한으로 보장해 주어야 한다.

  그리고 무엇보다 이들에 대한 사회적 편견을 해소하는 것이 필요하다. 지금까지 신문, TV 등이 정신질환자를 폭력적이거나 엽기적으로 묘사함으로써 사회적인 편견을 강화해 온 것이 사실이다. 또한 이들은 다른 이들에 비해 부당하고 불법적인 처우를 받아왔고 이들 소수의 권리가 침해받아 온 것도 사실이다. 하지만 시대가 변화하고 있다. 지역주민들은 이들과 가족들에 대한 고충을 이해하고 관심을 기울여야 한다.

  지역주민들은 똑같은 조건으로 국가 및 자치단체로부터 보호받고 도움받을 권리가 있다. 장애의 여부, 학벌의 여부, 빈부의 차이로서가 아닌 같은 지역주민으로서의 권리를 기존의 제도에서보다 더 강하게 주장할 수 있는 것이다. 정신질환자라고 해서 예외가 될 수는 없다. 병원과 시설에 입원해 있으면서 혹은 퇴원을 하여서도 이들은 수많은 인권침해행위에 대한 제보와 불법행위에 대한 처벌을 요구하고 있다.

  정신병원과 관련 시설들은 그 폐쇄성과 접근의 어려움 때문에 그동안 공개가 되지 않고 운영자 개인의 성(城)이었다고도 볼 수 있다. 하지만 성에서 고통을 당하고 있는 이들의 요청에 신속하게 응하고 체계적인 도움을 주는 것은 최소한의 국가의 의무이다. 아울러 시대적 변화는 이러한 행위를 제지할 수 있도록 만들었고 또한 시대적 변화가 이와 같은 논의를 할 수 있도록 하는 발판이 되었다고 볼 수 있다.

※ 논의의 배경: 제도의 변화

정신병원 및 관련 시설은 의사의 판단만으로 환자의 자유권을 제한하고 입원시킬 수 있는 곳으로 환자들의 생활실태 및 입원상태를 검토하여 이들의 인권이 보장될 수 있는 다양한 장치를 개발할 필요가 있다. 따라서 국가도 이제는 정신의료기관을 대상으로 하는 조사를 진행함에 있어 이들 환자들의 인권 유린과 관련된 실상 및 그 근본 문제점을 밝히는 데 목적을 두어야 한다. 그리고 제도적 미비점을 밝히고 개선방안을 고려하는 것도 중요한데 이는 이를 관리 감독하고 있는 국가 여러 기관들의 몫이라 할 수 있다.

정신장애로 인한 사회적 비용과 부담이 증가하고 이에 대한 심각성이 다양하게 인식되는 등 정신보건 환경의 변화 가운데 1995년 제정된 우리나라 정신보건법은 몇 차례의 개정 과정을 통한 일부 내용의 개선에도 불구하고 여전히 정신장애인에 대한 입원치료 명분하에 이들을 정신의료기관 및 요양시설에 격리·감금시킴으로써 이들로부터 사회 일반을 보호하고자 하는 통제와 사회 방위의 성격을 강하게 띠고 있다고 볼 수 있다.[19]

정신장애의 치료 및 재활에 있어서 가장 효과적이라고 검증되어 있는 지역사회 중심의 통원치료를 근간으로 하는 정신질환 치료 시스템에 대하여는 재정적인 측면에서 볼 때 제도적 준비가 부족한 상태이다. 최근 정신보건법, 보건법 등 이와 관련된 법령 및 규정들이 보완되고 정부의 관심이 높아지면서 점점 나아지기는 하지만 전국에 산재해 있는 수많은 정신의료기관 모두가 이를 적용받기에는 무리가 있다. 이는 정신질환자의 병력에 따른 이론적인 인권보호 부분은 국가경제

---

19) 2004. 11. 30. 국가인권위원회에서 개최된『정신과 관련시설 인권상황 공청회』에서 언급된 내용이다.

의 성장과 정신의학 발전으로 긍정적으로 많은 발전을 거듭하였으나 환자의 주변 치료환경의 개선은 관련제도들에 대한 무관심으로 인해 매우 더디게 변하고 있어 치료 및 지지환경 속에서의 인권은 매우 취약하다는 말이다.[20]

특히 정신보건법의 개정과 변화에의 필요성은 경찰의 역할이 중요함을 더욱 강조하고 있기도 하다. 예를 들면 정신질환자에 대하여 경찰관의 동의를 얻어 입원하는 응급입원의 요건과 사후 관리의 강화 문제, 이들에 의한 호송 문제, 정신의료기관 내부에서 일어날 수 있는 민·형사 처리 문제, 법률을 위반하였을 시의 처벌 등 법률과 제도의 변화 또한 시급한 문제라고 볼 수 있다.

몇 년 전부터 국가인권위원회에서는 이에 대한 문제의 심각성을 인식하고 정신의료기관과 시설에 대한 조사를 집중적으로 실시하고 있다. 여기에는 개별 사건들에 대한 조사뿐만이 아니라 제도 및 법령에 대한 검토도 포함되어 있다. 이러한 제도의 변화 속에서 정부의 소외계층에 대한 관심 및 지원, 경찰의 지속적인 수사 등도 정신질환자들의 인권보호라는 측면에서 중요하다 할 수 있다.

2. 인권침해 유형: 신체의 자유 침해

※ 부당노역

대부분 정신병원(시설)들이 많은 수익을 얻고 있음에도 불구하고 운영자는 더 많은 이익을 추구한다. 정신질환자들에 대한 치료와 재활

---

20) 2003. 4. 9. 국가인권위원회에서 개최된 『정신질환자 인권보호를 위한 청문회』에서 언급된 내용이다.

이라는 근본취지가 무색할 정도로 입원환자들을 이용하고 있는 병원들도 다수 있다. 일부 병원들은 적은 임금을 환자들에게 지급하면서 ―심지어 임금을 지급하지 않는 경우도 있다―환자들의 재활과 치료라는 명목하에 많은 양의 일을 시키고 있다. 식당작업, 병원 내 조경작업, 직원 자동차 세차, 환자수발, 청소 등에 많은 환자들이 동원되고 있지만 대부분 환자들은 자신이 지급받는 금액과 처우에 대하여 불만을 제기할 수 없다. 그 이유는 적은 돈이지만 조금이라고 자유롭게 활동하고 싶어 하는 환자들이 많은 이유에서이다.

근로기준법에 따르면 사용자는 폭행, 협박, 감금 기타 정신상 또는 신체상의 자유를 부당하게 구속하는 수단으로써 근로자의 자유의사에 반하는 근로를 강요하지 못한다.[21] 또한 사용자는 사고발생 기타 어떠한 이유로도 근로자에게 폭행, 구타행위를 하지 못한다.[22] 이를 위반하였을 시는 5년 이하의 징역 또는 3,000만 원 이하의 벌금에 처한다는 벌칙이 있는바, 이는 근로기준법에서 규정하고 있는 벌칙 중 제일 과중하게 부과되는 항목이기도 하다.

물론 이러한 법률에 따라 정확히 대입해야 한다고는 주장할 수 없으나 정신의료기관에서의 작업 또한 적합한 환경과 여건 속에서 시행되어야 한다. 그렇지만 현재는 치료목적이라는 명목하에 무분별하고 강제적으로 이루어지고 있는 경우도 실제 존재하고 있다.

이러한 내용 위반에 대하여 그간 경찰은 어떻게 대응하여 왔을까? 소극적인 대응이라고도 말할 수 없을 정도로 철저하게 이를 무시하여 왔던 것이 사실이다.

비록 제도권에서의 관리·감독을 받지 않는 미신고 시설이기는 하

---

21) 근로기준법 제6조(강제근로의 금지)
22) 근로기준법 제7조(폭행의 금지)

지만 바울선교원(경기도 안양시 소재)이라는 미신고 복지시설에 대한 불법행위와 비리가 밝혀져 원장이 구속된 사례만 보더라도 그간의 운영 실태가 얼마나 열악했는가에 대하여 알 수 있다.[23]

이 시설의 원장은 시설 입소자들의 기초생활보장 수급액을 횡령했을 뿐만 아니라 후원금, 장애수당, 주거급여 등을 횡령했고 심지어 시설입소자들에 대한 성폭행 등으로 구속되었다.

이제까지 국가는 정신의료기관과 시설들에 대하여 '소위 남이 하지 못하는 좋은 일을 한다.'는 이유로 범죄사실에 대하여 면죄부를 부여하고 오히려 피해를 호소하는 입원 치료자들의 진술을 무시해 왔던 것이다. 이들의 이러한 불법·부정행위는 더 나아가 환자들에 대한 강제 노역에까지 이르고 있고 이에 대한 임금의 지급에까지 문제시되고 있다.

어쨌든 국가는 엄중한 법 집행을 통해 사회적 약자의 인권의 가치를 바로세우고 더 이상 시설이 법의 사각지대로 남지 않도록 노력해야만 한다.

※ 과도한 강박, 폭행·가혹행위

마찬가지로 국가는 폭력 및 가혹행위에 대해서도 소극적으로 대응하여 왔다. 가령 지역사회 내에서 지역주민들에 대한 폭행 등의 사건이 일어났다고 하자. 이에 대하여 경찰은 수사를 하고 관련인들을 확보하고 이에 대한 조사 등의 절차에 따라 원인이 된 사항에 대하여 해결하도록 노력할 것이다.

그런데 정신의료기관 및 시설 내에서의 가혹행위 등에 대해서는 국

---

23) 2005. 4. 15. 바울선교원 원장이 구속되었는데, 바울선교원의 문제는 동년 3. 9. '조건부신고복지시설생활자인권확보를위한공동대책위원회'와 열린우리당 장향숙 의원의 방문조사를 통하여 알려졌다.

가의 이러한 적극적 활동을 기대하기가 어렵다. 이는 특수한 상황이기도 하여서 그러기도 하지만 무엇보다도 경찰을 포함한 해당 부서 공무원 자신들의 조사의지 부족, 즉 관심의 결여에서부터 나오고 있다.

국가는 정신보건시설 내에서의 폭행과 가혹행위 등에 대하여 적극적으로 개입하여 관련자들에 대한 조사와 더불어 처벌까지도 이루어지도록 해야 한다. 그 이유는 의사결정능력이 떨어지고 관리자들에 의한 부당한 처우뿐만이 아니라 심지어 같은 기관 내에서도 병명 및 증상의 차이에 따라 환자들끼리 서로 주종관계를 맺고 있는 이들에 대한 정확한 실태파악과 이들의 처우 개선이 중요하기 때문이다.

한 예로, 정신의료기관은 공통적으로 환자들의 신체구속의 정도가 지나치다는 점에 먼저 문제제기를 할 수 있다. 정신질환자의 경우 다른 치료과정과는 다른 '강박(Restraint, R/T)'이라는 조치를 취하는 때가 그러한 경우이다. 이러한 조치는 환자 상태 및 의사의 지시에 의하여 적절하게 시행하여야 함에도 불구하고 시행횟수와 시행시간에 큰 의미를 부여하지 않는 경우가 종종 발생한다. 또한 의사의 지시에 의해서가 아니라 보호사나 간호사가 임의로 이를 실시하기도 한다. 이를 시행할 시는 신체구속이 치료적으로 실시되는지 여부를 알 수 있도록 구속사유에 대하여 환자들에게 충분히 이해가 될 수 있도록 조치를 취해야만 한다.

또한 보호사나 간호사가 환자에 대한 강박을 시행하면서도 그 구속기간이나 이유 등을 알지 못하는 경우도 있다. 따라서 구속사유를 환자가 모르는 경우는 단순처벌 위주의 구속이거나 환자와 의사의 관계 및 치료적 환경이 불량한 경우로 판단되어 이것으로써 적절한 치료가 진행되었다고 보기 어렵다. 조사과정에서 겪어보면 강박시간이 3-5일 가량 계속되어 기간이 너무 긴 경우도 종종 발견된다.

그리고 병동 내의 위계적이고 강제적인 분위기 또한 환자들의 치료와 재활에 전혀 도움이 되지 않는다고 전문가들은 이야기하는데 종종 조사관들의 조사 시 환자들의 태도에서 이를 알 수 있다. 간호사나 보호사들을 보고도 표정이 굳어 있다든지, 지나치게 낯선 사람을 두려워한다든지 하는 경우는 힘에 의한 강제적인 통제가 이루어지고 있다고 판단해도 무방할 것이다.

또 환자를 이용한 환자 통제도 문제가 된다. 정신병원은 정신분열의 환자들만 입원해 있는 것이 아니다. 우리가 흔히 상상할 수 있는 것과 같이 전혀 의사소통이 되지 않는 그런 환자들만 있는 것이 아니라 알코올 환자, 치매 환자 등 다양한 종류의 정신질환자들이 입원해 있다. 알다시피 알코올 환자들의 경우 술만 마시지 않는다면 일반인들과 비교해도 사고와 행동에 차이가 없다. 따라서 이들에 의한 타 질환자들의 구타 사건도 종종 발생된다. 그리고 병원 측은 환자를 이용한 환자 통제가 병원체계의 주요한 구성요소로 판단하여 방장 및 실장제도를 운영하면서 이들에 의한 구타를 유발해 내기도 한다. 이에 따라 치료가 필요한 많은 다른 환자들의 인권이 침해당하고 있으므로 경찰관들의 보다 책임 있는 대처가 필요하다.

※ 입·퇴원상의 문제

현행 정신보건법은 정신보건시설에 수용되는 경우를 자의입원(제23조), 보호의무자에 의한 입원(제24조), 시·도지사에 의한 입원(제25조) 그리고 응급입원(제26조)의 네 가지로 분류하고 있다. 그중 보호의무자에 의한 입원의 경우에는 일차적으로 민법상의 부양의무자나 후견인이 보호의무자가 되고, 그러한 보호의무자가 없거나 보호의무자가 그 의무를 이행할 수 없는 경우 기초자치단체장(시장, 군수, 구청장)이 보호의무자가 된다. 보호의무자가 동의하여 강제입원하게 된 경우에는 최초 입원 기간을 6개월 이내로 하고 계속입원 여부를 매 6월마다 심의하도록 하고 있다. 자의입원에 대비되는 강제입원의 전형은 바로 이 보호의무자에 의한 입원이다.

강제입원은 그 자체 헌법상 보장된 신체의 자유, 거주이전의 자유를 직접적으로 제약하고 강제입원이 의도하는 강제치료는 신체를 훼손당하지 않을 권리를 제약하고 부수적으로 행복추구권을 제약한다. 따라서 강제입원에 대하여는 신체를 훼손당하지 않을 권리, 신체의 자유, 거주이전의 자유, 행복추구권 등 개별기본권의 요구조건이 충족되어야 하며 동시에 헌법 제37조 제2항의 기본권제한의 일반원칙, 과잉입법금지와 과소입법금지원칙 등을 준수해야만 한다. 그러나 현행 정신보건법은 아래에서 보는 바와 같이 이러한 법치주의적 요청에 전혀 미치지 못하고 있다.

환자의 자의에 반하는 입원에 대한 진정이 끊임없이 반복되고 있는 것은 보호의무자에 의한 강제입원이 환자의 기본권보장에 불충실하고 또 남용되고 있기 때문이다. 보호자의 동의는 원칙적으로 환자의 이익을 위한 치료를 위한 것이어야 하고 치료를 요청하는 것에만 국한되어야 한다. 보호의무자의 이해가 정신질환자의 이해와 상충할 수 있으며, 실제로 많은 경우의 강제입원은 그러한 이해상충에서 시도된다는 점을 감안하면 보호의무자의 동의를 제한적으로만 수용하여야 한다. 기초자치단체장을 보호의무자로 간주하는 것을 포함하여 정신보건법의 보호의무자규정 전체를 정신질환자의 인권이란 측면에서 재검토하여야 할 필요성이 있다(국가인권위원회 2006. 8-10).

퇴원과 관련하여서도 현행법은 지나치게 과도한 권한을 정신과 전문의에게 부여하고 있는바, 현행 제도가 환자의 자유권을 제대로 보장할 수 있는지에 대한 심각한 의문을 지울 수 없다. 치료라는 명분으로 결국 사회방위 처분을 하겠다는 의도를 다분히 포함하고 있는 것으로 판단되기도 하는데 다른 질환의 환자들에 비해 담당의사의 진단소견과 보호자의 의사에 의해 결정되는 경향이 강하기 때문에 이들의 윤리의식과 도덕심이 더욱 더 절실히 요구된다 할 수 있다.

한편 무연고 환자의 경우, 환자의 상태가 호전되어 퇴원시키려 해도 인도할 가족이 없기 때문에 퇴원을 시키지 못하는 경우가 발생하고 있고 — 이는 감금의 문제와도 연결지을 수 있다 — 이러한 경우에 대한 관계법령의 보완이 필요하다.

이들 대부분의 입원환자들은 퇴원을 원하지만, 퇴원시킬 수 있는 권한은 환자 가족과 의사의 판단에 달려있기 때문에 그 자체가 환자에 대한 부당한 통제수단이 될 수 있다. 이를 방지하기 위해서는 객관적인 제3자의 개입이 필수적으로 요구된다.

특히 이 과정에서 국가 자치단체의 역할은 중요하다. 한 예로, 경찰은 순찰 중 정신질환이 있는 환자를 발견한다든지 혹은 신고에 의하여 무연고환자에 대하여 입원의뢰를 할 때부터 계속적인 관리 책임이 따른다. 단순히 입원의뢰로서 자신들의 임무가 완수되었다고 생각해서는 안 된다는 것이다.

물론 환자에 대한 입원의 결정과 병에 대한 진단은 전적으로 담당의사의 몫이다. 그러나 다른 일반병원과는 다른 정신의료기관의 특성상 의사는 환자의 인신을 구속할 수 있는 권한을 가지고 있다는 점에서 이들의 역할은 그만큼 중요한 것이다.

그간의 조사를 통하여 퇴원을 거부당하고 계속입원당해 있어야만 하는 경우가 다수로 확인된바, 해당 기관들은 환자들의 입원 초기부터 세심한 주의를 기울여야 하며 이에 대한 고발 및 고소가 접수되었을 경우 이에 대한 신속한 대응 또한 필요할 것이다.

또 하나 강제입원과 부당한 퇴원 절차와 관련하여 지적하지 않을 수 없는 것은 인신에 대한 행정상의 조치만으로 사회에 대한 일반예방의 목적을 달성하려고 하는 것은 원칙적으로 허용되지 않는다는 점이다. 현행 정신보건법은 강제입원을 결정하는 단계에서 퇴원심사에 이르기까지 독립된 심판기관의 개입을 상당 부분 배제하고 있다. 강제입원결정단계에서는 보호의무자와 정신과전문의의 판단만으로 가능하도록 하고 있으며 퇴원 및 계속입원 여부에 대한 심사의 경우에만 그나마 정신보건심의위원회(그 안의 조직인 정신보건심판위원회)가 개입하고 있다. 치료와 입원을 구분하는 것에서부터 시작하여 그 요건을 강화하고 기간을 제한하는 등 남용에 대하여 법치주의적 관점에서 적정화하는 방안이 신속히 강구되어야 한다(국가인권위원회 2006, 8-10). 자의입원을 제외한 나머지 비자발적인 강제처분에 의한 입원의 경우 헌법 제12조에 따른 적법절차의 원리가 적용될 수 있어야 하며 현재와 같이 정신과 전문의의 진단에 절대적으로 의존하는 것은 심각한 인권침해의 소지가 있다.

이처럼 정신보건법과 현실이 전혀 일치하지 않는 까닭에 인신구속에 관한 적법절차가 마냥 무너지고 있는 실정이다.

3. 인권침해 유형:
사생활의 비밀과 자유 및 통신의 자유 침해

앞에서 언급된 신체의 자유 침해 부문은 직접적인 국가의 개입이 가능하며 또한 국가의 적법한 조사와 처리가 중요하다고 할 수 있는 반면, 환자의 사생활과 관련된 문제들을 가지고서 국가가 적극 처리하라고 이야기한다면 이는 다소 무리가 있을 수 있다. 하지만 서신 및 전화, 면회의 통제, 금지 등과 관련된 이러한 부문은 헌법에 보장된 권리의 침해라고 볼 수 있어 포괄적 권리로써 접근되어야 한다는 것을 피력하기 위하여 이에 대하여도 언급해 보고자 한다.

정신보건법에서는 환자들의 권익보호를 위하여 누구든지 정신질환자, 그 보호의무자 또는 보호를 하고 있는 자의 동의 없이 정신질환자에 대하여 녹음·녹화·촬영을 할 수 없다고 되어 있다.[24] 또한 정신의료기관의 장은 정신질환자에 대하여 의료를 위하여 필요한 경우를 제외하고는 통신의 자유 및 면회의 자유가 있음을 언급하고 있다.[25]

하지만 입원환자들의 일상생활 중 전화 및 면회의 금지는 공공연하게 이루어지고 있다. 환자들은 외부와의 소통이 자유롭지 않으며 전화통화는 주1회 정도만 허용되며, 편지는 대부분 검열을 거쳐야 하는 등 통신권이 심각하게 침해당하고 있고 이동권 또한 제한되고 있다고 이야기하고 있다. 물론 치료목적으로 이를 제한한다면 이에 이의를 제기하기 어렵지만 환자들의 외출이나 산책이 치료적인 목적 외의 이유로 침해당하고 있는 경우가 많음이 조사를 통하여 나타나고 있다.

정신보건법 제45조는 정신의료기관의 장에게 '의료를 위하여 필요한 경우에 한하여'라는 조건하에 포괄적으로 환자의 통신의 자유, 면회의 자유, 외출의 자유 등을 무제한으로 금지시킬 권한을 부여하고 있는바, 이와 같은 규정은 결국 환자들에 대한 치료목적의 격리를 정당화하여 주는 것으로 이는 일종의 사회방위처분적인 성격을 내포하고 있는 것이라 볼 수 있다. 따라서 이와 같은 행동 제한이 필요한 경우에도 법원

---

24) 정신보건법 제41조 제2항
25) 정신보건법 제45조 제1항

에 대한 신청을 통하여 그 결정으로 할 수 있도록 개선되어야 한다.

4. 인권침해 유형: 인간의 존엄과 가치 및 행복추구권 침해

※ 진료 및 간호인력 부족, 의료조치 미흡

첫째, 대부분의 정신의료기관에는 의료 인력이 부족하다. 현행법에 의하면 정신과 전문의는 입원환자 60인당 1명을 두게 되어 있으며 간호사는 13명당 1인, 전문요원(보호사)은 100명당 1인을 두게 되어 있다. 하지만 이러한 조건을 다 갖추고 있는 정신병원은 드물다. 그 이유는 대부분의 정신의료기관이 도심에서 벗어난 외곽에 위치해 있는 관계로 이러한 곳에서 이들이 근무하기를 꺼려하기도 하고 정신과 자체가 인기 있는 과가 아니기 때문에 지원단계에서부터 문제가 발생된다는 점에 있다. 이에 대한 대책으로 공보의를 활용하기도 하지만 근본적인 대책을 세우기에는 역부족이다.

두 번째로는 전체적인 치료행위가 부족하다는 것이다. 이는 환자에 대한 정신 및 재활 치료보다는 약물투여 및 관리를 강조하는 치료 시설로 운영되고 있다는 근본적인 문제이며, 치료프로그램의 빈약함 및 형식적인 운용, 일부 환자만이 이용하는 경향이 있다는 것 등도 문제점으로 들 수 있다.

세 번째는 치료 및 간호기록이 부실하다는 것이다. 각종 진료기록에서의 환자에 대한 기술이 관찰에 근거하지 않고 일률적으로 기록된다는 것이 주를 차지하고 있으며 인용된 기록이 더 많아서 직접 면담한 것이 아님도 알 수 있다.

네 번째는 치료효과의 검증 부재이다. 환자의 치료뿐 아니라 효과가 과연 있는지를 검증하기 위한 노력이 전혀 이루어지지 않고 있다. 즉 치료자의 인상을 제외하고는 이들의 상태를 객관적으로 검증하였다는 기록이 전혀 없다는 것이다.

※ 환자의 인격 침해

환자들의 인격침해는 다양하게 언급할 수 있지만 대표적으로 환자들의 본명을 부르지 않는 경우가 종종 있다. 본인이 싫어하는 별명을 부르는 등으로, 환자 자신이 이름을 언급하거나 기억하지 못하는 경우라 할지라도 조금만 관심을 가지면 해결될 일에 있어서도 병원에서는 이 환자의 신원파악 등에 주의를 기울이지 않는다는 것이다. 이름이 있음에도 안불상(성은 안씨인데 이름을 모른다고 해서 불상이라 부름), 이노숙(노숙상태에서 입원하였다 해서), 김구로(구로동에서 입원하였다고 해서) 등으로 불리고 있는 것이다.

※ 환자복지

식사의 질 및 병원 시설, 환자방치, 환자 이탈에 대한 대비 및 후속조치 미흡 등에 대해서도 문제가 제기되고 있다.

먼저 병동구조 및 병실배치상의 문제인데 개방형구조를 취하고 있는 병원이 있는 반면에 폐쇄형 구조를 취하고 있는 병원도 있다. 이는 스테이션(관리실 혹은 간호실)의 위치 및 구조가 치료적 관찰이나 환자의 접근이 용이하도록 설치되어 있느냐 아니냐의 문제인데, 폐쇄병동 내부도 개방형 구조를 지향하고 있어야 한다.

2002년 11월 국가인권위원회의 조사가 진행되었던 한 병원의 경우 모든 병동에서 스테이션과 환자가 격리되어 있었으며, 대체로 복도를 중심으로 양쪽에 병실이 배치되어 있는 T자형 구조였다. 이러한 구조는 환자에 대한 관찰이 어렵고 환자들 사이의 자유로운 소통을 저해한다.

그리고 병실 및 식당의 위생성도 환자의 건강 및 치료에 심각한 영향을 끼칠 수 있다. 국가인권위원회에서 조사를 한 모 병원의 경우 각 병동에 있는 식당도 비좁고 위생상태에 문제가 있었으며 의자 등의 시설이 환자를 고려하지 않는 경우가 많았다.

여가활동과 관련된 부분도 문제에서의 예외가 아니다. 한 병동에 100명 이상이 입원되어 있지만 TV는 한 대만 설치되어 있으며 활동공간도 매우 비좁은 상태여서 여가 활동은 당연히 어렵다는 것을 판단할 수 있었으며, 그 외 실제 환자가 이용하는 여가활동 관련 시설은 발견할 수 없었다. 또한 화재에 대비한 시설이 취약하여 화재사고에 대하여 매우 취약한 구조로 화재 발생 시 대량 인명피해가 우려되며 환자 1인당 주거 공간도 부족하였다.

물론 인간의 존엄과 가치 및 행복추구권의 문제는 위에서 언급된 여러 내용과는 달리 경찰이 관여하여 형사처벌의 대상이 될 수는 없지만(행정지도 대상임) 환자들의 권리가 침해받는 심각한 문제라 할 수 있다.

기타 정신의료기관에 입원된 신체질환자 문제며 급여환자와 보험환자 사이의 차별도 문제가 되고 있으며 정신질환자에 대한 직업훈련 기회가 없는 것도 문제이다. 심지어 장애인고용촉진공단조차도 관리하기가 어렵다는 이유로 정신장애인을 직업훈련대상에서 제외하고 있는 실정이다.

또한 정신질환 치료에 대한 국가의 지원이 미약하여 기초생활수급권자의 경우, 치료효과가 좋은 고가약(신약) 사용이 어렵고, 또한 상대적으로 환경이 좋은 대부분의 3차 의료기관에서는 기초생활수급권자의 입원을 거부하는 등 기초생활수급권자인 정신질환자는 최적의 치료를 받을 수 있는 기회가 박탈되어 있는 것이 현실이다.

바람직한 의료서비스 제도는 가급적 환자를 입원시키지 않고 통원 치료하는 방식이다. 그래야 환자의 사회적응력이 유지될 수 있기 때문이다. 그러나 현행 건강보험제도는 외래진료보다는 환자를 입원시켜야 이익이 많이 남는 구조로 되어 있어 병원 측이 환자를 적극적으로 입원시키는 요인이 되고 있다.

폐쇄병동을 개방병동으로 전환하도록 유도해야 되고 정신질환자가 자의로 자신의 후견인을 지정할 수 있는 '후견인 제도' 도입도 해야 한다. 아울러 환자의 인권보호 및 치료효과 검증을 위한 평가도구를 개발하고 보급 등의 조치도 있어야 하며 장기입원은 그 자체로 심각한 인권침해의 소지가 있으므로 이를 억제할 수 있는 대책 마련이 필요하다.

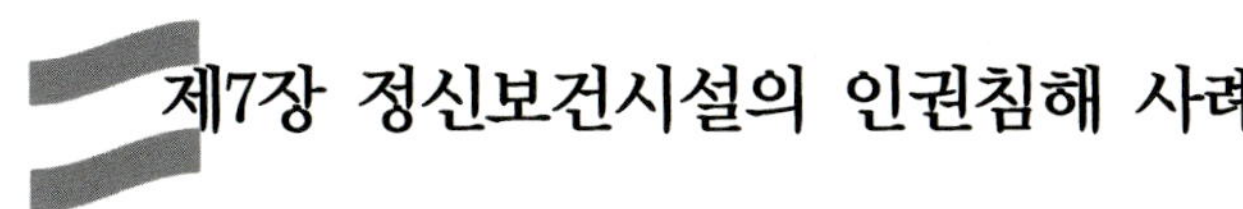

제7장 정신보건시설의 인권침해 사례

1. 국가인권위원회 진정사건 분석

본 통계는 2001년도부터 2006년 6월까지 국가인권위원회에 접수된 진정사건 총 406건을 분석한 자료이다.[26]

먼저 진정사건과 건수에 대해 연도별로 살펴보았을 때 2001년 8건, 2002년 20건, 2003년 45건이었으나 2004년과 2005년에는 112건과 176건으로 급격한 증가를 보였으며 2006년 들어서는 6월 30일 현재까지 45건으로 급감하였다.

[표 8] 진정사건 연도별 분석

구 분	진정사건 수		진정내용 수	
	전체 진정사건 수(%)	유의미한 사건 수(%)	전체 진정내용 수(%)	유의미한 내용 수(%)
2001	8(2.0)	0(0.0)	11(1.0)	0(0.0)
2002	20(4.9)	2(0.5)	48(4.3)	11(1.0)
2003	45(11.1)	2(0.5)	133(11.8)	2(0.2)
2004	112(27.6)	21(5.2)	370(32.9)	55(4.9)
2005	176(43.3)	19(4.7)	450(40.0)	38(3.4)
2006	45(11.1)	1(0.2)	114(10.1)	4(0.4)
전 체	406(100.0)	45(11.1)	1126(100.0)	110(9.8)

---

26) 국가인권위원회의 '지방자치단체의 정신보건업무 수행실태조사'(2006) 내용 중 통계 관련 부분을 발췌·인용하였다.

2001년부터 2006년 6월 30일 현재까지 총 406건의 진정사건 중 37 건인 9.1%가 인용되었고, 46.8%인 190건이 취하 등의 이유로 각하, 33%인 134건이 기각, 3건이 경찰이나 검찰 등으로 이송되었으며, 8건 은 진정인이 행방불명되어 더 이상의 조사가 진행되지 않아 조사중지 되었다. 이 중 고발, 권고, 유죄로 형 확정, 합의 종결된 사건들 혹은 조사관의 현장조사 시 사실로 인정된 사건들은 유의미한 사건이나 내 용으로 분류하였다. 전체 406건 중 유의미한 진정사건은 11.1%인 45 건이었다.

[표 9] 심의결과별 분석표

구 분	진정사건 수		진정내용 수	
	전체 진정사건 수(%)	유의미한 사건 수(%)	전체진정 내용 수(%)	유의미한 내용 수(%)
각 하	190(46.8)	7(1.7)	449(39.9)	18(1.6)
기 각	134(33.0)	0(0.0)	323(28.7)	2(0.2)
인 용	337(9.1)	37(9.1)	217(19.3)	89(7.9)
이 송	3(0.7)	0(0.0)	5(0.4)	0(0.0)
조사중지	8(2.0)	1(0.2)	35(3.1)	1(0.1)
조사 중	34(8.4)	0(0.0)	97(8.6)	0(0.0)
전 체	406(100.0)	45(11.1)	1126(100.0)	110(9.8)

지역별로 진정된 사건을 보았을 때 충북이 전체 406건 중 19.5%인 79건, 경남과 부산이 각각 59건(14.5%)과 50건(12.3%), 그다음이 서 울과 경기로 각각 47건(11.6%), 42건(10.3%)이었다. 이 중 유의미한 진정사건은 부산이 9건으로 가장 많았고 그다음으로 서울, 전남, 경북 이 각각 5건씩, 경기와 충북이 각각 4건이었다. 전체 진정사건 중 유 의미한 진정사건율을 고려해 볼 때 충북에서 진정된 79건 중 5% 정

도가 유의미한 사건인 것으로 확인되었고, 전남과 경북의 경우 각각 23건과 32건의 진정 사건 중 각각 22%와 16%가 의미 있는 사건으로 파악되었다.

[표 10] 지역별 분석표

구 분	진정사건 수		진정내용 수	
	전체 진정사건 수(%)	유의미한 사건 수(%)	전체 진정내용 수(%)	유의미한 내용 수(%)
서 울	47(11.6)	5(1.2)	134(11.9)	11(1.0)
부 산	50(12.3)	9(2.2)	142(12.6)	19(1.7)
대 구	14(3.4)	2(0.5)	36(3.2)	4(0.4)
인 천	1(0.2)	0(0.0)	7(0.6)	0(0.0)
광 주	10(2.5)	1(0.2)	17(1.5)	1(0.1)
대 전	11(2.7)	2(0.5)	32(2.8)	5(0.4)
경기도	42(10.3)	4(1.0)	114(10.1)	12(1.1)
강원도	11(2.7)	2(0.5)	28(2.5)	4(0.4)
충청북도	79(19.5)	4(1.0)	193(17.1)	7(0.6)
충청남도	10(2.5)	1(0.2)	27(2.4)	2(0.2)
전라북도	5(1.2)	1(0.2)	21(1.9)	3(0.3)
전라남도	23(5.7)	5(1.2)	74(6.6)	13(1.2)
경상북도	32(7.9)	5(1.2)	110(9.8)	18(1.6)
경상남도	59(14.5)	3(0.7)	164(14.6)	7(0.6)
제주도	1(0.2)	1(0.2)	4(0.4)	4(0.4)
미파악	11(2.7)	0(0.0)	23(2.0)	0(0.0)
전 체	406(100.0)	45(11.1)	1126(100.0)	110(9.8)

진정대상기관을 살펴보면 흥미로운 점이 있는데, 총 406건의 진정사건 중 일반적인 예상과는 달리 정신요양시설에 대한 진정건수는 11건 (2.7%)에 불과하고, 사립정신병원 192건(47.6%)에 대다수 진정사건이 집중되어 있다는 점이다. 허가병상 수 대비 진정건수는 사립정신병원이

22,463병상에 192건(0.86%), 병원정신과가 13,718병상에 65건(0.47%), 종합병원 정신과가 8,018병상에 31건(0.39%), 공립정신병원 4,141병상에 16건(0.39%), 정신과의원 6,170병상에 23건(0.37%), 국립정신병원 3,640병상에 7건(0.19%), 그리고 정신요양시설 14,049병상에 11건(0.08%)의 순으로, 사립정신병원에 대한 진정건수 비율이 가장 높았고, 정신요양시설에 대한 진정건수 비율이 가장 낮았다.

[표 11] 피진정인별 분석표

구 분	허가병상수*	진정사건 수		진정내용 수	
		전체(%)	유의미한 사건(%)	전체(%)	유의미한 사건(%)
국립정신병원	3,640	7(1.7)	0(0.0)	12(1.1)	0(0.0)
공립정신병원	4,141	16(3.8)	0(0.0)	36(3.8)	0(0.0)
시립정신병원	22,463	192(47.6)	20(4.9)	504(44.8)	42(3.7)
종합병원정신과	8,018	31(7.6)	6(1.5)	74(6.6)	10(0.9)
병원정신과	13,718	65(16.0)	8(2.0)	199(17.7)	26(2.3)
정신과의원	6,170	23(5.7)	5(1.2)	68(6.0)	7(0.6)
정신요양시설	14,049	11(2.7)	3(0.7)	50(4.4)	12(1.1)
미인가시설		3(0.7)	0(0.0)	8(0.7)	0(0.0)
직 원		18(4.4)	1(0.2)	56(5.0)	9(0.8)
기 타		8(1.9)	0(0.0)	16(1.5)	1(0.1)
미파악		32(7.9)	2(0.5)	103(9.1)	3(0.3)
전 체	73,015	406(100.0)	45(11.1)	1126(100.0)	110(9.8)

* 2005년 6월 30일 현재 허가병상 수(서동우 외. 2005년 중앙정신보건사업지원단 사업보고서. 정책보고서 2005-79, 중앙정신보건사업지원단, 한국보건사회연구원, 보건복지부, 49면)

진정내용을 중심으로 각각을 살펴볼 때, 이들 인권침해 내용은 한 사건당 하나의 내용으로만 인권침해가 이루어진 것이 아니라 한 사건이라 하더라도 여러 개의 진정내용으로 진정이 이루어지고 있었다. 다시 말하면 진정사건은 총 406건이지만 진정내용은 1,126개라고 할 수 있는 것이다. 전체 1,126건의 진정 내용 중 입원문제가 23.9%인 269건, 가혹행위 199건(17.7%), 치료문제가 178건(15.8%), 퇴원문제가 15.4%인 173건, 사생활침해가 131건(11.6%)으로 진정이 이루어졌다. 이 중 의미 있는 진정내용은 9.8%인 110건이 확인되었고 이 중 입원과 퇴원이 27건과 22건으로 각각 24.5%와 20%를 차지하고 있었으며, 가혹행위, 치료문제, 사생활침해 순으로 인권침해가 확인되었다.

[표 12] 진정내용별 분석표

구 분	진정내용 수	
	전체진정내용 수(%)	유의미한 내용 수(%)
입원문제	269(23.9)	27(2.4)
퇴원문제	173(15.4)	22(2.0)
치료문제	178(15.8)	14(1.2)
가혹행위	199(17.7)	19(1.7)
사생활침해	131(11.6)	13(1.2)
시설생활문제	103(9.1)	6(0.5)
환자권리침해	46(4.1)	9(0.8)
기 타	27(2.4)	0(0.0)
전 체	1,126(100.0)	110(9.8)

　　진정내용별로 좀더 상세히 인권침해 진정내용을 살펴보면 다음과 같다.

　　입원관련 진정내용을 살펴보면, 보호자에 의한 강제입원이 129건으로 가장 많은 진정을 하였고, 다음이 46건으로 제3자에 의해 강제입원 되었다는 내용의 진정이었다. 또한 허위진단으로 입원되었다고 진정한 경우가 35건이었다. 이 중 허가병상을 초과하여 입원시킨 경우가 8건, 제3자에 의해 강제로 입원된 경우가 7건으로 의미 있는 내용이 가장 많았다. 다음으로 무연고자의 입원 처리된 경우, 행려환자로 입원한 경우 그리고 보호자에 의해 강제입원된 경우가 다음으로 유의미하였다.

[표 13] 진정내용별 세부분석: 입원문제 관련

입 원	전체내용(%)	유의미한 내용(%)
제3자에 의한 강제	46(4.1)	7(0.6)
보호자에 의한 강제	129(11.5)	3(0.3)
무연고 및 행려환자 처리	13(1.1)	4(0.4)
허위진단	35(3.1)	1(0.1)
무진단	18(1.6)	2(0.2)
가명처리	2(0.2)	1(0.1)
부당각서작성	1(0.1)	1(0.1)
허가병상초과	17(1.5)	8(0.7)
사설이송업체이용 강제입원	9(0.8)	0(0.0)
소 계	270(24.0)	27(2.4)

[표 14] 진정내용별 세부분석: 퇴원문제 관련

퇴 원	전체내용(%)	유의미한 내용(%)
계속입원 심사문제	10(0.9)	4(0.4)
퇴원불허	119(10.6)	11(1.0)
보호자의 퇴원동의 거부	15(1.3)	0(0.0)
강제이송	21(1.9)	4(0.4)
서류상만으로 퇴원처리	5(0.4)	2(0.2)
퇴원강요	4(0.4)	1(0.1)
소 계	174(15.5)	22(2.0)

퇴원과 관련하여 퇴원 불허인 경우가 119건의 내용으로 가장 많았고, 보호자가 퇴원을 허락하지 않는 경우가 15건이었다. 또한 타 병원에 강제로 이송시키고 있다는 진정인 21건이었다. 이 중 퇴원불허, 계속입원 심사 시 누락 등의 계속입원 심사문제 그리고 강제이송과 관련하여 유의미한 내용을 확인할 수 있었다.

치료문제에 있어서는 작업치료와 관련된 인권침해를 내용으로 가장 많은 진정이 이루어졌다. 과도한 저임금으로 노동을 시키는 작업치료와 관련하여 42건을 진정한 것으로 나타났고 이 중 7건이 유의미한 것으로 확인되었다. 또한 의료진 부족과 치료 및 면담부족은 각각 11건과 36건의 진정이 이루어졌고 그중 유의미한 내용이 각각 2건씩 확인되었다. 정신과 외 질병에 대한 치료가 이루어지지 않는다는 진정이 22건 있었고, 환자를 대상으로 실험을 할 때 환자에게 실시되는 실험이지만 환자에게 그에 대한 동의와 설명 없이 실시된 경우가 있음도 확인되었다.

[표 15] 진정내용별 세부분석: 치료문제 관련

치료문제	전체내용(%)	유의미한 내용(%)
작업치료문제	42(3.7)	7(0.6)
강제투약	36(3.2)	0(0.0)
면담 및 치료부족	36(3.2)	2(0.2)
치료 및 프로그램 문제	24(2.1)	0(0.0)
정신과 외 치료부재	22(2.0)	2(0.2)
동의 없는 환자대상 실험	3(0.3)	1(0.1)
의료진 부족	11(1.0)	2(0.2)
미자격 의료진	3(0.3)	0(0.0)
소 계	117(15.7)	14(1.2)

가혹행위와 관련해서는 부당하게 강박 및 격리를 당하였다는 진정이 전체 199건의 내용 중 98건을 차지하였고, 그다음이 신체적·정신적 폭력을 당하였다는 진정내용이 82건이었으며, 타 환자나 방장에 의해 폭력을 당하였다는 진정도 8건이었다. 이 중 부당하게 환자를 대상으로 강박·격리하였음이 확인된 경우가 12건, 신체적 정신적 폭력이 사실로 확인된 경우가 6건이었다.

[표 16] 진정내용별 세부분석: 가혹행위 관련

가혹행위	전체내용(%)	유의미한 내용(%)
부당강박/격리	98(8.7)	12(1.1)
신체·정신적 폭력	82(7.3)	6(0.5)
동료환자/방장에 의한 폭력	8(0.7)	1(0.1)
성폭력/희롱	4(0.4)	0(0.0)
강박법령개선요구	1(0.1)	0(0.0)
129에 의한 가혹행위	3(0.3)	0(0.0)
환자 사망 건	3(0.3)	0(0.0)
소 계	199(17.7)	19(1.2)

129건의 환자 사생활침해 진정내용 중 전화를 검열하거나 제한한 경우로 진정된 경우가 60건, 과도하게 병동에 CCTV를 설치하여 감시하고 있다고 진정한 경우가 18건, 그 외에 면회를 금지하는 경우와 서신 등을 검열하거나 금지한 경우 등이 있었다. 이 중 전화사용을 제한하거나 감시한 경우가 8건의 내용이 유의미하다고 확인되었다. 병동 화장실이나 샤워장 등 사적인 공간에까지 CCTV가 설치되어 있음이 확인된 경우가 2건이었다.

[표 17] 진정내용별 세부분석: 사생활침해 관련

사생활침해	전체내용(%)	유의미한 내용(%)
과도한 CCTV 설치	18(1.6)	2(0.2)
전화 검열 제한	60(5.3)	8(0.7)
서신 · 문서 검열금지	15(1.3)	1(0.1)
면회 검열금지	17(1.5)	1(0.1)
외출제한	10(0.9)	0(0.0)
도서 · 신문 · 컴퓨터 사용금지	3(0.3)	0(0.0)
종교행위 강요	6(0.5)	1(0.1)
소 계	129(11.5)	13(1.2)

시설생활문제와 관련한 진정내용을 살펴보면, 의식주 문제와 관련하여 27건으로 가장 많은 진정을 하였고, 병동의 환경이나 위생상태가 불량하다는 진정이 19건, 공간이나 필요한 시설이 없다는 진정이 14건이었다. 이 중 환경 불량 등 몇몇 항목에서 유의미한 내용들이 확인되었다.

[표 18] 진정내용별 세부분석: 시설생활문제 관련

시설생활	전체내용(%)	유의미한 내용(%)
의식주문제	27(2.4)	1(0.1)
환경 · 위생상태 불량	19(1.7)	2(0.2)
공간 · 시설 부족	14(1.2)	1(0.1)
위급상황 대책미비	7(0.6)	1(0.1)
생활규칙 관련문제	8(0.7)	1(0.1)
생필품지급 관련문제	15(1.3)	0(0.0)
개인소유물 검열	8(0.7)	0(0.0)
기 타	6(0.6)	0(0.0)
소 계	104(9.2)	6(0.5)

환자권리침해 부분에 있어서 진정권을 방해했다는 이유로 진정한 경우가 19건으로 가장 많았고, 그다음으로 퇴원 및 처우개선 청구권 방해, 환자의 알 권리를 침해한 경우가 각각 9건과 8건이었다. 그리고 비밀보장과 관련하여 6건을 진정하였다. 이 중 진정권 방해, 퇴원 및 처우개선 청구권 방해, 비밀보장위반 등의 인권침해 상황이 확인되었다.

[표 19] 진정내용별 세부분석: 환자권리침해 관련

환자권리	전체내용(%)	유의미한 내용(%)
비밀보장 위반	6(0.5)	2(0.2)
알권리 부재	8(0.7)	1(0.1)
퇴원 및 처우개선청구권 방해	9(0.8)	2(0.2)
진정권 방해	19(1.7)	3(0.3)
기본권보장 요구	1(0.1)	0(0.0)
참정권 방해	2(0.2)	0(0.0)
직권남용	1(0.1)	1(0.1)
소 계	46(4.1)	9(0.8)

2. 사례 검토

※ 사례 1[27)](#)

국가인권위원회에 접수된(2005년 10월) 진정사건의 실지조사 과정에서, 정신보건법 위반 등 환자들에 대한 광범위한 인권침해실태가 확인된 부산 소재 의료법인 A병원 및 B시립정신질환자요양병원(수탁법인: 의료법인 A병원)에 대해서 2006년 3월부터 9월까지 약 7개월간

---

27) 국가인권위원회 보도자료. 2006. 12. 13.

직권조사를 실시한 국가인권위원회(위원장 안경환)는 환자입원 시 정신과전문의 진단 없이 입원시킨 사실과, 행려환자 152명에 대한 입원전환 시 정신과전문의 진단을 누락한 채 입원시킨 사실, 입원환자에 대한 계속입원심사청구를 누락한 채 계속입원시킨 사실에 대하여 조사대상 병원 전대표 오모 전이사장을 검찰총장에게 고발하고, 환자 진료기록부 허위작성 및 진료비 부당청구 등 종합적인 특별감사를 실시하고 실효성 있는 조치를 취할 것과, 부산광역시장과 부산광역시 사상구청장에 대하여 감독의무를 다하지 못한 책임을 물어 기관 경고할 것, 향후 이와 같은 사례가 재발하지 않도록 체계적인 재발방지대책을 마련·시행할 것을 보건복지부장관에게 권고하고, B시립병원의 위탁계약해지를 포함한 실효성 있는 조치를 취할 것과 입원환자 전원에 대하여 특별 대면 심사를 실시하고 입원의 적절성 및 필요시 퇴원과 사회복귀 방안 등의 구제조치를 취할 것, 정신보건시설 및 의료법인에 대한 관리감독과 관련 제반업무를 충실히 수행할 수 있도록 체계적인 재발방지대책을 마련·시행할 것을 부산광역시장에게 권고하고,

위 권고조치에 따른 행정처분 등이 내려지기 전에라도 환자들의 인권침해에 대해 즉각적인 시정을 취할 것을 조사대상 병원의 장에게 권고한 사례이다.

이 사례에 대하여 보다 자세히 살펴보면, 먼저 문제가 되는 것은 정신과전문의 진단누락 및 입원동의(권고)서 결여와 관련된 내용이다.

구 분	입원동의서에 정신과 전문의 진단이 누락된 사례		입원동의(권고)서 자체가 없는 사례
A병원	140명		77명
	가족에 의한 입원 환자 456명 중 30.7%		
B시립 병원	47명		28명
	가족에 의한 입원 환자 187명 중 20.7%		
합 계	총 187명		총 105명
	가족에 의한 입원 환자 683명 중 27.4%		

조사결과 보호의무자에 의한 환자입원 시 입원동의(권고)서에 정신과 전문의의 의견을 기재하지 않은 채 입원이 결정된 환자가 187명, 정신보건법에서 규정하고 있는 입원동의(권고)서 자체가 첨부되지 않은 환자가 105명이나 되는 것으로 확인되었다.

두 번째는 행려환자에 대한 부당입원 및 입원절차 위반 관련이다.

구 분	보호의무자(시장, 군수, 구청장)에 의한 입원전환 시		응급입원 시	
	보호의무자 동의누락 사례	정신과전문의 진단누락 사례	경찰 동의 누락 사례	의사 동의 누락 사례
A병원 (118명)	88명	87명 (73.7%)	16명	88명
B시립병원 (73명)	65명	65명 (89.0%)	8명	62명
합 계 (191명)	153명	152명 (79.6%)	24명	150명

조사결과 국가인권위원회는 행려환자가 최초 발견되어 입원하는 경우 의사의 동의는 받지 않은 채 경찰의 행려환자 인계서만으로 환자

를 응급 입원시키고, 행려환자가 부산시립의료원 등 타 의료기관을 거쳐 입원의뢰되어 온 경우에는 정신과 전문의의 진단 등 별도의 입원 절차를 거치지 않고 곧바로 입원시켜 온 사실을 확인하였다.

세 번째는 병원 간의 환자 임의전원 및 진료비 부당청구 관련이다.

A병원 또는 B시립병원에 실제로 입원해 있는 환자를 서류상으로는 C병원 입원환자인 것처럼 소속을 변경하는 방법 등으로 A병원 또는 B시립병원의 진료비를 아래와 같이 C병원으로 부당하게 청구한 사례도 드러났다.

A병원	B시립병원
2003년 1월부터 2004년 3월까지 오모 전이사장 지시에 의해 A병원의 한 병동을 C병원에 보증금 3천만 원에 전세계약을 체결하고, 위 병동 입원환자들의 진료비(2003년 285명에 대하여 2억 2천 8백만 원, 2004년 377명에 대하여 3억 2천 4백만 원, 2005년 126명에 대하여 1억 8백만 원)를 C병원에서 청구한 사례	2003년 1월부터 4월까지 546명의 시립병원 환자들에 대하여 주치의가 C병원 소속 의사라는 이유로 진료비를 C병원에서 청구한 사례

네 번째는 계속입원심사청구누락 및 심사결과 미통지 관련이다.

국가인권위원회는 2003년부터 2005년까지 부산광역시 정신보건심판위원회의 계속입원 심사결과내역을 확인한 결과, 환자 다수에 대하여 계속입원심사가 누락되거나 지연된 사실을 확인하였고, 특히 2004년에는 상당수의 환자들이 계속입원심사를 1회밖에 받지 않은 사실을 확인하였다.

구 분	2003년	2004년	2005년
A병원	42회	148회	15회
B시립병원	10회	41회	38회
합 계	52회	189회	53회

다섯 번째는 계속입원 심사결과에 대한 서면통지의무가 거의 준수되지 않은 것이다.

여섯 번째는 전문 의료 인력 실태와 관련된 내용이다.

A병원은 환자정원이 600명으로 정신과 전문의 10명이 필요하나 2006년 11월 현재 정신과전문의는 3명에 불과하여 의사 1인당 140명이 넘는 환자를 담당하고 있고, B시립병원은 환자정원이 331명으로 정신과전문의 6명이 필요하나 현재 3명에 불과하여 의사 1인당 약 100명이 넘는 환자를 담당하고 있는 사실을 확인했으며, 이와 관련하여 그동안 해당 구청으로부터 2차의 행정처분(시정명령 및 과징금), 1차의 고발조치 등을 받은 사실이 드러났다. 또한 그럼에도 현재까지 전혀 시정되지 않고 있음도 확인하였다.

일곱 번째는 보호의무자 자격기준 및 입증절차 위반 관련이다.

직계혈족이 아닌 친족들이 입원동의서에 서명하여 입원시킨 사례가 상당수 발견되었다. 여기에는 형제, 자매 등 방계혈족은 물론이고 형수, 제수, 올케, 형부, 자형, 처남, 매제, 조카, 이모, 숙모, 큰어머니, 외삼촌, 고모, 숙부, 백부, 사촌누나, 이종누나 등의 친족들이 입원동의서에 서명하여 강제입원한 경우도 상당한 수 있었는데, 병원은 이들이 환자와 생계를 같이하는 친족에 해당하는지 여부를 확인하여야 함에도 환자의 가족이 자발적으로 보호의무자 입증서류를 제출한 경우를 제외하고는 거의 대부분 보호의무자 확인서류를 받지 않았음을 확인하였다. 특히 일부 환자들의 경우에는 전남편, 의형제, 지인, 교회성도,

주민, 경찰서 형사 등 정신보건법상 보호의무자의 요건에 전혀 해당될 수 없는 사람들이 입원동의서에 서명하여 강제입원시킨 사례들도 있음을 확인하였다.

여덟 번째는 자의입원 규정의 편법적 이용이다.

조사결과 자의입원환자들이 A병원 42명, B시립병원 19명으로 확인되었는데, 이들 중에는 자의입원신청서와 함께 정신보건법 제24조 규정에 의한 보호의무자 입원동의서가 첨부된 사례들도 다수 발견되었다. 자의에 의한 입원환자인지 여부가 불확실한 상태이고, 일부환자들의 경우에는 보호의무자에 의한 입원환자를 형식적으로 자의입원 상태로 전환하기 위해 자의입원신청서를 받아 둔 사례들을 확인하였고, 자의입원신청서가 있는데도 계속입원심사를 청구한 사례들도 있었으며, 심지어는 자의입원신청서를 본 적도 없고 서명이나 무인을 한 적도 없다는 사례도 확인되었습니다. 또한 면담 및 간호기록 등에 대한 검토결과 일부 자의입원 환자들 중에는 퇴원을 간절히 바란다고 요구하는 환자들도 있음을 확인하였다.

아홉 번째는 작업치료 관련이다.

A병원 환자 4명과 B시립병원 환자 3명을 작업치료 명목으로 C병원에서 24시간 숙식시키면서 환자 도우미로 일하도록 했고, 이들은 병동 청소 및 정리, 식사운반, 목욕보조, 환자이동 시 보조, 쓰레기 수거, 세탁물 수거, 증류수 운반, 소모품 수령 보조 등의 업무를 수행하면서 매일 오전 5시 30분부터 오후 6시 30분까지 하루 최대 13시간 이상의 시간을 일하고 있었다. 반면 그에 대한 보수는 월 80만 원, 60만 원, 월 25만 원 내지 20만 원의 임금을 지급받고 있었다. 위 작업자들이 원래 입원해 있었던 A병원과 B시립병원의 차트에는 C병원으로 작업을 나가는 시점부터 원소속병원을 퇴원한 것으로 기재되어 있었다. 또

한 의사 면담 등 실질적 진료행위가 거의 이루어지지 않는 가운데 그 진료기록은 C병원의 간호사들이 작성하고 있는 상태인데도 원소속병원에서는 이들에 대하여 지속적으로 진료비를 청구해온 사실도 확인하였다.

그동안 작업치료 계획, 당사자 및 보호자 동의, 작업치료 프로그램 실행과정, 사후평가 등에 대한 기록 등을 부실하게 관리하거나 거의 대부분 누락한 채 작업치료 명목으로 A병원, B시립병원, C병원에서 광범위하게 일을 시키고 있었고, 일부 환자들에게는 하루 8시간 이상 과도한 시간의 노동을 시켜왔고, 일부 환자들은 상당 기간 주치의를 만난 적도 없으며, 주치의가 누군지도 모르고 있다고 진술하고 있다.

작업치료비 지급은 개인별 계좌입금이 아니라 병원 원무과 장부에 임금지불내역을 기재하여 합산하는 방식으로 운영하고 있고, 임금 또한 매우 낮게 책정되어 있음을 확인하였다.

이처럼 작업치료 명목의 강제노역이나 노동력 착취사례를 근본적으로 방지하기 위해서는 정신보건법을 개정하여 작업치료의 범위와 시행방법, 평가방법, 특히 작업의 종류와 일일 최대 허용시간, 임금지급기준 등에 대한 근거 및 기준, 위반 시 처벌조항 등을 명확히 규정할 필요가 있는 것이다.

열 번째는 강박 및 격리 관련이다.

보건복지부 지침을 제대로 준수하지 않은 채 임의적인 격리, 강박 규칙을 만들어 운영하고 있었다. 이 규칙에는 격리 및 강박의 사유가 치료적 목적에 부합하는 것으로 보기 어려운 자의적 기준들이 상당 부분 포함되어 있으며, 각 사유별 격리·강박의 시간도 아무런 합리적 근거가 없는 자의적인 기준들로 제시되어 있으며, 일부 병동은 다른 병동 전반의 격리·강박 규칙과 상이한 내용의 규칙을 적용하고 있음을 확인하였다(예를 들면, A병원 8병동 격리, 강박 규칙에는 금연자에게 담배를 주는 행위(격리 12시간), 치료 거부 등을 목적으로 타 환자들을 선동하는 행위는 격리 3일, 강박 12시간에 처하도록 하는 등).

또한 환자가 병동규칙을 위반하여 격리·강박 사유가 발생하는 경우 간호사가 병동 규칙을 적용하여 보호사와 함께 격리 또는 강박조치를 시행하고, 담당 주치의에게는 사후적으로 이를 보고하여 주치의가 진료기록부에 격리·강박 사실을 간략히 기재하고 있으며, 이른바 'PRN Order'(필요한 경우 행하도록 의사가 사전에 지시한 것)의 방식으로 주치의별로 특정유형의 행동을 하는 환자들에 대하여 사전에 격리·강박 조치를 지시한 내용을 적용하기도 하고, 환자별로 입원시점에 주치의가 특정유형의 행동 시 격리 또는 강박 조치를 하도록 미리 지시한 내용을 적용하기도 하였다.

열한 번째는 건강보험병동환자와 의료급여병동환자 간의 차별적 대우 관련이다.

A병원은 2병동을 보험환자 병동으로 운영하고 있고, B시립병원은 6병동을 알코올병동으로 운영하면서 알코올환자 중 보험환자들을 입원시켜 운영하고 있는바, 보험환자들과 급여환자들 간에는 식사 질, 환자 수, 진료 정도 및 프로그램 등에서 현저한 차별대우가 이루어지고 있고, 격리·강박규칙 내용 및 적용방식도 차별적으로 행해지고 있으며, 보험환자병동의 환자들은 급여환자들이 수행하고 있는 작업치료를 실시하지 않고 있었다. 또한 A병원은 보험환자병동에 입원하는 일부 보호환자들에게 본인 부담금(30만 원)을 별도 요구하고 있는 사실도 확인하였다.

열두 번째는 기타 환자 기본권 제한 관련이다.

가족이나 보호자가 없다는 이유로 10년이 넘도록 한 번도 외출이나 외박이 허용되지 않아 무연고 환자들은 바깥 사회와 접촉할 수 있는 아무런 기회를 갖지 못하고 있으며, 이러한 결과로 이들 중 간혹 퇴원명령이 내려진 환자들조차도 초기 사회적응에 현저한 곤란을 겪고 다시 병원으로 재입원하는 경우도 있으며, 각 병실이나 병동마다 방장, 실장을 두어 병실청소나 병동질서 유지 등 환자들을 통솔하도록 한 사실, 남·여 화장실에 다수의 CCTV 카메라를 설치하여 용변 및 목욕하는 모습이 그대로 노출되는 경우 등이다.

또한 별도 샤워실이 없어 화장실에서 용변 및 목욕을 실시하고 있는데, 한쪽에서는 환자들이 용변을 보고 있고, 그 옆에서는 일부 환자들이 담배를 피우고 있으며, 다른 한쪽에서는 또 다른 환자들이 목욕을 하는 등 열악한 환경에서 기본권의 제한 정도가 심각함을 확인하였다.

※ 사례 2[28]

환자 계속입원심사 기피한 전북 ○○요양원장 검찰 고발 내용이다.

국가인권위원회는 2005년 8월 진정이 접수된 전북 소재 ○○요양원에 대해 조사한 결과 이 요양원이 많은 환자들에 대해 정신보건법상 '계속입원심사'를 청구하지 않아 위법행위를 하고 있는 것으로 확인하였다. 특히 이 요양원에는 10년 이상 장기 입원 환자도 상당수 있는 것으로 드러났다.

계속입원심사는 강제입원 환자들이 정신보건시설에서 퇴원할 수 있는 거의 유일한 방법으로 각 광역자치단체에 구성된 정신보건심판위원회에 의한 심사이다.

그러나 ○○요양원은 '보호자와 연락이 되지 않은 환자와 행려환자' 등에 대하여 계속입원심사 청구를 회피했으며 이 요양원의 전·현직

---

28) 국가인권위원회 보도자료, 2006. 4. 3.

촉탁의들의 병원에 퇴원명령환자를 입원시켰다가 다시 재입원시키는 방식으로 환자를 부당하게 입원 조치시킨 등 정신보건법 관련 규정을 위반한 것으로 확인되었다.

국가인권위원회는 "이번 사건의 경우와 같이 아예 계속입원심사 청구를 회피하는 경우, '회전문 현상(심사청구대상 환자들을 타 병원으로 전원했다가 다시 받는 사례 등)'이나 환자를 설득하여 자의입원으로 전환시키는 등의 방식에 의해 정신질환자는 결국 일생을 시설에서 생활할 수밖에 없는 처지"라면서 이는 "불편하기만 한 정신질환자를 가족·사회 방위적 차원에서 격리시키기 위해 '인신의 자의적 구속'을 방치하고 있는 것이며, 이 과정에서 정신질환자들은 시설수용 증후군으로 사회복귀를 포기하는 악순환이 계속되고 있다"고 밝혔다.

국가인권위원회는 "정신보건시설 폐쇄병동에 강제로 입원시키는 기준이 전혀 마련되지 못한 상황에서 정신과전문의의 진단에만 입원결정을 의존하다 보니, 환자 입·퇴원과 관련된 문제점이 계속 제기되고 있는 점을 상기하면 현행 정신보건법 제24조 제3항 등이 규정하고 있는 정신보건심판위원회의 계속입원 심사는 매우 중요한 의미를 갖는데도 ○○요양원은 이를 회피했다"고 밝혔다.

이에 국가인권위원회는 이 요양원장을 국가인권위원회법 제45조에 따라 검찰총장에게 고발하였다. 국가인권위원회는 또 이 요양원에 대한 감독 권한을 갖고 있는 전라북도와 해당 군청은 ○○요양원이 환자에 대한 계속입원심사 청구를 많이 누락해 왔는데도 별다른 조치를 취하지 않은 사실을 밝혀내고 해당 군의 군수에게 관련 공무원들에 대하여 경고할 것을 권고하였다.

또 보건복지부장관에게 전라북도 및 해당 군청의 관련 공무원에 대하여 정신보건업무에 관한 특별 교육을 시행하고 기타 자치단체의 정신보건업무 담당공무원들에게도 조속한 시일 내에 교육계획을 수립하여 시행할 것을 권고하였다.

※ 사례 329)

충남 ○○병원의 부당 입원 조치에 대한 권고 내용이다.

유모 씨(53세)가 충남 ○○병원을 상대로 "부당하게 입원 조치 당했다"며 2005.11. 국가인권위원회에 제기한 진정에 대해 ○○병원장에게 다시는 이 같은 위법행위를 하지 말 것을 권고하고, 충남 도지사에게는 위 병원에 대한 관리감독을 철저히 하고 필요한 조치를 취할 것을 권고하는 한편 보건복지부장관에게는 우리 위원회가 이미 권고(2005. 9. 26. 제20차 전원위)한 바와 같이, 정신보건법 개정 시 위법한 입원조치에 대한 처벌 규정을 신설할 것을 촉구하였다. 또 법 개정 전이라도 전국 정신보건시설에 대하여 이 같은 위법행위를 금하도록 지도할 것을 권고하였다.

조사결과, 유 씨는 이혼한 전처가 2005년 10월 민간응급이송단(일명 129 차량)에게 의뢰해 병원에 강제로 끌려갔으며 ○○병원은 정당한 보호의무자의 동의 없이 입원 조치했고, 이송과정에서 민간응급이송단 관계자들이 가죽수갑과 포승으로 진정인을 결박하고 폭행했으며 ○○병원은 평상시 음주를 즐기지 않는 진정인에 대해 인격장애, 알코올중독 등으로 진단해 40여 일 동안 폐쇄병동에 강제입원시키면서, 외부와의 연락을 금지하여 불법감금을 사실상 방조한 것으로 드러났다.

국가인권위원회는 "○○병원장이 보호의무자의 입원동의를 미리 받지 않고 진정인을 강제입원시킨 것은 비록 처벌규정은 없지만 정신보건법 제24조 제1항을 위반한 것이며, 정신질환의 특성으로 인한 현실

---

29) 국가인권위원회 보도자료. 2006. 4. 3.

적 어려움 등을 들어 이 같은 위법행위를 용인할 경우, 정신보건시설 환자의 인권이 지금보다 훨씬 심각하게 침해될 것"이라고 밝혔다.

❋ 사례 4[30]

국가인권위원회(위원장 조영황)는 "정신병원에 입원 중 격리실에 수용되었는데, 통풍이 안 되는 등 환경이 좋지 않았고 장시간 강박(몸을 움직일 수 없도록 천으로 만든 벨트 등으로 사지를 결박하는 것)을 당한 상태로 있었다"며 김모 씨(남, 53세)가 충북 소재 A정신병원장 등을 상대로 2004년 12월 진정한 사건에 대해 정신병원장과 이사장에 대해 해당 시설 종사자에 대해 인권교육 및 직무교육을 실시할 것과, 격리실의 구조를 인권침해를 최소화할 수 있는 형태로 개선할 것을 권고하였다.

국가인권위원회는 자해방지를 위해 당시 진정인에 대한 격리 및 강박이 필요했다는 점은 어느 정도 인정되나, 격리 및 강박은 치료목적을 위해서만 제한적으로 해야 하는 것이고 치료목적이라 해도 인권침해를 방지하고 최소화하기 위해 주의를 기울여야 함에도, 피진정인 등은 1시간마다 호흡 등을 점검하거나 혈액순환 등을 위해 수시로 자세를 변경해 주는 등 보건복지부가 시달한 '격리 및 강박지침'에 규정된 최소한의 주의사항도 준수하지 않았으며, 지린내가 심하게 나고 통풍 및 환기가 제대로 되지 않는 상태의 격리실에 진정인을 수용한 것을 확인하였다.

또한, 진정인 심모 씨(남, 40세)가 "정신병원에 입원 중 장시간 강박을 당한 채 격리돼 있는 등 인권을 침해당했다"며 2004년 12월 서울 소재 B정신병원장 등을 상대로 진정한 사건에 대해, 국가인권위는

---

30) 국가인권위원회 보도자료. 2005. 8. 5.

해당 병원장에게 직원들에 대한 인권교육 및 직무교육을 실시하는 등 재발방지대책을 수립할 것을 권고하였다.

국가인권위원회는 조사결과 격리 및 강박이 필요했다는 점은 인정되나, 17시간이라는 장시간 동안 강박이 필요했다고 보기 곤란하고 규정에 따라 수시로 팔다리를 움직여 주는 등 환자보호에 노력을 기울여야 하나 조치를 취하지 않았으며 진정인이 수차례에 걸쳐 사지 통증을 호소함에도 적절한 조치를 취하지 않았다는 것을 확인하였다. 특히 보건복지부가 2003년 12월 '격리 및 강박 지침'을 제정해 시달했으나 직원들은 이를 모르고 있고 교육을 받은 일도 없음을 확인하였다.

국가인권위원회는 정신보건시설에서의 가장 큰 인권침해 행위가 될 수 있는 '격리 및 강박'은 치료목적에 한하여 최소한의 범위에서 극히 제한적으로 실시되어야 하고 강박시행에 있어서도 환자보호에 최대한의 주의를 기울여야 한다는 점에 비추었을 때, 피진정기관들의 행위가 헌법 제10조에 보장된 인간의 존엄과 가치, 행복추구권 및 제12조에 보장된 신체의 자유를 침해한 행위라고 판단하였다.

✳ 사례 5[31]

"병원 관리자들에 의한 구타·폭언 등으로 신체의 자유를 침해당했다"며 경주지역 ○○병원에서 입원치료를 받았던 A 씨(남·40세)가 2004년 12월 ○○병원장을 상대로 진정한 사건에 대해, 국가인권위원회(위원장 조영황)는 검찰총장에게 ○○병원장을 고발조치하고 해당 자치단체장에게 관할 정신의료기관에 대한 철저한 지도·감독 방안을 마련할 것을 권고하였다.

국가인권위원회는 진정사건을 조사하던 중 정신과 시설에서의 인권

31) 국가인권위원회 보도자료. 2005. 7. 5.

침해와 관련해 면밀한 조사 필요성이 있다는 판단에 따라, 2005년 3월 ○○병원에 대한 직권조사를 결정하고 조사팀을 구성해 의료인력 수 및 입원환자 수의 적정성, 입·퇴원절차 위반 및 불법행위, 강박 및 격리, 관리자들에 의한 구타 및 폭언, 전화 및 면회의 과도한 금지 여부 등에 대해 조사하였다.

조사 결과 ○○병원은 일부 환자에 대해, 입원동의서 없이 입원처리 하거나, 입원동의서가 있다 해도 의사의 소견이 없는 상태로 자치단체 장에게 입원동의를 구한 사실이 있었고 6개월에 한 번씩 실시해야 하는 계속입원심사를 누락해 최초 입원 후 4년간 한 번의 심사도 없이 입원해 있는 환자가 있는 등 정신보건법에 규정한 입·퇴원 절차를 위반한 사실을 확인하였다.

또한, 의사의 지시 없이 간호사가 수시로 환자들을 안정실에 격리시 키고, 진료 기록부에 이 사실을 누락하는 등 정신보건법에 규정된 행 동제한 금지 및 기록 원칙을 위반한 사실을 밝혀냈으며 환자들의 전 화통화 내용을 보호사와 간호사 등이 옆에서 듣고 기록하거나, 환자 등급을 나눠 전화통화를 제한하는 등 치료 목적이라 볼 수 없는 통제 행위가 관리자들의 자의에 의해 이루어지는 등 헌법과 정신보건법에 서 규정하고 있는 사생활의 자유 및 통신의 자유 침해 행위가 이루어 지고 있음을 확인하였다.

따라서 국가인권위원회는 해당병원의 이 같은 행위가 정신보건법을 위반하였을 뿐 아니라, 헌법 제12조 '신체의 자유' 침해와 제10조 '행 복추구권' 등을 침해하는 행위에 해당한다고 판단하고 해당 병원장을 검찰총장에게 고발조치하고 해당병원을 관리·감독할 책임이 있는 자 치단체에게 관할 정신의료기관에 대하여 철저한 지도·감독을 할 수 있는 방안을 마련할 것을 권고하였다.

한편, 국가인권위원회는 진정인이 제기한 구타·폭언 여부와 관련해서는 입증할 만한 객관적 자료를 발견할 수 없어 그 진위 여부를 밝히지 못했으나, 다수의 환자들이 이에 대해 진술하고 있는 점으로 미루어 검찰 수사 시 구타·폭언 관련한 자세한 조사가 필요하다는 의견을 제시하였다.

✳ 사례 6[32)]

"불법 및 부당행위로 인해 환자들의 신체의 자유가 침해당하였다"며 ㄱ병원 근무자였던 A 씨(남·42세)가 2003년 12월 ㄱ병원장을 상대로 진정한 사건과, ㄴ병원 근무자였던 B 씨(남·45세), C 씨(남·50세)가 2004년 3월 ㄴ병원장을 상대로 진정한 사건에 대해, 국가인권위원회(위원장 김창국)는 해당병원을 검찰총장에게 고발조치하고 입·퇴원 절차 및 방법에 대한 개선방안을 마련할 것을 권고하였다.

진정인들은 해당 병원들이 환자들의 입·퇴원 시 보호자 동의 없이 입원동의서 및 입원서약서를 허위로 작성하고, 퇴원사실 없이 계속입원해 있는 환자에 대해서도 보호자에 의해 퇴원한 것처럼 서류를 허위로 작성하였으며, '입원 후 3개월 이전에는 퇴원을 할 수 없다.'는 내용의 각서를 환자보호자들에게 부당하게 징구하는 등 절차상의 불법행위를 자행했고 '정신보건심판위원회'에서 퇴원명령을 한 환자에 대해서도 퇴원조치 없이 서류상으로만 입·퇴원 처리를 한 것은 명백하게 신체의 자유를 침해한 행위라며 진정을 제기하였다.

국가인권위원회는 2004년 3월 외부전문가를 포함한 조사팀을 구성해 해당병원에 대한 실지조사와 진정인 및 참고인 조사 등을 통해 불법행위 사실을 확인하였다. 국가인권위원회는 각 병원에 대한 실지조

---

32) 국가인권위원회 보도자료. 2004. 6. 10.

사에서 2003년 한 해 동안의 입·퇴원환자 리스트를 받아, 퇴원 후 10일 이내에 재입원한 환자를 무작위 추출해 실제 퇴원사실이 있었는지에 대한 개별조사를 진행한 결과 의사소통이 불가능한 조사대상자를 제외한 환자의 절반 정도가 2003년 중 퇴원·외출·외박 사실이 없었다고 증언하고 있을 뿐 아니라 이들 중 D 씨와 E 씨 등은 입원 후 약 10년이 넘도록 한 번도 퇴원한 일이 없다고 주장하고 있으며 F 씨, G 씨 등 일부는 정신보건심판위원회에서 퇴원명령까지 받고도 계속입원해 온 사실이 있었다.

국가인권위원회는 이러한 불법행위가 입원 기간이 6개월을 넘기는 경우 계속입원치료에 대한 심사를 청구하도록 되어 있는 규정(정신보건법 제24조 제3항)에 따라 6개월마다 실시되는 정신보건심판위원회의 계속입원심사를 피할 목적으로 행해졌다고 판단하였다. 또한 ㄱ병원은 계속입원심사 결과 퇴원명령을 받은 환자에 대해서도 명령을 거부하고(정신보건법 제24조 제4항 위반) 계속입원시켜 왔던 것으로 밝혀졌다.

이에 따라 국가인권위원회는 해당 병원들의 행위가 정신보건법을 위반하였을 뿐 아니라, 헌법 제12조 '신체의 자유' 침해와 제10조 '행복추구권' 침해에 해당한다고 판단하고 해당 병원장을 검찰총장에게 고발조치하고 해당병원에 입·퇴원 절차 및 방법에 대한 개선방안을 마련할 것을 권고하였다. 아울러 해당 정신병원의 지도감독기관인 보건복지부장관에게 국가인권위원회의 결정내용을 통보해 정신보건시설을 지도·감독하는 데 있어 참고하도록 결정하였다.

제8장 정신보건법

1. 제정과정 및 연혁

※ 제정과정

우리나라는 1960년대 이후 정신보건법의 제정에 대한 관심과 함께 입법을 꾸준히 시도하여 오다가 1995년 12월에 국회를 통과하여 법으로 제정되었다. 1968년 대한신경정신의학회와 대한의학협회가 공동심의 채택한 '정신위생법'안을 최초로 정부에 입법 건의하였으나 정부는 예산부족을 이유로 기각하였으며 그 후 그러한 건의는 1978년과 1980년에 두 번에 걸쳐 이루어졌으나 받아들여지지 않았다.

1984년 당시 KBS TV의 '추적60분'의 기도원 사건 방영으로 인하여 법제성의 필요성이 제기되었고 이에 당시 보건사회부는 1985년 9월 21일에 입법 예고를 하고 동년 11월 14일 국무회의에서 법안심의를 통과시킨 뒤 11월 22일 국회에 제출하였으나 법안이 독재정치에 시위 학생들이 이용될 것을 우려한 야당의 반대와 대한신경정신의학회, 대한변호사협회, 요양시설협회, 한국사회복지협회 등 관련 집단의 반대에 부딪혀 보류되었다.

1990년 9월 25일에 보건사회부는 종전 법안의 문제점을 보완하여 입법화를 다시 시도하였으나 전문가집단의 반대로 법안의 상정은 유보되었다. 이후 1991년 대구 나이트클럽 방화사건과 서울 여의도광장

자동차질주사건이 발생하자 법무부가 정신질환과 연계시켜 범죄예방 차원에서 정신보건법의 제정에 관여. 1992년 1월 보건사회부는 정신보건법 입법을 재추진할 계획을 발표하였고, 4월 29일과 6월 3일의 두 차례의 공청회를 거쳐 제14대 국회에 제출하였으나 정부와 전문직 간의 타협점 찾기의 실패로 법안은 오랫동안 계류되었다.

1995년 9월 이후에 보건복지부, 각종 단체, 정신보건가족협회가 국회의원을 설득하고 당시 민주당이 1995년 2월부터 민주당 안으로 논의해 오던 것을 제출하였으나 정부안과 너무 이질적이어서 갈등이 있었다. 이에 두 개의 법안을 절충, 3년 이내에 요양원을 요양병원이나 사회복지시설로 전환해야 한다고 되어 있어 협의를 통하여 7년 이내에 전환하도록 수정하여 법안을 통과시켰다. 그리고 법안이 발의된 지 10년 만인 1995년 12월에 전 6장 61조 부칙 6조로 이루어진 정신보건법이 제정되었다.[33]

※ 정신보건사업 연혁

1984. 보건사회부 정신질환 종합대책 수립(무허가시설 양성화 시작) ; 정신질환 역학조사

1985. 정신보건법안 국회 제출(정부안) ; 정신요양시설 47개소 운영 지원

1986. 제12대 국회 회기 만료로 정신보건법안 자동 폐기 ; 정신요양시설 52개소 운영 지원

1992. 정신보건법안 국회 제출(정부안)

---

33) 정신보건법 제정과정 부분과 관련된 내용은 2007. 3. 27. 전라북도 도청에서 개최된 '정신보건법 개정을 위한 입법공청회' 자료에서 언급된 내용을 일부 발췌·인용하였다.

1995. 정신보건법 제정(보건복지위원회 대안)

1997. 정신보건법 시행 및 정신보건법 제1차 개정(정신요양병원제도
폐지)

2000. 정신보건법 제2차 개정(행정규제 정비)

2004. 정신보건법 제3차 개정(정신보건센터 설치와 행정처분기준 마
련): 시행령, 시행규칙 개정

2006. 정신보건법 및 시행령, 시행규칙 개정

2007. 정신보건법 및 시행령, 시행규칙 개정

※ 정신보건법상의 정신질환자의 인권

정신질환자의 인권이 심각하게 유린되기 쉽다는 현실적인 이유와
동시에 정신질환의 특성상 적절한 치료를 거부하고, 이로 인해 사회의
공중에게 위해를 끼침으로써 다른 사람들의 인권을 침해할 수 있다는
정신질환자 인권의 양면성을 고려하여 대부분의 인권보장 국가에서는
정신보건법을 제정하여 정신질환자의 신체의 자유 등 권리 제한과 정
신질환자의 인권보호 및 차별금지 등을 제도화하고 있다. 1995년에 제
정되고 3차에 걸쳐 개정된 우리나라 정신보건법에서의 인권조항을 살
펴보면 다음과 같다.[34]

① 신체의 자유(제2조 5항, 6항, 제46조)

입원 환자는 가능한 자발적인 입원이 권장되고, 가능한 개방적인 환
경을 유지하고, 환자의 격리는 최소한으로 줄이고, 치료나 보호 목적
이외에는 격리를 금지하고 있다. 본인의사에 반하는 입원이 필요한 경
우(제24조-26조) 자신 및 타인을 해할 위험이 큰 사람 등으로 그 기

---

34) 국가인권위원회의 정신과시설 인권현황관련 공청회(2004. 11. 20) 자료
'정신장애인의 인권보호', 서동우, 참조.

준을 엄격히 제한하고, 정신과 의사가 입원이 필요하다고 진단한 경우에만 입원이 되도록 하고 있다.

② 행복추구권의 보장(제2조 1항)

인간으로서의 존엄과 가치를 보장받고, 최적의 치료를 받을 권리를 보장하도록 하고 있다.

③ 평등권의 보장(제2조 3항, 제41조 1항)

정신질환자는 정신질환이 있다는 이유로 부당한 차별대우를 받지 아니하고 정신질환자였다는 이유로 교육 및 고용의 기회를 박탈하거나 기타 불공정한 대우를 하여서는 안 된다고 규정하고 있다.

④사회권의 보장(제2조 2항, 4항, 제47조)

정신질환자들이 최적의 치료를 받을 권리를 보장하고 미성년자 정신질환자는 특별히 치료, 보호 및 교육을 받을 권리를 보장하고 있다. 또한 이들이 적절한 직업지도, 직업훈련을 받을 수 있도록 하여 사회에 참여할 권리를 보장하고 있다.

⑤청구권의 보장(제29조)

국가에게 퇴원 및 처우개선을 청구할 수 있으며 정신보건심의위원회에서 이를 심사하도록 하고 있다.

2. 법 개정 내용

※ 제1차 개정: 전문개정 1997. 12. 31. 법률 5486호

① 개정이유

정신요양병원을 폐지하여 정신병상의 부문별한 증가를 억제하는 한편 사회복지사업법에 의한 정신질환자요양시설을 정신보건법에 규정

하고 지역사회정신보건사업을 지원하는 정신의료기관의 범위를 정신과의원까지 확대하고 지역사회정신보건사업에 소요되는 비용을 국가와 지방자치단체가 지원할 수 있는 근거를 마련하며, 보호의무자에 의하여 입원된 환자에 대해 정신과전문의가 퇴원할 수 있다고 판단하면 보호의무자의 퇴원신청이 없어도 즉시 퇴원시키도록 절차를 간소화함으로써 불필요한 장기입원을 억제하고 정신질환자 인권보호를 강화하려는 것임.

② 주요 내용

가. 정신보건시설을 정신의료기관·정신질환자사회복귀시설 및 정신요양시설로 하고 정신요양병원을 제외하며, 시·도지사가 지역사회정신보건사업을 지원하도록 지정할 수 있는 정신의료기관의 범위를 정신병원 및 병원급 이상의 의료기관에 설치되어 있는 정신과에서 정신과의원까지로 확대함(법 제3조 제2호·제3호 및 제8조 제2항 내지 제4항).

나. 종전에는 시·도지사에 의하여 정신의료기관에 입원한 환자에 대하여만 환자를 일시 퇴원시켜 그 회복경과를 관찰하는 가퇴원이 가능하였으나 앞으로는 보호의무자에 의하여 입원한 환자에 대하여도 가퇴원이 가능하도록 하고, 정신의료기관의 장은 의료를 위하여 정신질환자의 통신·면회 등 행동의 자유를 제한할 수 없으며, 제한할 경우 최소한의 범위 안에서 제한하되, 그 이유를 진료기록부에 기재하도록 함(법 제37조 및 제45조 제2항).

다. 국가와 지방자치단체가 보건소의 지역사회정신보건사업에 소요되는 비용을 보조할 수 있는 근거를 신설하였고, 정신과의사의 의견 또는 진단결과 퇴원이 가능한 환자를 퇴원시키지 아니한 정신의료기관의 장은 1년 이하의 징역 또는 500만 원 이하의 벌금에 처하도록 함(법 제52조 제2항 및 제57조 제1호).

※ 제2차 개정: 일부개정 2000. 1. 12. 법률 6152호

① 개정이유

행정규제기본법에 의한 규제정비계획에 따라 현실적으로 운영실적이 없는 시·도지사의 정신의료기관 지정제도를 폐지하는 등 현행 제도의 운영상 나타난 일부 미비점을 개선·보완하려는 것임.

② 주요 내용

가. 시·도지사가 정신의료기관을 지정하여 당해 정신의료기관으로 하여금 지역사회정신보건사업을 지원하도록 하는 제도를 폐지함(현행 제8조 제2항 삭제).

나. 사회복귀시설을 설치한 자가 그 시설의 폐지·휴지 또는 재개에 관한 신고의무를 위반한 경우 지금까지는 그 시설폐쇄 또는 사업정지와 동시에 과태료를 부과하도록 하였으나, 앞으로는 과태료만 부과하도록 함(현행 제18조 제1항 제4호 삭제).

다. 정신의료기관에 자의로 입원한 정신질환자에 대한 퇴원중지제도를 폐지하여 당해 환자의 퇴원에 대한 자율성을 보장하고 인권침해의 소지를 없애도록 함(현행 제23조 제3항 및 제4항 삭제).

※ 제3차 개정: 일부개정 2004. 1. 29. 법률 7149호

① 개정이유

지역사회정신보건사업을 원활하게 추진하기 위하여 보건소 등에 정신보건센터를 설치하도록 하고, 정신의료기관이 법정기준에 위반한 경우에는 행정처분을 할 수 있도록 하는 등 현행 제도의 운영상 나타난 일부 미비점을 개선·보완하려는 것임.

② 주요 내용

가. 정신의료기관이 시설기준 등에 미달하게 된 때에는 허가를 취소

하거나 폐쇄 또는 사업의 정지를 명할 수 있도록 함(법 제12조 제3항).

나. 정신의료기관에 대한 사업정지처분이 그 이용자에게 심한 불편을 줄 때에는 이에 갈음하여 5천만 원 이하의 과징금을 부과할 수 있도록 하여 이용자의 편의를 도모하도록 함(법 제12조의2 신설).

다. 국가 및 지방자치단체는 지역사회정신보건사업을 전문적으로 수행하기 위하여 보건소 또는 국·공립정신의료기관에 정신보건센터를 설치하도록 함(법 제13조 제3항).

라. 지역사회정신보건사업의 전문적이고 집중적인 지원을 위하여 보건복지부장관과 시·도지사는 중앙 및 지방 정신보건사업지원단을 각각 설치·운영할 수 있도록 함(법 제13조 제6항).

마. 사회복귀시설 설치 등의 신고수리 업무와 사업의 정지 등의 행정처분을 할 수 있는 권한을 시·도지사로부터 시장·군수·구청장에게 이양함(법 제15조 제2항, 제17조 및 제18조).

3. 개정안

※ 정신보건법 일부 개정 법률안(김춘진의원 대표발의, 2006.11.09)

① 제안이유

산업화와 도시화가 급속도로 가속화하면서 정신질환 발생이 증가하고 있으나 전통적인 대가족제도와 지역사회의 지지체계가 무너지면서 가정이나 지역사회의 정신질환자에 대한 흡수력과 포용력이 빠른 속도로 감소하고 있는 실정임.

또한 정신요양시설 등 정신보건시설은 일부 시설의 인권침해 사례 등 폐쇄적 운영으로 인한 문제가 계속적으로 발생하고 있음.

이에 정신질환자의 인권침해 문제를 제도적으로 보완하고 정신보건 서비스의 개선을 도모하여 정신질환자가 인간다운 삶을 영위할 수 있도록 서비스의 질을 향상시키려는 것임.

② 주요 내용

가. 시·도지사는 정신질환자의 지역사회복귀를 지원하기 위하여 5년마다 당해 시·도의 지역사회보호중기계획을 수립하고, 지역사회보호중기계획에 따라 연도별시행계획을 수립·시행하도록 함(안 제6조의2 신설).

나. 정신보건시설의 설치·운영자, 종사자 및 정신보건전문요원은 인권에 관한 교육을 받도록 함(안 제7조의3 신설).

다. 정신요양시설의 시설설치 허가가 취소된 후 5년이 경과하지 아니한 자에게는 정신요양시설의 설치 허가를 할 수 없도록 함(안 제11조 제2항 신설).

라. 국가는 정신보건 관련 연구·개발 및 지원업무를 수행하기 위하여 한국정신보건복지연구원을 설치하거나 정신보건복지 관련 연구기관을 한국정신보건복지연구원으로 지정할 수 있도록 함(안 제14조).

마. 사회복귀시설을 정신보건복지시설로 그 명칭을 변경하고, 정신보건복지시설의 종류를 정신질환자생활시설, 정신질환자지역사회재활시설, 정신질환자직업재활시설, 정신질환자유료복지시설, 그 밖에 대통령령이 정하는 시설로 함(안 제3조 제4호 및 제16조).

바. 정신보건복지시설의 폐쇄명령을 받은 후 5년이 경과하지 아니한 자는 정신보건복지시설의 설치 신고를 할 수 없도록 함(안 제18조 제4항 신설).

사. 정신보건시설의 장은 정신질환자에 대한 투약·특수치료·격리·강제결박 등의 치료 및 보호내역 등에 관한 사항을 보건복지부령이

정하는 바에 따라 기록하고 보존하도록 하고, 이를 위반하는 경우 300
만 원 이하의 벌금에 처하도록 함(안 제18조의2 및 제57조의2 신설).

  아. 보건복지부장관은 대통령령이 정하는 바에 따라 정신보건시설에
대한 평가를 3년마다 실시하도록 하고 그 평가결과를 공표하도록 함
(안 제18조의3 신설).

  자. 정신질환자의 자의입원 기간이 1년을 초과하는 경우 정신의료기
관의 장은 시·도지사에게 정신질환자의 계속입원 동의 여부와 계속
입원치료가 필요하다는 정신과전문의 2인의 진단소견을 보고하도록
함(안 제23조 제5항).

  차. 시·도지사는 정신질환자를 정신의료기관에 입원치료를 의뢰함
에 있어서 계속입원필요의 소견을 낸 2인의 정신과전문의가 동일한
정신의료기관의 종사자일 경우 당해 정신의료기관에 입원치료를 의뢰
하여서는 아니 되도록 함(안 제25조 제7항 신설).

  카. 정신보건시설의 장은 당해 시설에 입원 및 입소한 정신질환자의
신원이 확인되지 않을 경우 시장·군수·구청장에게 신원조회를 요청
하여야 하며, 시장·군수·구청장은 신원조회를 실시하도록 함(안 제
26조의2 신설).

  타. 정신질환자를 격리 및 강제결박을 함에 있어서는 격리는 1주당
72시간을, 강제결박은 1회 24시간, 1주당 48시간을 초과하여서는 아니
되도록 함(안 제46조 제3항 신설).

  파. 시·도지사는 보호의무자 및 시·도지사에 의하여 입원한 환자
중 정신병적 증상으로 인하여 입원 전 자신 또는 타인을 해한 행동을 한
자로서 대통령령이 정하는 자에 대하여 정신의료기관의 장으로부터 외
래치료명령의 청구를 받은 때에는 정신보건심의위원회의 심의를 받아 1
년 이내에서 외래치료를 명할 수 있도록 함(안 제37조의2 신설).

하. 국가 또는 지방자치단체는 3년 이내에 입원 기간이 1년 이상인 정신질환자를 가정에서 보호하는 경우에는 대통령령이 정하는 기간 동안 보호비용을 지원할 수 있도록 함(안 제49조의2 신설).

※ 정신보건법 일부 개정 법률안(정부, 2007.01.04)

① 제안이유

정신질환자를 부당하게 입원 또는 입소시킨 정신의료기관이나 정신요양시설에 대하여 허가 취소 등의 처분을 할 수 있도록 하고 그로 인하여 형사처벌을 받은 자에 대하여 5년 동안 정신의료기관이나 정신요양시설의 개설 또는 설치를 제한하는 한편, 정신의료기관에 자의로 입원한 환자에게 퇴원할 의사가 있는지 여부를 1년에 1회 이상 의무적으로 확인하게 하고 입원 또는 입소한 정신질환자의 신상정보 확인을 의무화하는 등 정신질환자의 치료환경을 개선하고 정신질환자의 인권보호를 강화하려는 것임.

② 주요 내용

가. 국가, 시·도 및 시·군·구 단위의 정신보건사업계획 수립(안 제6조의2 신설).

나. 정신요양시설 및 정신의료기관의 설치·운영의 제한(안 제11조 제1항 및 제12조 제3항, 제12조의2 신설).

다. 자의입원환자의 퇴원의사 확인의무 신설(안 제23조 제3항 신설).

라. 정신질환자의 신상정보 확인 및 조회 요청(안 제26조의2 신설).

마. 정신보건시설의 환자에 대한 폭행·가혹행위 금지 및 처벌(안 제43조 제2항 및 제55조 제6호의2 신설).

바. 입원환자 등에 대한 작업요법(안 제46조의2 신설).

※ 정신보건법 일부 개정 법률안(안명옥 의원, 2007.02.28)

① 제안이유

정신질환은 환자 자신은 물론 가족과 타인에게 미치는 사회적 파장을 고려할 때 국가가 적극적으로 예방하고 관리해야 하며 효과적인 정신질환의 예방을 위해서는 정신질환자에 대한 인식개선과 권익보장이 전제되어야 함. 이에 보건복지부장관이 정신질환의 예방과 정신건강증진을 위한 기본계획을 3년마다 수립하고 시·도지사가 시행계획을 시행·평가하도록 하여 지역사회를 기반으로 하는 정신보건사업의 실효성을 높이고자 함. 또한 보건복지부장관이 국민정신건강실태조사를 3년마다 실시하여 발표하도록 함으로써 정신질환 예방을 위한 정확한 수요파악과 현실적인 정신보건정책 수립의 과학적 기반을 구축하고자 하였음. 아울러, 국가와 지방자치단체가 정신의료기관 등을 평가하고 그 결과를 공개하도록 하였으며, 자의에 의한 계속입원 연장이 4회를 초과할 때는 지방정신보건심의위원회의 조사와 심사를 받도록 하고 보호자에 의한 입원 시 동의를 받아야 하는 보호자를 2인으로 확대하여 정신질환자의 권익을 보호하고 정신의료의 질을 향상시키고자 하였음.

② 주요 내용

가. 국가와 지방자치단체는 정신질환의 예방과 치료 및 재활에 필요한 정신보건서비스전달체계를 확립하도록 함(안 제4조 제2항 신설).

나. 보건복지부장관은 의료의 질 향상을 촉진하기 위하여 정신의료기관, 정신요양시설 및 사회복귀시설에 대한 평가를 실시함(안 제4조의3 신설).

다. 보건복지부장관은 관계 중앙행정기관의 장과 협의하여 3년마다 정신보건기본계획을 수립하고 시·도지사는 기본계획에 따라 매년 정신보건시행계획을 수립·시행하고 평가하도록 함(안 제6조의2 및 제6조의3 신설).

　라. 정신의료기관의 장은 자의 입원한 정신질환자가 6개월을 초과하여 입원할 경우 1년을 초과하는 시점부터 6개월마다 계속입원에 대한 동의 여부를 확인하고 시·도지사에게 보고하도록 함(제23조 제3항 신설).

　마. 시·도지사는 보호자에 의한 입원환자에 대해 4회를 초과하여 계속입원 청구가 있을 때에는 지방정신보건심의위원회에 조사를 의뢰하여 그 결과를 바탕으로 계속입원 여부를 결정함(제24조 제8항 신설).

　바. 환자의 정보는 개인의 동의 없이 제공하지 못하도록 규정함(안 제42조의1 신설).

　사. 환자의 정보를 개인의 동의 없이 공개한 자에 대하여 3년 이하의 징역 또는 1천만 원 이하의 벌금에 처하도록 함(안 제56조 제5호 신설).

　아. 자의입원환자에 대해 계속입원에 대한 동의 여부를 확인하기 않거나 시·도지사에게 그 사항을 보고하지 않은 자, 보호의무자 2인의 동의 없이 정신질환자를 입원시키거나 당해보호의무자로부터 입원동의서 및 보호의무자임을 확인하는 서류를 받지 아니한 자에 대하여 1년 이하의 징역 또는 500만 원 이하의 벌금에 처하도록 함(안 제57조 제6호 및 제7호 신설).

제9장 제 언

1. 인권침해 대응방안

※ 국가기관과 연계한 지도 · 감독

정신보건시설의 관리 감독을 담당하고 있는 곳은 보건복지부와 각 지방자치단체의 보건복지 관련 부서이다. 하지만 이들의 입장으로서는 제한된 인원과 현장에서의 직접 확인, 형사사건 관련 등의 여러 문제로 인하여 병원 및 시설에 대한 문제제기 사안에 대하여 즉각적인 대처가 어렵고 접근하기가 쉽지 않다. 하지만 해당 지역의 경찰관서 및 시민단체 등과의 연계를 통해 조금만 관심을 가진다면 정신질환자들의 인권 등과 관련된 문제들은 어느 정도 해결이 가능하다. 이는 정신질환자들의 인권보호를 위하여 역할분담이 필요하다는 뜻으로 이해해도 된다.

예를 들어, 자치단체의 담당부서들은 자체 처리 범위 외의 정신의료기관의 불법 및 부정행위에 대하여 해당 경찰관서에 즉시 의뢰를 하여야 하고 경찰은 이에 신속하게 대처해 나가야 한다. 물론 행정상의 문제에 대해서는 별개의 것이긴 하지만 시설, 환자들의 생활상태, 구타 및 가혹행위 등과 관련된 것들은 이들의 도움으로 해결할 수 있다. 이에 따라 먼저 경찰은 정신의료기관에 대하여 정기적으로 인권침해 요소를 점검해야 한다. 입원환자들과 직접 접촉하여 이들의 고충과 불만을 들어야 하며 - 이 과정에서 드러나는 불법행위에 대해서는 철저한 수사가 이루어져야 한다 - 자치단체의 해당부처와 협력하여 언제든지 신속하게 지원을 해줄 수 있는 체계를 유지하여야 한다.

하지만 지역사회에서 정신병원이 차지하는 위치와 이들에 의한 지원을 생각한다면 이것 또한 쉬운 일이 아닐 것이다. 하지만 이러한 전체적인 지원보다도 개개인의 인권은 중요한 것이며 정신질환이라는 이유만으로 인격을 무시당하고 신체의 자유가 억압되고 있다는 사실만으로도 이에 대응하는 국가의 행위는 정당하며 또한 이들의 의무이다. 아울러 국가와 해당 자치단체는 앞으로 정신의료기관의 감독 및 감시, 정신질환자들의 인권향상을 위하여 방향의 설정과 방법 연구, 경찰과 의료기관의 책임분담, 양자관계, 책임소재 등에 대한 연구를 보완하여야 하는데 이는 다양한 논의를 통한 적극적 노력 여하에 달려있다고도 볼 수 있다.

※ 법에 의한 처벌 강화

정신보건시설에 대한 지도·감독으로 위법 및 불법사실을 적발하였을 때에는 이에 대한 처리가 중요하다. 이는 물론 관련 법규에 따라야 하는 것으로 업무의 담당자들은 관련 법규를 숙지해야 하고 이를 바탕으로 조사 활동도 이루어져야 한다.

정신보건법 제55조는 정신의료기관의 운영 및 환자들에 대한 처우, 치료와 관련하여 위법하고 불법적인 행위에 대한 벌칙에 대하여 명시하고 있다.

예를 들어 정신보건법에는 보호의무자에 대하여 정신질환자의 재산상의 이익 등 권리보호를 위하여 노력하여야 하며 정신질환자를 유기하여서는 아니 된다고 명시되어 있다.[35] 하지만 이에 반하여 정신질

---

35) 정신보건법 제22조 제3항

환자를 고의로 유기하는 경우가 종종 발생하기도 한다.

또한 정신의료기관의 장은 자의로 입원한 환자로부터 퇴원신청이 있는 경우 지체없이 퇴원시켜야 한다고 규정되어 있고[36] 그 밖에도 여러 가지 내용들에 대하여 언급하고 있는데 이를 위반하였을 시는 5년 이하의 징역 또는 2천만 원 이하의 벌금에 처한다고 되어 있다.

그리고 정신보건심의위원회의 퇴원명령을 어기거나 보고 및 감사의 의무를 이행하지 않거나 사업정지 및 폐쇄명령을 위반한자,[37] 신고를 하지 아니하고 사회복귀시설을 설치·운영한자[38] 등에 대해서는 3년 이하의 징역 또는 1천만 원 이하의 벌금에 처한다고 규정되어 있다.

정신보건법 제58조는 문제와 불법행위에 대하여 양벌규정에 대하여 언급하고 있는데 법인의 대표자 또는 법인이나 개인의 대리인·사용인 기타 종업원이 그 법인 또는 개인의 업무에 관하여 제55조 내지 제57조의 위반행위를 한 때에는 행위자를 벌하는 외에 그 법인 또는 개인에 대하여도 각 해당 조의 벌금형을 과하고 있다. 몇 년 전 부산시내 정신병원에 대한 고발사건이 국가인권위원회에서 진행되었는바, 피진정인은 정신병원 원장이었지만 이와 관련된 의료재단에게도 검찰에서 같은 죄를 물어 기소한 경우가 있다.

경찰과의 협력도 중요한 부분을 차지하는데, 경찰은 정신보건시설에서의 불법행위와 해당 법률에 따른 처벌내용이 상대적으로 자신들이 담당하고 있는 범죄의 형태와 내용에 비교하여 미약하다는 생각을 가지고 있는 듯하다. 물론 우리나라의 특수성에 비추어 수사에 관한 한 검찰의 관심과 책임 있는 수사가 선행되어야 하지만, 이러한 정신질환

---

36) 정신보건법 제23조 제2항 또는 제24조 제4항·6항
37) 정신보건법 제12조 제3항 및 제18조 제1항
38) 정신보건법 제15조 제2항

자의 인권과 같이 특정 및 한정된 수사의 경우 특별사법경찰관제도의 도입도 고려해 볼 수 있을 것이다. 어쨌든 이러한 이유들로 인하여 경찰의 이들에 대한 수사가 적극적으로 이루어지지 않는 경향을 보이기도 하는데, 의사결정능력이 부족한 이들에 대한 불법행위와 인권침해 행위는 그 어느 범죄보다도 무겁고 엄하게 다스려야만 한다. 따라서 이와 같은 관련 법규에 따른 철저한 수사를 위해서는 경찰관의 관련 지식 습득은 필수적이며, 다양해져가는 위법행위에 대하여 이를 법률에 적용시킬 수 있도록 관련 법규의 세분화가 필요하며 보다 중한 처벌조항의 신설도 검토해 보아야 한다. 이 또한 정신질환자들의 인권보호를 위한 역할분담 차원에서 중요하게 논의되어야 할 사항이다.

※ 교육의 강화

첫째, 환자(입소자) 및 보호자에 대한 교육 및 홍보를 강화해야 할 필요가 있다. 환자들이 인권침해 행위에 무방비로 노출되어 있는 이유 중의 하나는 정신보건시설의 운영 및 관리에 대한 사전 교육이 전무해서이다. 일단 환자(입소자)들이 입원(소)한 다음부터는 모든 것이 의사나 관리자들의 의도대로 이루어진다. 무리한 작업을 지시한다 해도, 또한 치료의 목적으로 과도한 강박과 체벌이 이루어진다 해도 환자(입소자)들과 보호자들은 여기에 대해 이의를 제기할 수 없고 문제가 되는지조차 모르고 있다.

정신보호시설을 관할하고 있는 담당부서에서는 필요하다면 유관 기관 및 단체들과 공동으로 교육 및 홍보활동을 전개해 나가야 한다. 정기적 혹은 불규칙적인 방문을 통하여 인권 교육을 해줄 수도 있고 불법 및 부정행위들에 대한 감시자 역할을 해줄 수도 있다.

둘째, 병원 및 시설 운영자에 대한 교육 지도가 필요하다. 물론 관리자의 자질 및 도덕성이 결여되어 있다면 어렵겠지만 이러한 인식도 바꿀 수 있을 정도의 관심을 기울여야 한다. 다양한 공청회를 준비할 수도 있고 불법행위 및 인권침해 행위에 대한 사례를 분석하여 경각심을 자극해 줄 필요도 있다. 어쩌면 지방자치단체에서의 관리와 감독은 형식적일 수도 있고 행정상의 제재 이외에 직접적인 처벌이 어렵기 때문에 운영자의 입장에서는 경찰이나 기타 조사권한이 있는 국가기관의 지도·교육이 더 효과적일 수도 있다.

셋째는 업무담당자 자체의 교육훈련을 강화해야 한다는 것이다. 공무원의 업무는 사회가 발전할수록 전문화되어야 할 수밖에 없다. 따라서 그에 따르는 활동이 정상화되려면 이들이 직업윤리를 확립하여 자신의 직무에 맞는 긍지와 자신감을 가지도록 해야 한다. 물론 이를 위해서는 교육이 필연적이다.

이에 따라 정신보건시설과 관련한 경찰윤리의식의 변화를 가져올 수 있는 프로그램 개발 – 예를 들면 구태의연한 인권 강의중심의 이론교육보다는 전문가들의 경험 위주의 교육, 지역주민들 및 정신보건시설 관리자와의 정기적 교류, 사례발표, 전문서적을 읽게 하는 등 – 은 그 무엇보다도 중요하다.

그러한 전문적인 지식이 바탕이 되어야만 합리적이고 공정한 행위와 활동을 할 수 있는 것이다. 환자들과 관련된 사건을 접하였을 때 편파적이지 않으면서도 효율적으로 업무를 수행할 수 있는 그런 관용의 기법을 적용할 수 있는 교육훈련이 요구된다 할 수 있다.

※ 인권마인드와 자질 함양

정신보건시설의 종사자 및 이를 관리·감독하는 책임을 지고 있는 관계자들은 자신들의 직업윤리를 도외시하고 주민에 대한 인권보호의식을 결여한 채 자신의 행위들에 대한 정당성만을 주장하는 자세는 바람직하지 못하다.

각자의 직업에 있어서 윤리를 가지고 있다 함은 각 개인이 올바른 의식으로서 이를 발전시키고 인권마인드를 발휘하며 또한 그러한 의식을 통한 정당한 활동을 의미한다고 볼 수 있다. 아울러 이러한 인권마인드와 자질은 교육을 통하여 갖추어질 수도 있겠지만 그보다 먼저 상대방을 배려하고 협상과 대화를 통해 문제를 해결할 수 있는 양심이 기본적 바탕이 된다고도 할 수 있다. 누구나 기피하고 그저 정신병환자가 하는 말이라고 무시해 버리기 쉬운 일일 수도 있지만 적어도 그 지역사회의 구성원이라면 마음의 자세가 달라야만 한다.

자신들 조직에서의 환경, 즉 이기적인 분위기인가 아니면 타인을 배려할 수 있는 온화한 분위기인가, 구성원들의 성격은 어떠한가, 상급자의 업무방식은 어떠한가, 현장업무 이외에 얼마만큼 연구하는 분위기가 조성되어 있는가, 자신의 노력으로 달라질 수 있는 것들이 많은가 등에 따라 도덕적이고 윤리적인 마인드와 조직의 구성원으로서의 자질이 형성된다고도 볼 수 있다.

정신병원과 시설에 입원해 있는 무방비 상태라고 볼 수도 있는 이들에게는 이러한 주위사람들의 자세와 노력이 절실하게 필요한 것이다.

2. 정책적 제언

※ 정신보건시설의 존재가치로서의 사회적 책임

과거의 정신보건시설에 대한 사회적 책임이 격리와 통제로만 이야기할 수 있었던 데 비해 오늘날의 보호시설은 이들이 당연히 지켜야 할 규정과 더불어 국가의 지원 및 사회의 인식까지도 사회적 책임의 내용에 포함하고 있다. 그렇지만 아직까지도 실질적으로는 보호시설 자체의 사회적 책임이 중시되고 있는 입장인바, 이에 따른 중대한 사회적 책임을 몇 가지로 나누어 언급해 보도록 한다.

첫 번째는 법적책임이다. 현재의 시설은 복지분야의 중요한 구성요소로서 무시할 수 없는 존재이다. 따라서 시설운영과정에서는 여러 가지 적합한 법률에 따라 운영되고 관리되어야 한다. 아울러 보호시설은 우리사회의 목표와 국민적 가치의 관점에서 볼 때 바람직하다고 인정될 수 있도록 운영되어야 하고 관리자들의 합리적인 의사결정과 행동을 중시할 수밖에 없다.

또한 시설 자체의 운영은 내부 구성원인 관리자나 입소자 등이 주체가 되기 때문에 하나의 의사결정이라도 구성원들이 윤리적 사고의 바탕 아래 책임 있게 법을 준수할 때 존재의 가치와 의의가 있다.

특히 요즘은 다양한 경로를 통해서 정보가 이동하고 또 이에 따른 여론이 확산되고 있기 때문에 관리자는 더욱이 사회적 책임을 중시할 필요가 있다. 만일 관리자의 비윤리적 행위나 사회적 책임을 무시하는 행동으로 인하여 문제가 발생할 경우에는 당연히 이에 대한 법적 책임을 져야 한다. 가혹행위 및 유기, 방치뿐만 아니라 시설상의 문제 등에 따른 법적 책임은 최소한의 관리자들의 양심이기 때문에 당연히 법을 준수해야만 한다.

두 번째는 윤리적 책임이다. 성실한 태도, 인격존중, 신뢰, 투명한 운영 등 일반적인 윤리들이 여기에 속한다 할 수 있다. 이 책임 또한 국가와 국민들이 지금 사회의 일반적인 가치관에 따라 보호시설이 해주기를 기대하는 것이다. 물론 강제와 의무가 개입되는 것은 아니지만 이를 지키지 않으면 사회복지분야 전체의 피해와 개인의 도덕성에 치명적인 해가 된다. 어찌 보면 앞에서 언급한 시설의 법적 책임보다도 우선시되며 특히 시설운영의 책임을 맡고 있는 시설장의 윤리적 책임은 입소자 및 다른 관리자들의 태도에도 큰 영향을 미친다고 볼 수 있다.

예를 들어 한 입소생활자가 기물파손이나 도난의 문제로 물의를 일으켰을 경우 아마 시설입장에서는 고심할 것이다. 규정에 따라 법률로써 처리를 해야 하는 방법과 이에 대한 순화와 재활 측면에서 접근하는 방법이 있을 수 있다. 물론 경중에 따라 달라질 수 있는 문제이기는 하지만 당장의 피해에도 불구하고 후자와 같은 처리가 보호시설 자체와 국가 복지정책 측면에서도 이익이 될 것이다. 그 이유는 이들 입소생활자들은 사회적으로 소외되어 있고 약자들로 분류되고 있을 뿐 아니라 다양한 각자의 사유로 인하여 정상적인 사고를 하기가 어려운 이들이 적지 않아서 위와 같은 처리로 인하여 보호시설에 대한 믿음과 재활의 의지가 더 많이 생길 것이므로 결국은 여러 사람들에게 이익이 될 것이기 때문이다.

윤리적 책임을 다하고 있는 보호시설은 모두의 신뢰를 받기 마련이고 이 신뢰는 시설의 존재 가치일 뿐만 아니라 복지정책의 목적을 달성하기 위한 하나의 커다란 자본으로서의 역할을 할 것이다.

세 번째는 경제적 책임이다. 보호시설은 일반 기업과 달리 이윤추구라는 목적을 가지고 있지는 않지만 사회적 이윤, 복지적 이윤을 추구하는 데 기여를 할 수가 있다. 재활과 치료, 보호를 통한 경제적 이익은 단기간에 가시화되지도 않지만 그렇다고 공익성의 실현과 사회욕구의 충족이라는 경제적 책임과 무관하다고는 판단할 수 없을 것이다.

기업이 효율적인 생산과 혁신적인 기술개발로써 경제적 이윤을 발생하는 것과 같이 보호시설의 경제적 이윤추구는 사회적 책임에 따른 공익성 극대화에 있다는 점을 생각해야 할 것이다. 그래서 사회적 약자를 돕고 복지환경을 개선한다는 경제적 책임과도 연결될 수 있는 것이며 경제적 책임 역시 이러한 정신보건시설의 존재가치를 운운할 책임이라 할 수 있는 것이다.

※ 정신보건시설의 미래

정신보건시설은 몇 가지의 사회적 책임 실태와 관련하여 미래를 예견해 볼 수 있다. 아래의 내용을 구성하고 있는 세부 항목들은 물질적인 지원과 경제적인 측면에서가 아닌 정신보건시설의 미래와 전망을 밝게 하기 위한 최소한의 무형적 책임이라고도 볼 수 있다.

먼저 시설의 설립목적과 운영·유지를 위한 관리자들의 책임성이다. 위에서 언급해온 바와 같이 보호시설 운영·관리자들의 책임성은 향후 국가의 지원과 국민의 호응을 이끌어 내어 보호시설의 발전을 가져올 수 있는 중요한 요소임을 밝혀둔다.

둘째, 관리자들의 인간성과 윤리적 만족도의 향상 여부이다. 보호시설에서 인간관계(입소생활자와 관리자 및 관리자와 관리자, 입소 생활자들 상호)를 효율적으로 형성하는 것은 시설의 원활한 운영을 하는데 기본이 된다. 동등한 인간적 관계를 통해 협력과 재활의 의욕을 불러일으킬 수 있으며 이 또한 보호시설 발전의 기본이 된다.

세 번째는 국민들 상호 간의 이해관계 조정의 문제이다. 이들은 각자 서로의 상황과 이해관계가 다르기 때문에 사회적인 책임과 윤리문제로 접근하여 이들의 궁극적 가치에 대해 조정토록 해야 한다.

네 번째는 국가의 복지향상의 책임문제이다. 예를 들자면 이는 국가에서의 환경정책을 진행하고 전반적 사회개혁을 주창하고 계획하는 일 등과 유사하다 할 수 있다. 국가에서 솔선수범하고 개혁과 지속적

지원, 정책적 고려 등의 책임을 지면 된다.

　정신보건시설의 미래는 어둡지 않다. 하지만 정신보건시설은 사회공헌과 복지향상, 윤리적 활동임을 감안하여 다음과 같은 점들을 우리 국민들은 되새겨볼 필요가 있다. 과연 우리들은 우리들의 이익을 다시 사회에 환원하고 있는가? 과연 정신보건시설의 존립과 운영이 사회적 공헌과 우리 사회의 행복을 위해 가치가 있다고 생각하는가? 혹 다른 대안이 있지는 않는가?

※ 정책적 제언

　첫째, 꾸준하고 적극적인 정책적 지원이 요구된다. ① 관련 법령은 선언적이고 형식적인 수준에 그치지 말고 실제로 공식적인 지원과 제한의 근거를 마련하는 내용으로 현실화해야 한다. 또한 이를 담당하는 행정부처의 실질적 관리감독도 요구된다. ② 양적으로 부족한 시설을 확충하기 위한 대책을 마련해야 하고 정신보건시설의 다양화와 전문화가 필요하다. ③ 정부와 지방자치단체, 각 시설들의 홍보활동 강화이다. ④ 종사자 문제이다. 시설에서 이들을 돌보는 종사자는 일반가정에서 부모나 그 밖의 가족들과 같은 역할을 하고 있다. 따라서 종사자의 자질과 적합한 인원수는 이들의 보호를 위해 절대적으로 중요하다. 그렇기 때문에 적합한 종사자의 확보를 위해서 처우의 향상이 필요하다. 열악한 처우는 종사자의 이직과 교체를 빈번하게 하며, 일하고자 하는 열의를 떨어뜨리며 일에 대한 전문성도 부족하게 할 뿐 아니라 인력 충원에의 어려움을 주어 시설들이 종사자 정원을 충족하지 못하게 만들고 있다. 이들에게 인간적, 직업적 만족을 주고 사기를 높여주어 안정화를 가져다주는 것이 중요하며, 이것 또한 하나의 사회적 책임이라 할 수 있다.

둘째, 강력한 법적용이다. 다수인보호시설의 조사와 처벌은 필수적이다. 경우에 따라서는 입소자들의 신체의 자유가 합법적으로 제한될 수도 있는 만큼 이에 대한 적법한 운영요구는 당연하다.

셋째, 국민의 참여 기능 보강이다. 시설 내부에서의 통제기능 강화뿐만 아니라 누구라도 수긍할 수 있는 적정처우에 보장(시설관리자 및 입소생활자), 보호시설에 적합한 문화 정립, 신고자 보호의 문제, 국민들의 봉사활동 참여 등 국민의 통제 및 감시 기능을 더욱 강화해야 한다.

넷째, 시설별 프로그램의 다양화가 필요하다. 일시적인 숙식제공이 문제가 아니라 치료와 재활, 교육과 퇴소 후의 생활문제 등 기타 목적을 달성하기 위한 것들이 이에 해당된다.

다섯째, 사회의 공통적 책임의식 형성 노력이다. 사회는 정신보건시설의 유지·발전에 책임이 있으며 관련된 이해관계자와의 조정도 해야 하며 이를 통한 궁극적 사회발전 책임이 있음을 느끼도록 캠페인화가 필요하다.

물론 이들 시설에 대한 정책을 추진하고 보호시설을 운영함에 있어 위와 같은 내용들만 중요할 리는 없다. 그러나 국가와 국민, 보호시설이 마땅히 이에 합당한 사회적 책임을 져야 한다는 당위론이 지배적이라는 가정은 공익과 분배의 원리, 사회적 약자 및 소수자 보호의 인권사상 등에 근거하여 틀리지 않다고 여겨지며 또 이러한 사회적 책임은 사회성, 공공성, 당위성 등 다양하고 선의적인 이론의 뒷받침을 받고 있다는 긍정적 인식이 필요하다.

제 2 부

법 령

1. 정신보건법

법률 제7849호(제주특별자치도 설치 및 국제자유도시 조성을 위한 특별법) 일부개정 2006. 02. 21.

제1장 총 칙

제1조(목적) 이 법은 정신질환의 예방과 정신질환자의 의료 및 사회복귀에 관하여 필요한 사항을 규정함으로써 국민의 정신건강증진에 이바지함을 목적으로 한다.

제2조(기본이념) ① 모든 정신질환자는 인간으로서의 존엄과 가치를 보장받는다.

② 모든 정신질환자는 최적의 치료를 받을 권리를 보장받는다.

③ 모든 정신질환자는 정신질환이 있다는 이유로 부당한 차별대우를 받지 아니한다.

④ 미성년자인 정신질환자에 대하여는 특별히 치료, 보호 및 필요한 교육을 받을 권리가 보장되어야 한다.

⑤ 입원치료가 필요한 정신질환자에 대하여는 항상 자발적 입원이 권장되어야 한다.

⑥ 입원 중인 정신질환자는 가능한 한 자유로운 환경이 보장되어야 하며 다른 사람들과 자유로이 의견교환을 할 수 있도록 보장되어야 한다.

제3조(정의) 이 법에서 사용하는 용어의 정의는 다음과 같다. [개정 2000.1.12, 2004.1.29]

1. '정신질환자'라 함은 정신병(기질적 정신병을 포함한다)·인격장애·알코올 및 약물중독 기타 비정신병적정신장애를 가진 자를 말한다. [[시행일 2000.7.13]]

2. '정신보건시설'이라 함은 이 법에 의한 정신의료기관·정신질환자사회복귀시설 및 정신요양시설을 말한다.

3. '정신의료기관'이라 함은 의료법에 의한 의료기관 중 주로 정신질환자의 진료를 행할 목적으로 제12조제1항의 시설기준 등에 적합하게 설치된 병원(이하 '정신병원'이라 한다)과 의원 및 병원급 이상의 의료기관에 설치된 정신과를 말한다.

4. '정신질환자사회복귀시설'(이하 '사회복귀시설'이라 한다)이라 함은 이 법에 의하여 설치된 시설로서 정신질환자를 정신의료기관에 입원시키거나 정신요양시설에 입소시키지 아니하고 사회복귀촉진을 위한 훈련을 행하는 시설을 말한다.

5. '정신요양시설'이라 함은 이 법에 의하여 설치된 시설로서 정신의료기관에서 의뢰된 정신질환자와 만성정신질환자를 입소시켜 요양과 사회복귀촉진을 위한 훈련을 행하는 시설을 말한다.

제4조(국가 등의 의무) 국가와 지방자치단체는 국민의 정신건강을 증진시키고, 정신질환을 예방하며, 정신질환자의 의료 및 장애극복과 사회복귀촉진을 위한 연구·조사와 지도·상담 등 필요한 조치를 하여야 한다.

제4조의2(실태조사) ① 보건복지부장관은 이 법의 적절한 시행을 위하여 정신질환자의 실태조사를 5년마다 실시하여야 한다.

② 제1항의 규정에 의한 조사의 방법과 내용 등에 관하여 필요한

사항은 보건복지부령으로 정한다.

[본조신설 2000.1.12]

[[시행일 2000.7.13]]

제5조(국민의 의무) 국민은 정신질환자의 장애극복 및 사회복귀노력에 협력하여야 한다.

제6조(정신보건시설의 설치·운영자의 의무) 정신보건시설의 설치·운영자는 정신질환자와 그 보호의무자에게 이 법에 의한 권리와 권리의 행사에 관한 사항을 알려야 하며, 입원 및 거주 중인 정신질환자가 인간으로서의 존엄과 가치를 보장받으며 자유롭게 생활할 수 있도록 노력하여야 한다. [개정 2004.1.29]

제7조(정신보건전문요원) ① 보건복지부장관은 정신보건 분야에 관한 전문지식과 기술을 가진 자에게 정신보건전문요원의 자격증을 교부할 수 있다.

② 정신보건전문요원은 정신보건임상심리사·정신보건간호사 및 정신보건사회복지사로 한다.

③ 제2항의 정신보건전문요원의 구체적인 업무의 범위·한계 및 자격·등급, 자격증의 교부절차 등에 관하여 필요한 사항은 대통령령으로 정한다.

제7조의2(결격사유) 다음 각호의 1에 해당하는 자는 정신보건전문요원이 될 수 없다. [개정 2005.3.31 법률 제7428호(채무자 회생 및 파산에 관한법률)] [[시행일 2006.4.1]]

1. 금치산자 및 한정치산자

2. 파산선고를 받은 자로서 복권되지 아니한 자

3. 이 법, 형법 중 제233조·제234조(제233조의 죄에 의하여 작성된 허위진단서 등을 행사한 자에 한한다. 이하 같다)·제235조(제233조와

제234조의 미수범에 한한다)·제269조·제270조제2항 및 제3항·제317조제1항·제347조(허위로 진료비를 청구하여 환자나 진료비를 지급하는 기관 또는 단체를 기망한 경우에 한한다), 보건범죄단속에관한특별조치법, 지역보건법, 후천성면역결핍증예방법, 의료법, 응급의료에관한법률, 농어촌등보건의료를위한특별조치법, 시체해부및보존에관한법률, 혈액관리법, 마약류관리에관한법률, 약사법, 모자보건법, 사회복지사업법 그 밖에 대통령령이 정하는 의료관계법령을 위반하여 금고 이상의 형의 선고를 받고 그 집행이 종료되지 아니하거나 집행을 받지 아니하기로 확정되지 아니한 자.

[본조신설 2004.1.29]

제2장 정신보건시설

제8조(국·공립정신병원의 설치 등) ① 보건복지부장관 또는 특별시장·광역시장 또는 도지사(이하 '시·도지사'라 한다)는 정신병원을 설치·운영하여야 한다.

② 삭제 [2000.1.12] [[시행일 2000.7.13]]

③ 보건복지부장관 또는 시·도지사는 정신병원을 설치하는 경우 그 병원이 지역적으로 균형 있게 분포되도록 하여야 하며, 정신질환자에 대하여 지역사회관리가 가능하도록 하여야 한다. [개정 2000.1.12] [[시행일 2000.7.13]]

④ 제1항의 규정에 의한 정신병원은 제13조제2항의 규정에 의한 사업을 수행하고 지역사회정신보건사업인력에 대한 교육·훈련을 담당한다. [개정 2000.1.12, 2004.1.29]

[본조제목개정 2004.1.29]

제9조 삭제 [2000.1.12]

[[시행일 2000.7.13]]

제10조(정신요양시설의 설치·운영 등) ① 사회복지법인 기타 비영리법인은 보건복지부장관의 허가를 받아 정신요양시설을 설치·운영할 수 있다. 허가받은 사항 중 보건복지부령이 정하는 중요한 사항을 변경하고자 하는 때에도 또한 같다. [개정 2000.1.12]

② 정신요양시설에서의 요양과 사회복귀를 위한 훈련은 보건복지부장관이 정하는 바에 의하여 행하여져야 한다. [개정 2000.1.12]

③ 보건복지부장관 또는 시·도지사는 정신요양시설의 장에게 정신질환자의 요양과 사회복귀촉진을 위한 훈련에 지장이 없는 범위 안에서 지역주민·사회단체·언론기관 등이 정신요양시설의 운영상황을 파악할 수 있도록 당해 시설의 개방을 요구할 수 있다. [신설 2000.1.12]

④ 정신요양시설의 설치기준, 수용인원, 종사자의 수 및 자격, 이용 및 운영에 관하여 필요한 사항은 보건복지부령으로 정한다.

⑤ 정신요양시설에 대하여는 제23조, 제24조, 제29조, 제31조 내지 제35조, 제38조, 제40조, 제45조, 제46조, 제55조제2호·제3호 및 제5호, 제56조제3호 및 제4호, 제57조제1호(제26조제5항의 규정에 위반한 경우를 제외한다) 내지 제5호, 제58조, 제59조제1항제3호·제6호 및 제2항 내지 제5항의 규정을 각각 준용한다.

⑥ 정신요양시설에 관하여 이 법에 규정한 것을 제외하고는 사회복지사업법 중 사회복지시설에 관한 규정을 준용한다.

[[시행일 2000.7.13]]

제10조의2(정신요양시설의 폐지·휴지·재개신고) 제10조제1항의 규정에 의하여 정신요양시설을 설치·운영하는 자가 그 시설을 폐지·휴지하거나 재개하고자 할 때에는 보건복지부령이 정하는 바에 의하여

미리 신고하여야 한다. [본조신설 2000.1.12]

[[시행일 2000.7.13]]

제11조(정신요양시설의 개선, 사업의 정지, 허가취소 등) ① 보건복지부장관은 정신요양시설이 다음 각호의 1에 해당할 때에는 그 시설의 개선, 사업의 정지, 시설의 장의 교체를 명하거나 시설설치의 허가를 취소할 수 있다.

1. 정신요양시설이 설치기준에 미달하게 된 때

2. 사회복지법인 또는 비영리법인이 설치·운영하는 정신요양시설의 경우 그 법인의 설립허가가 취소된 때

3. 삭제 [2000.1.12] [[시행일 2000.7.13]]

4. 기타 이 법 또는 이 법에 의한 명령에 위반한 때

② 제1항의 규정에 의한 행정처분의 세부적인 기준은 그 위반행위의 유형과 위반의 정도 등을 참작하여 보건복지부령으로 정한다. [신설 2004.1.29]

제12조(정신의료기관의 시설기준 등) ① 정신의료기관의 시설, 장비의 기준, 의료인 등 종사자의 수 및 자격 등에 관하여 필요한 사항은 정신의료기관의 규모 등을 고려하여 보건복지부령으로 정한다. [개정 2000.1.12] [[시행일 2000.7.13]]

② 보건복지부장관은 정신질환자에 대한 효율적인 의료의 제공을 위하여 다음 각호의 1에 해당하는 경우에 정신의료기관의 규모를 제한할 수 있다. [개정 2000.1.12]

1. 300병상 이상의 정신의료기관을 개설하고자 하는 경우

2. 정신의료기관의 병상 수를 300병상 미만에서 기존의 병상 수를 포함하여 300병상 이상으로 증설하고자 하는 경우

3. 300병상 이상의 정신의료기관을 운영하는 자가 병상 수를 증설하

고자 하는 경우

③ 시·도지사 또는 시장·군수·구청장(자치구의 구청장에 한한다. 이하 같다)은 정신의료기관이 다음 각호에 해당하는 때에는 당해 정신의료기관에 대하여 허가의 취소 또는 폐쇄(의료법의 규정에 의하여 개설 신고한 의료기관에 한한다)를 명하거나 보건복지부령이 정하는 바에 의하여 1년의 범위 내에서 기간을 정하여 당해 사업의 정지를 명할 수 있다. [개정 2004.1.29]

1. 제1항의 규정에 의한 시설, 장비의 기준, 의료인 등 종사자의 수 및 자격 등에 미달하게 된 때

2. 제33조제1항(제35조제2항에서 준용하는 경우를 포함한다) 또는 제39조제4항의 규정에 의한 명령에 불응한 때

3. 정당한 사유 없이 제39조제1항 및 제2항의 규정에 의한 보고를 하지 아니하거나 허위의 보고를 한 때, 관계서류를 제출하지 아니하거나 허위의 서류를 제출한 때 또는 관계공무원, 정신보건심의위원회위원의 검사·심사를 거부·방해 또는 기피한 때

④ 시·도지사 또는 시장·군수·구청장은 제3항의 규정에 의하여 허가를 취소하거나 시설의 폐쇄 또는 사업의 정지를 명하고자 하는 경우에는 1년의 범위 내에서 기간을 정하여 시정을 명한 후 이에 응하지 아니한 때에 이를 행하여야 한다. [개정 2004.1.29]

⑤ 제3항의 규정에 의한 행정처분의 세부적인 기준은 그 위반행위의 유형과 위반의 정도 등을 참작하여 보건복지부령으로 정한다. [신설 2004.1.29]

⑥ 정신의료기관에 관하여 이 법에 규정된 사항 외에는 의료법의 규정을 준용한다.

제12조의2(과징금처분) ① 시·도지사 또는 시장·군수·구청장은

제12조제3항 각호의 1에 해당하여 사업의 정지를 명하여야 하는 경우로서 그 사업정지가 이용자에게 심한 불편을 주거나 그 밖에 공익을 해할 우려가 있는 때에는 사업정지처분에 갈음하여 5천만 원 이하의 과징금을 부과할 수 있다.

② 제1항의 규정에 의한 과징금을 부과하는 위반행위의 종별·정도 등에 따른 과징금의 금액 그 밖에 필요한 사항은 보건복지부령으로 정한다.

③ 시·도지사 또는 시장·군수·구청장은 제1항의 규정에 의한 과징금을 납부하여야 할 자가 납부기한까지 이를 납부하지 아니하는 때에는 지방세체납처분의 예에 따라 이를 징수한다.

[본조신설 2004.1.29]

제13조(지역사회정신보건사업 등) ① 국가 및 지방자치단체는 보건소를 통하여 정신보건시설 간 연계체계 구축, 정신질환의 예방, 정신질환자의 발견·상담·진료·사회복귀훈련 및 이에 관한 사례관리 등 지역사회정신보건사업을 기획·조정 및 수행할 수 있다.

② 국가 및 지방자치단체는 국·공립정신의료기관을 통하여 제1항의 규정에 의한 지역사회정신보건사업을 지원하고, 시·군·구(자치구를 말한다) 간 연계체계 구축, 응급정신의료서비스 제공 등 광역단위의 사업을 수행하며, 그 밖에 지역사회정신보건사업의 활성화를 위하여 필요한 사업을 수행할 수 있다.

③ 국가 및 지방자치단체는 제1항 및 제2항의 규정에 의한 지역사회정신보건사업을 전문적으로 수행하게 하기 위하여 보건소 또는 국·공립정신의료기관에 정신보건센터를 설치하거나 그 사업을 대통령령이 정하는 기관 또는 단체에 위탁할 수 있다.

④ 보건소 또는 국·공립정신의료기관은 지역사회정신보건사업의 수

행을 위하여 정신질환자를 관리하는 경우에는 본인 또는 보호의무자의 동의하에 행하여야 한다.

⑤ 보건소에는 대통령령이 정하는 바에 따라 제7조의 규정에 의한 정신보건전문요원을 둘 수 있다.

⑥ 제1항 및 제2항의 규정에 의한 지역사회정신보건사업의 집중적이고 전문적인 지원을 위하여 보건복지부장관은 중앙정신보건사업지원단을, 시·도지사는 지방정신보건사업지원단을 각각 설치·운영할 수 있다.

⑦ 제6항의 규정에 의한 중앙정신보건사업지원단 및 지방정신보건사업지원단의 직무범위 및 운영 등에 관하여 필요한 사항은 보건복지부령으로 정한다.

[전문개정 2004.1.29]

제14조(정신보건연구기관의 설치) 국가는 정신보건의 향상을 도모하기 위하여 정신보건연구를 위한 기관을 설치하여야 한다.

제15조(사회복귀시설의 설치·운영) ① 국가 또는 지방자치단체는 사회복귀시설을 설치·운영할 수 있다.

② 제1항에 규정된 자 외의 자가 사회복귀시설을 설치·운영하고자 하는 때에는 시설의 소재지를 관할하는 시장·군수·구청장에게 신고하여야 한다. 신고한 사항 중 보건복지부령이 정하는 중요한 사항을 변경하고자 하는 때에도 또한 같다.

③ 사회복귀시설의 장은 보건복지부장관이 정하는 바에 따라 정신질환자에 대하여 사회복귀를 위한 훈련을 실시하여야 한다.

④ 사회복귀시설의 시설기준, 수용인원, 종사자 수 및 자격, 설치·운영신고, 변경신고, 이용 및 운영에 관하여 필요한 사항은 보건복지부령으로 정한다.

[전문개정 2004.1.29]

제16조(사회복귀시설의 종류) 사회복귀시설의 종류는 다음과 같다.

1. 정신질환자생활훈련시설

정신질환 때문에 가정에서 일상생활을 영위하는 데 지장이 있는 정신질환자를 위하여 일상생활에 적응할 수 있도록 저렴한 요금으로 거실 기타 시설을 이용하게 하고 필요한 훈련 및 지도를 함으로써 정신질환자의 사회복귀를 촉진할 것을 목적으로 하는 시설

2. 정신질환자작업훈련시설

고용되기 곤란한 정신질환자가 자활할 수 있도록 저렴한 요금으로 거실 기타 시설을 이용하게 하고 필요한 훈련을 하며 직업을 알선함으로써 사회복귀 촉진을 도모하는 것을 목적으로 하는 시설

3. 기타 보건복지부령으로 정하는 시설

제17조(사회복귀시설의 폐지·휴지·재개신고) 제15조제2항의 규정에 의하여 사회복귀시설을 설치한 자가 그 시설을 폐지·휴지하거나 재개하고자 할 때에는 보건복지부령이 정하는 바에 의하여 미리 시장·군수·구청장에게 신고하여야 한다. [개정 2004.1.29]

제18조(시설설치의 폐쇄 등) ① 시장·군수·구청장은 사회복귀시설이 다음 각호의 1에 해당하는 때에는 그 시설의 폐쇄를 명하거나 보건복지부령이 정하는 바에 따라 1년 이내의 범위에서 기간을 정하여 그 사업의 정지를 명할 수 있다. [개정 2004.1.29]

1. 제15조제2항의 규정에 의하여 사회복귀시설을 설치한 사회복지법인 또는 비영리법인이 그 설립허가가 취소되거나 해산된 때

2. 제15조제3항의 규정에 위반한 때 [[시행일 2000.7.13]]

3. 제15조제4항의 규정에 따라 보건복지부령이 정하는 사항을 위반한 때

4. 삭제 [2004.1.29]

② 시장·군수·구청장은 제1항의 규정에 의하여 시설의 폐쇄 또는 사업의 정지를 명하고자 하는 경우에는 1년의 범위 내에서 기간을 정하여 시정을 명한 후 이에 응하지 아니한 때에 이를 행하여야 한다. [개정 2004.1.29]

③ 시장·군수·구청장은 사회복귀시설이 제1항의 규정에 의한 시설의 폐쇄명령에 응하지 아니한 때에는 관계공무원으로 하여금 당해 시설을 폐쇄하기 위하여 다음 각호의 조치를 하게 할 수 있다. [신설 2004.1.29]

1. 당해 시설의 간판 등 시설표시물의 제거·삭제

2. 당해 시설이 적법한 사회복귀시설이 아님을 알리는 게시문 등의 부착

3. 당해 시설의 시설물 그 밖에 업무에 사용하는 기구 등을 사용할 수 없게 하는 봉인

④ 제1항의 규정에 의한 행정처분의 세부적인 기준은 그 위반행위의 유형과 위반의 정도 등을 참작하여 보건복지부령으로 정한다. [신설 2004.1.29]

제19조 삭제 [2000.1.12]
[[시행일 2000.7.13]]

제20조(청문) 보건복지부장관, 시·도지사 또는 시장·군수·구청장이 제11조, 제12조제3항 또는 제18조제1항의 규정에 의하여 허가를 취소하거나 시설을 폐쇄하고자 하는 때에는 청문을 실시하여야 한다.

제3장 보호 및 치료

제21조(보호의무자) ① 정신질환자의 민법상의 부양의무자 또는 후견인은 정신질환자의 보호의무자가 된다. 다만 다음 각호의 1에 해당하는 자는 보호의무자가 될 수 없다.

1. 금치산자 및 한정치산자

2. 파산선고를 받고 복권되지 아니한 자

3. 당해 정신질환자를 상대로 한 소송이 계속중인 자 또는 소송한 사실이 있었던 자와 그 배우자

4. 미성년자

5. 행방불명자

② 제1항의 규정에 의한 보호의무자 사이의 보호의무의 순위는 부양의무자·후견인의 순위에 의하며 부양의무자가 2인 이상인 경우에는 민법 제976조의 규정에 따른다.

③ 제1항의 규정에 의한 보호의무자가 없거나 보호의무자가 부득이한 사유로 인하여 그 의무를 이행할 수 없는 경우에는 당해 정신질환자의 주소지(주소지가 없거나 알 수 없는 경우에는 현재지)를 관할하는 시장·군수 또는 구청장이 그 보호의무자가 된다.

제22조(보호의무자의 의무) ① 보호의무자는 피보호자인 정신질환자로 하여금 적정한 치료를 받도록 노력하여야 하며, 정신과전문의의 진단에 의하지 아니하고 정신질환자를 입원시키거나 입원을 연장시켜서는 아니 된다.

② 보호의무자는 보호하고 있는 정신질환자가 자신 또는 타인을 해치지 아니하도록 유의하여야 하며, 정신과전문의의 진단에 따라 정신질환자가 입·퇴원할 수 있도록 협조하여야 한다. [개정 2004.1.29]

③ 보호의무자는 정신질환자의 재산상의 이익 등 권리보호를 위하여 노력하여야 하며 정신질환자를 유기하여서는 아니 된다.

제23조(자의입원) ① 정신질환자는 입원신청서에 의하여 정신의료기관에 자의로 입원할 수 있다.

② 정신의료기관의 장(병원급 이상의 의료기관에 설치된 정신과의 경우에는 그 의료기관의 장을 말한다. 이하 같다)은 제1항의 규정에 의하여 입원한 환자로부터 퇴원신청이 있는 경우에는 지체없이 퇴원시켜야 한다.

③ 삭제 [2000.1.12] [[시행일 2000.7.13]]

④ 삭제 [2000.1.12] [[시행일 2000.7.13]]

제24조(보호의무자에 의한 입원) ① 정신의료기관의 장은 정신질환자의 보호의무자의 동의가 있는 때에는 정신과전문의가 입원이 필요하다고 진단한 경우에 한하여 당해 정신질환자를 입원시킬 수 있으며, 입원 시 당해 보호의무자로부터 보건복지부령이 정하는 입원동의서 및 보호의무자임을 확인할 수 있는 서류를 받아야 한다. [개정 2000.1.12] [[시행일 2000.7.13]]

② 정신과전문의는 정신질환자가 입원이 필요하다고 진단한 때에는 제1항의 입원동의서에 당해 정신질환자가 다음 각호의 1에 정한 경우에 해당된다고 판단한다는 의견을 기재한 입원권고서를 첨부하여야 한다.

1. 환자가 정신의료기관내 입원치료를 받을 만한 정도 또는 성질의 정신질환에 걸려 있는 경우

2. 환자 자신의 건강 또는 안전이나 타인의 안전을 위하여 입원할 필요가 있는 경우

③ 제1항의 입원 기간은 6월 이내로 한다. 다만 정신의료기관의 장

은 6월이 경과한 후에도 계속입원치료가 필요하다는 정신과전문의의 진단이 있고 보호의무자가 제1항의 규정에 의한 입원동의서를 제출한 때에는 매 6월마다 시·도지사에게 계속입원치료에 대한 심사를 청구하여야 한다.

④ 정신의료기관의 장은 제3항의 규정에 의한 심사결과에 따라 퇴원명령을 받은 때에는 당해 환자를 즉시 퇴원시켜야 한다.

⑤ 정신의료기관의 장은 제1항 및 제3항의 규정에 의하여 정신질환자를 입원 또는 입원 기간을 연장시킨 때에는 지체없이 본인에게 입원 또는 입원 기간을 연장시킨 사유와 제29조의 규정에 의한 퇴원심사 등의 청구에 관한 사항을 서면으로 통지하여야 한다.

⑥ 정신의료기관의 장은 제1항 및 제3항의 규정에 의한 입원동의서를 제출한 보호의무자로부터 퇴원신청이 있는 경우에는 지체없이 당해 환자를 퇴원시켜야 한다. 다만 정신과전문의가 정신질환자의 위험성을 고지한 경우에는 정신의료기관의 장은 퇴원을 중지할 수 있다. 이 경우 보호의무자는 즉시 지방정신보건심의위원회에 이의를 신청할 수 있다.

⑦ 정신의료기관의 장은 제1항 및 제3항의 규정에 의하여 입원한 환자로부터 퇴원의 청구가 있는 때에는 정신과전문의의 의견에 따라 퇴원이 가능한 경우 당해 환자를 즉시 퇴원시켜야 한다.

제25조(시·도지사에 의한 입원) ① 정신질환으로 자신 또는 타인을 해할 위험이 있다고 의심되는 자를 발견한 정신과전문의 또는 정신보건전문요원은 시·도지사에게 당해인의 진단 및 보호를 신청할 수 있다.

② 제1항의 규정에 의하여 신청을 받은 시·도지사는 즉시 정신과전문의에게 당해 정신질환자로 의심되는 자에 대한 진단을 의뢰하여야 한다.

③ 정신과전문의가 제2항의 정신질환자로 의심되는 자에 대하여 자신 또는 타인을 해할 위험이 있어 그 증상의 정확한 진단이 필요하다고 인정한 때는 시·도지사는 당해인을 국가나 지방자치단체가 설치 또는 운영하는 정신의료기관 또는 종합병원에 2주 이내의 기간을 정하여 입원하게 할 수 있다.

④ 제3항의 규정에 의한 자신 또는 타인을 해할 위험의 기준은 제28조의 규정에 의한 중앙정신보건심의위원회의 심의를 거쳐 보건복지부장관이 정한다.

⑤ 시·도지사는 제3항의 규정에 의한 입원을 시킨 때에는 당해 정신질환자의 보호의무자 또는 보호를 하고 있는 자에 대하여 지체없이 입원사유·입원 기간 및 장소를 서면으로 통지하여야 한다.

⑥ 시·도지사는 제3항의 규정에 의한 진단결과 당해 정신질환자에 대하여 계속입원이 필요하다는 2인 이상의 정신과전문의의 일치된 소견이 있는 경우 당해 정신질환자에 대하여 국가나 지방자치단체가 설치 또는 운영하는 정신의료기관에 입원치료를 의뢰할 수 있다. 다만 그 관할구역에 국가나 지방자치단체가 설치 또는 운영하는 정신의료기관이 없는 경우에는 그 외의 정신의료기관에 입원치료를 의뢰할 수 있다. [개정 2000.1.12] [[시행일 2000.7.13]]

⑦ 삭제 [2000.1.12] [[시행일 2000.7.13]]

⑧ 시·도지사는 제6항의 규정에 의한 입원의뢰 시 당해 정신질환자 및 보호의무자 또는 보호를 하고 있는 자에 대하여 계속입원이 필요한 사유 및 기간과 제29조의 규정에 의한 퇴원심사 등의 청구에 관한 사항을 지체없이 서면으로 통지하여야 한다.

제26조(응급입원) ① 정신질환자로 추정되는 자로서 자신 또는 타인을 해할 위험이 큰 자를 발견한 자는 그 상황이 매우 급박하여 제

23조 내지 제25조의 규정에 의한 입원을 시킬 수 없는 때에는 의사와 경찰관의 동의를 얻어 정신의료기관에 당해인에 대한 응급입원을 의뢰할 수 있다.

② 제1항의 규정에 의하여 입원을 의뢰할 때에는 이에 동의한 경찰관 또는 소방기본법 제35조의 규정에 따른 구급대의 대원은 정신의료기관까지 당해인을 호송한다. [개정 2000.1.12, 2003.5.29. 법률 제6893호] [[시행일 2004.5.30.]]

③ 정신의료기관의 장은 제1항의 규정에 의하여 입원 의뢰된 자에 대하여 72시간의 범위 내에서 응급입원을 시킬 수 있다.

④ 제3항의 규정에 의하여 입원 의뢰된 자에 대한 정신과전문의의 진단결과 계속입원이 필요한 때에는 제23조 내지 제25조의 규정에 의하여 입원을 시켜야 한다.

⑤ 정신의료기관의 장은 제4항의 규정에 의한 정신과전문의의 진단결과 계속입원이 필요하지 아니하는 경우에는 즉시 퇴원시켜야 한다.

제4장 퇴원의 청구 · 심사 등

제27조(정신보건심의위원회의 설치 및 종류) ① 정신보건에 관하여 보건복지부장관과 시 · 도지사의 자문에 응하고 정신보건에 관한 중요한 사항의 심의와 심사를 하기 위하여 보건복지부장관소속하에 중앙정신보건심의위원회를, 시 · 도지사소속하에 지방정신보건심의위원회를 각각 둔다.

② 제31조, 제35조 및 제36조의 규정에 의한 심사를 하기 위하여 중앙 및 지방정신보건심의위원회안에 정신보건심판위원회를 각각 둔다.

제28조(정신보건심의위원회의 직무) ① 중앙정신보건심의위원회는

다음 각호의 사항을 심의한다.

1. 정신보건정책에 관한 사항

2. 정신보건시설기준에 관한 사항

3. 정신질환자의 입원 및 진료에 대한 각종 기준

4. 치료에 대한 동의에 관한 의학적 견해의 제공

5. 재심사청구사건

② 지방정신보건심의위원회는 다음 각호의 사항을 심사한다. [개정 2000.1.12]

1. 정신보건시설에 대한 감독과 시정

2. 정신보건시설에 대한 평가 [[시행일 2000.7.13]]

3. 이의 제기된 치료행위의 심사 [[시행일 2000.7.13]]

4. 처우개선에 대한 심사 [[시행일 2000.7.13]]

5. 퇴원 및 계속입원 여부에 대한 심사 [[시행일 2000.7.13]]

③ 중앙정신보건심의위원회 및 지방정신보건심의위원회(이하 '정신보건심의위원회'라 한다)의 위원은 각각 5인 이상 15인 이내로 하고 임기는 2년으로 하되, 연임할 수 있다.

④ 정신보건심의위원회의 위원은 정신과전문의와 판사·검사 또는 변호사의 자격이 있는 자, 정신보건전문요원 및 정신보건에 관한 전문지식과 경험을 가진 자 중에서 보건복지부장관 및 시·도지사가 각각 임명 또는 위촉한다. [개정 2000.1.12] [[시행일 2000.7.13]]

⑤ 정신보건심판위원회는 정신보건심의위원회 위원 중에서 보건복지부장관 및 시·도지사가 임명한 5인 이상 10인 이내의 위원으로 구성하고 합의체로 안건을 심사해야 한다. 이 경우 위원은 정신과전문의, 판사·검사 또는 변호사의 자격이 있는 자 중에서 각각 1인 이상을 포함하여야 한다. [개정 2004.1.29]

⑥ 정신보건심의위원회는 심의 또는 심사를 위하여 연 2회 이상 위원회의 회의를 개최하여야 한다. [신설 2000.1.12] [[시행일 2000.7.13]]

⑦ 정신보건심의위원회의 구성·운영 기타 필요한 사항은 대통령령으로 정한다. [[시행일 2000.7.13]]

제29조(퇴원심사 등의 청구) ① 정신의료기관에 입원 중인 자 또는 그 보호의무자는 시·도지사에게 자신 또는 당해 입원환자의 퇴원 또는 처우개선을 청구할 수 있다.

② 제1항의 청구절차 등에 관하여 필요한 사항은 보건복지부령으로 정한다.

제30조(지방정신보건심의위원회에의 회부) 시·도지사는 제24조제3항 및 제29조제1항의 규정에 의한 청구를 받은 때에는 즉시 당해 청구내용을 지방정신보건심의위원회에 회부하여야 한다.

제31조(퇴원 등의 심사) ① 지방정신보건심의위원회는 제30조의 규정에 의한 회부를 받은 때에는 지체없이 이를 정신보건심판위원회에서 심사하여 그 결과를 시·도지사에게 보고하여야 한다.

② 제1항의 규정에 의한 심사를 하는 때에는 청구인과 정신질환자가 입원하고 있는 정신의료기관의 장의 의견을 들어야 한다. 다만 정신질환자 및 보호의무자에게 유리한 경우에는 그 의견을 듣지 아니할 수 있다.

제32조(위원의 제척) 제31조의 규정에 의한 정신보건심판위원회의 퇴원 등의 심사에는 당해 정신질환자의 입원을 결정한 위원과 당해 정신질환자가 입원하고 있는 정신의료기관에 소속된 위원은 참여할 수 없다. [개정 2000.1.12] [[시행일 2000.7.13]]

제33조(퇴원명령 등) ① 시·도지사는 제31조제1항의 규정에 의한 지방정신보건심의위원회로부터 보고받은 심사결과에 따라 필요한 경

우 정신의료기관의 장에 대하여 당해 정신질환자를 퇴원 또는 가퇴원
시키도록 명하거나 처우개선을 위하여 필요한 조치를 취하도록 명하
여야 한다.

  ② 시·도지사는 제24조제3항 및 제29조의 규정에 의한 청구를 한
자에 대하여 당해 청구에 관련된 지방정신보건심판위원회의 심사결과
및 이에 따른 조치내용을 청구서 접수일부터 30일 이내에 서면으로
통지하여야 한다. 다만 부득이한 사유로 기간 내에 통지하지 못할 때
에는 그 사유와 심사통지할 기한을 서면으로 통지하여야 한다.

  제34조(재심사청구) ① 제29조의 규정에 의한 청구를 한 자 및 제
24조제3항의 규정에 의하여 계속입원이 결정된 정신질환자가 제33조
제2항의 규정에 의한 시·도지사의 심사결과 통지에 대하여 불복이
있거나 기간 내에 심사를 받지 못한 경우에는 보건복지부장관에게 재
심사를 청구할 수 있다.

  ② 제1항의 재심사청구의 절차는 보건복지부령으로 정한다.

  제35조(재심사의 회부 등) ① 보건복지부장관은 제34조제1항의 규
정에 의한 재심사청구를 받은 때에는 즉시 당해 청구내용을 중앙정신
보건심의위원회에 회부하여야 한다.

  ② 중앙정신보건심의위원회의 심사에 관한 사항에 관하여는 제31조
의 규정을, 위원의 제척에 관하여는 제32조의 규정을, 보건복지부장관의
퇴원명령 등에 관한 사항에 관하여는 제33조의 규정을 각각 준용한다.

  제36조(시·도지사에 의한 입원조치의 해제) ① 시·도지사는 제25
조의 규정에 의하여 입원한 자가 입원 후 3월이 경과하면 당해 환자
에 대한 입원조치를 해제하여야 하며, 이를 환자가 입원하고 있는 정
신의료기관의 장에게 통지하여야 한다. 이 경우 당해 정신의료기관의
장은 지체없이 당해 환자를 퇴원시켜야 한다.

② 제1항의 규정에 불구하고 시·도지사는 2인 이상의 정신과전문의에 의한 진단 또는 정신보건심판위원회의 심사결과 당해 정신질환자가 퇴원 시 정신질환으로 자신 또는 타인을 해할 위험이 있다고 명백히 인정되는 진단 또는 심사결과가 있는 경우에는 당해인을 계속입원시킬 수 있으며, 그 기간은 계속입원일부터 3월 이내로 한다.

③ 시·도지사는 제2항의 규정에 의하여 환자를 계속입원시킨 때에는 당해 환자 및 보호의무자 또는 보호를 하고 있는 자에 대하여 계속입원이 필요한 사유 및 기간을 서면으로 통지하여야 한다.

제37조(가퇴원) ① 제24조 및 제25조의 규정에 의하여 정신질환자를 입원시키고 있는 정신의료기관의 장은 2인 이상의 정신과전문의의 진단결과 당해 환자의 증상에 비추어 일시 퇴원시켜 그 회복경과를 관찰하는 것이 필요하다고 인정될 때에는 즉시 퇴원시키고 그 사실을 입원치료를 의뢰한 보호의무자 또는 시·도지사에게 통보하여야 한다.

② 시·도지사는 제1항의 규정에 의한 통보를 받은 때 또는 제33조제1항(제35조제2항에서 준용하는 경우를 포함한다)의 규정에 의한 가퇴원명령을 한 때에는 당해인의 입원일 또는 계속입원일부터 제24조의 규정에 의하여 입원한 경우에는 6월의 기간에 한하여, 제25조의 규정에 의하여 입원한 경우에는 3월의 기간에 한하여 각각 퇴원 후의 경과를 관찰할 수 있다.

③ 시·도지사는 제2항의 규정에 의한 관찰결과 증상의 변화 등으로 인하여 다시 입원시킬 필요가 있다고 인정될 때에는 2인의 정신과전문의의 의견을 들어 일시 퇴원한 정신질환자를 다시 입원시킬 수 있다. 이 경우 재입원 기간은 재입원을 한 날부터 3월을 초과할 수 없다.

④ 제1항 내지 제3항의 규정에 의한 통보, 관찰의 내용과 절차 및 재입원에 관하여 필요한 사항은 대통령령으로 정한다.

제38조(무단퇴원자에 대한 조치) ① 정신의료기관의 장은 입원 중인 정신질환자로서 자신 또는 타인을 해할 위험이 있는 자가 무단으로 퇴원하여 그 행방을 알 수 없는 때에는 관할 경찰서장 또는 자치경찰기구를 설치한 제주특별자치도지사에게 다음의 사항을 통지하여 탐색을 요청할 수 있다. [개정 2006.2.21 제7849호(제주특별자치도 설치 및 국제자유도시 조성을 위한 특별법)] [[시행일 2006.7.1]]

  1. 퇴원자의 성명·주소·성별 및 생년월일

  2. 입원일 및 퇴원일시

  3. 증상의 개요 및 인상착의

  4. 보호의무자 또는 이에 준하는 자의 성명·주소

  ② 경찰관은 제1항의 규정에 의하여 탐색요청을 받은 자를 발견한 때에는 즉시 그 사실을 당해 정신의료기관의 장에게 통지하여야 한다. 이 경우 경찰관은 당해 정신질환자를 인도할 때까지 24시간의 범위 내에서 당해인을 경찰관서·의료기관·사회복지시설 등에 보호할 수 있다.

  제39조(보고·검사 등) ① 보건복지부장관, 시·도지사 또는 시장·군수·구청장은 정신보건시설의 설치·운영자에 대한 소관 업무에 관하여 지도·감독을 하거나 보건소로 하여금 지도·감독을 하도록 하며, 연 1회 이상 그 업무에 관하여 보고 또는 관계서류의 제출을 명하거나, 관계공무원으로 하여금 당해 시설의 장부·서류 기타 운영상황을 검사하게 하여야 한다. [개정 2000.1.12] [[시행일 2000.7.13]]

  ② 보건복지부장관 또는 시·도지사는 대통령령이 정하는 바에 의하여 정신보건심의위원회의 위원으로 하여금 정신보건시설에 출입하여 입원 또는 입소한 정신질환자들을 직접 면담하여 입원 또는 입소의 적절성 여부, 퇴원 또는 퇴소의 필요성 또는 처우에 관하여 심사하게 할 수 있다.

③ 제1항 및 제2항의 규정에 의한 검사·심사를 하는 관계공무원 및 위원은 그 권한을 나타내는 증표를 지니고 이를 관계인에게 내보여야 한다.

④ 보건복지부장관 또는 시·도지사는 제2항의 규정에 의한 심사결과에 따라 정신보건시설의 장에 대하여 당해 정신질환자를 퇴원 또는 퇴소시키도록 명하거나 처우개선을 위하여 필요한 조치를 취하도록 명할 수 있다.

⑤ 정신보건시설의 장은 제4항의 규정에 의하여 퇴원 또는 퇴소시키는 경우에는 보건복지부령이 정하는 바에 의하여 관할 보건소장에게 이를 통보하여야 한다. 다만 정신질환자 또는 그 보호의무자가 이에 동의를 하지 아니하는 경우에는 그러하지 아니하다. [신설 2000.1.12] [[시행일 2000.7.13]]

⑥ 제5항의 규정에 의한 통보가 그 관할구역 외의 정신질환자에 관한 경우인 때에는 통보를 받은 보건소장은 정신질환자의 거주지 관할 보건소장에게 이를 지체없이 통지하여야 한다. [신설 2000.1.12] [[시행일 2000.7.13]]

제5장 권익보호 및 지원 등

제40조(입원금지 등) ① 누구든지 응급입원의 경우를 제외하고는 정신과전문의의 진단에 의하지 아니하고 정신질환자를 정신의료기관에 입원시키거나 입원을 연장시킬 수 없다.

② 제1항의 규정에 의한 진단의 유효 기간 등에 관하여 필요한 사항은 보건복지부령으로 정한다.

제41조(권익보호) ① 누구든지 정신질환자였다는 이유로 교육 및

고용의 기회를 박탈하거나 기타 불공평한 대우를 하여서는 아니 된다.

② 누구든지 정신질환자, 그 보호의무자 또는 보호를 하고 있는 자의 동의 없이 정신질환자에 대하여 녹음·녹화·촬영할 수 없다.

제42조(비밀누설의 금지) 이 법에 의하여 정신질환자에 관련된 직무를 수행하였던 자 또는 수행하는 자는 이 법 또는 다른 법령에서 특히 규정된 경우를 제외하고는 그 직무의 수행과 관련하여 알게 된 타인의 비밀을 누설하거나 발표하여서는 아니 된다.

제43조(수용금지) 누구든지 이 법 또는 다른 법령에 의하여 정신질환자를 의료 보호할 수 있는 시설 외의 장소에 정신질환자를 수용하여서는 아니 된다.

제44조(특수치료의 제한) ① 정신질환자에 대한 전기충격요법·인슐린혼수요법·마취하최면요법·정신외과요법 기타 대통령령이 정하는 특수치료행위는 당해 정신의료기관이 구성하는 협의체에서 결정하되 본인 또는 보호의무자에게 특수치료에 대한 필요한 정보를 제공하고 그 동의를 얻어야 한다.

② 제1항의 협의체는 2인 이상의 정신과전문의와 대통령령이 정하는 정신보건에 관한 전문지식과 경험을 가진 자로 구성하며, 그 운영절차 등에 관하여 필요한 사항은 대통령령으로 정한다.

제45조(행동제한의 금지) ① 정신의료기관의 장은 정신질환자에 대하여 의료를 위하여 필요한 경우에 한하여 통신의 자유, 면회의 자유 기타 대통령령이 정하는 행동의 자유를 제한할 수 있다.

② 정신의료기관의 장이 제1항의 행동을 제한하는 경우에는 최소한의 범위 안에서 이를 행하여야 하며 그 이유를 진료기록부에 기재하여야 한다.

제46조(환자의 격리제한) ① 환자의 격리는 환자의 증상으로 보아

서 본인 또는 주변사람이 위험에 이를 가능성이 현저히 높고 격리 외의 방법으로 그 위험을 회피하는 것이 뚜렷하게 곤란하다고 판단되는 경우에 그 위험을 최소한으로 줄이고, 환자 본인의 치료 또는 보호를 도모하는 목적으로 당해 시설 내에서 행하여져야 한다.

② 제1항의 규정에 의하여 환자를 격리하는 경우에는 정신과전문의의 지시에 따라야 하며 이를 진료기록부에 기재하여야 한다.

제47조(직업지도 등) 국가 또는 지방자치단체는 정신질환으로부터 회복된 자가 그 능력에 따라 적당한 직업지도·직업훈련을 받을 수 있도록 노력하고 이들에게 적절한 직종의 개발과 그 보급을 위하여 노력하여야 한다.

제48조(단체·시설의 보호·육성 등) 국가 또는 지방자치단체는 정신질환자의 사회복귀촉진 및 권익보호를 목적으로 하는 단체 또는 시설을 보호·육성하고, 이에 필요한 비용을 보조할 수 있다.

[전문개정 2000.1.12]

[[시행일 2000.7.13]]

제49조(경제적 부담의 경감 등) 국가 또는 지방자치단체는 정신질환자 및 그 보호의무자의 경제적 부담을 경감하고 정신질환자의 사회복귀를 촉진하기 위하여 의료비의 경감·보조 기타 필요한 지원을 할 수 있다.

제50조(비용의 부담) ① 국가와 지방자치단체는 제25조의 규정에 의한 진단 및 치료에 소요되는 비용의 전부 또는 일부를 부담할 수 있다.

② 제1항의 규정에 의한 비용의 부담에 관하여 필요한 사항은 대통령령으로 정한다.

제51조(비용의 징수) 사회복귀시설·정신요양시설의 설치·운영자는 그 시설을 이용하는 자로부터 보건복지부장관이 정하여 고시하는

비용징수한도액의 범위 안에서 그에 소요되는 비용을 징수할 수 있다.

　제52조(보조금 등) ① 국가는 예산의 범위 안에서 지방자치단체가 설치하여 운영하는 정신의료기관, 사회복귀시설에 대하여 설치·운영에 필요한 비용을 보조할 수 있다. [개정 2000.1.12]

　② 국가 또는 지방자치단체는 제13조제1항 및 제2항의 규정에 의한 지역사회정신보건사업 및 제39조제1항의 규정에 의한 지도·감독에 필요한 비용을 보조할 수 있다. [개정 2000.1.12, 2004.1.29]

　③ 국가 및 지방자치단체는 제13조제3항의 규정에 의하여 지역사회 정신보건사업을 위탁하는 기관 또는 단체에게 그 사업의 수행에 필요한 비용을 보조할 수 있다. [신설 2000.1.12] [개정 2004.1.29]

　④ 국가 또는 지방자치단체는 대통령령이 정하는 바에 의하여 영리를 목적으로 하지 아니하는 정신의료기관·사회복귀시설 및 정신요양시설의 설치·운영자에 대하여 예산의 범위 안에서 그 설치·운영에 필요한 비용을 보조할 수 있다.

　⑤ 제1항 내지 제4항의 규정에 의한 보조금은 그 목적 외에 사용할 수 없다. [개정 2000.1.12]

[[시행일 2000.7.13]]

제53조 삭제 [2000.1.12]

[[시행일 2000.7.13]]

　제54조(권한의 위임) ① 보건복지부장관 또는 시·도지사는 이 법에 의한 권한의 일부를 대통령령이 정하는 바에 의하여 시·도지사, 국립정신병원장 또는 시장·군수·구청장에게 위임할 수 있다.

　② 보건복지부장관은 이 법에 의한 업무의 일부를 대통령령이 정하는 바에 따라 정신보건관련기관이나 단체에 위탁할 수 있다. [신설 2000.1.12] [[시행일 2000.7.13]]

제6장 벌 칙

제55조(벌칙) 다음 각호의 1에 해당하는 자는 5년 이하의 징역 또는 2천만 원 이하의 벌금에 처한다.

1. 제22조제3항의 규정에 위반하여 정신질환자를 유기한 자

2. 제23조제2항 또는 제24조제4항·제6항의 규정에 위반하여 정신질환자를 퇴원시키지 아니한 자

3. 제33조제1항(제35조제2항에서 준용하는 경우를 포함한다) 또는 제39조제4항의 규정에 위반하여 퇴원 또는 가퇴원 명령에 응하지 아니한 자

4. 제36조제1항 후단의 규정에 위반하여 정신질환자를 퇴원시키지 아니한 자

5. 제40조제1항의 규정에 위반하여 정신과전문의의 진단 없이 정신질환자를 입원시키거나 입원을 연장한 자

6. 제43조의 규정에 위반하여 정신질환자를 이 법 또는 다른 법령에 의한 시설 외의 장소에 수용한 자

7. 제44조제1항의 규정에 위반하여 협의체의 결정이 없거나 정신질환자 또는 보호의무자의 동의를 얻지 아니하고 특수치료를 행한 자

8. 제52조제4항의 규정에 위반한 자

제56조(벌칙) 다음 각호의 1에 해당하는 자는 3년 이하의 징역 또는 1천만 원 이하의 벌금에 처한다.

1. 제12조제3항 및 제18조제1항의 규정에 의한 사업정지·폐쇄명령을 위반한 자

2. 제15조제2항의 규정에 위반하여 신고를 하지 아니하고 사회복귀시설을 설치·운영한 자

3. 제42조의 규정에 위반하여 직무상 알게 된 타인의 비밀을 누설하거나 발표한 자

4. 제45조제1항의 규정에 위반하여 정신질환자의 통신 등의 자유를 제한한 자

제57조(벌칙) 다음 각호의 1에 해당하는 자는 1년 이하의 징역 또는 500만 원 이하의 벌금에 처한다. [개정 2000.1.12]

1. 제26조제5항의 규정에 위반한 자 [[시행일 2000.7.13]]

2. 제24조제3항의 규정에 위반하여 계속입원신청을 하지 않거나 지연한 자

3. 제33조제1항(제35조제2항에서 준용하는 경우를 포함한다) 또는 제39조제4항의 규정에 위반하여 처우개선명령에 응하지 아니한 자

4. 제41조제2항의 규정에 위반하여 동의를 얻지 아니하고 정신질환자에 대하여 녹음·녹화·촬영을 한 자

5. 제46조제2항의 규정에 위반한 자

제58조(양벌규정) 법인의 대표자 또는 법인이나 개인의 대리인·사용인 기타 종업원이 그 법인 또는 개인의 업무에 관하여 제55조 내지 제57조의 위반행위를 한 때에는 행위자를 벌하는 외에 그 법인 또는 개인에 대하여도 각 해당 조의 벌금형을 과한다.

제59조(과태료) ① 다음 각호의 1에 해당하는 자는 100만 원 이하의 과태료에 처한다. [개정 2000.1.12]

1. 제10조의2의 규정에 의한 신고를 하지 아니하거나 허위의 신고를 한 자 [[시행일 2000.7.13]]

2. 제17조의 규정에 의한 신고를 하지 아니하거나 허위의 신고를 한 자 [[시행일 2000.7.13]]

3. 제24조제5항의 규정에 위반하여 통지를 하지 아니한 자

4. 제37조제1항의 규정에 위반하여 통보를 하지 아니한 자

5. 제39조의 규정에 위반하여 보고를 하지 아니하거나 허위의 보고를 한 자, 관계서류를 제출하지 아니하거나 허위의 서류를 제출한 자 또는 관계공무원·정신보건심의위원회 위원의 검사·심사를 거부·방해 또는 기피한 자

6. 제41조제1항의 규정에 위반한 자

② 제1항의 규정에 의한 과태료는 대통령령이 정하는 바에 의하여 보건복지부장관, 시·도지사 또는 시장·군수·구청장이 부과·징수한다. [개정 2004.1.29]

③ 제2항의 규정에 의한 과태료 처분에 불복이 있는 자는 그 처분의 고지를 받은 날부터 30일 이내에 보건복지부장관, 시·도지사 또는 시장·군수·구청장에게 이의를 제기할 수 있다. [개정 2004.1.29]

④ 제2항의 규정에 의한 과태료 처분을 받은 자가 제3항의 규정에 의하여 이의를 제기한 때에는 보건복지부장관, 시·도지사 또는 시장·군수·구청장은 지체없이 관할법원에 그 사실을 통보하여야 하며, 그 통보를 받은 관할법원은 비송사건절차법에 의한 과태료의 재판을 한다. [개정 2004.1.29]

⑤ 제3항의 규정에 의한 기간 내에 이의를 제기하지 아니하고 과태료를 납부하지 아니한 때에는 국세 또는 지방세체납처분의 예에 의하여 이를 징수한다.

부 칙

제1조(시행일) 이 법은 1998년 4월 1일부터 시행한다. 다만 부칙 제4조의 규정은 공포한 날부터 시행한다.

제2조(정신의료기관의 시설기준에 관한 경과조치) 이 법 시행당시 설치·운영되고 있는 정신의료기관은 2001년 6월 30일까지 제12조제1항의 규정에 의한 기준에 적합하도록 하여야 한다. [개정 2000.1.12]

제3조(정신질환자요양시설에 관한 경과조치) 이 법 시행당시 사회복지사업법에 의한 정신질환자요양시설은 이 법에 의한 정신요양시설로 본다. 다만 1999년 12월 31일까지 제10조제3항의 규정에 의한 기준에 적합하도록 하여야 한다.

제4조(정신요양병원에 관한 경과조치) ① 이 법 시행당시 종전의 규정에 의하여 운영되고 있는 정신요양병원은 1999년 12월 31일까지 제12조제1항의 규정에 의한 기준을 갖추어 정신병원의 허가를 받아야 한다.

② 이 법 시행당시 종전의 규정에 의하여 정신요양병원을 설치 중인 사회복지법인은 1999년 12월 31일까지 제12조제1항의 규정에 의한 기준을 갖추어 정신병원의 허가를 받는 조건으로 종전의 규정에 따라 정신요양병원의 허가를 받을 수 있다.

제5조(정신의료법인에 관한 경과조치) ① 이 법 시행당시 종전의 규정에 의하여 정신요양병원을 설치할 목적으로 설립된 정신의료법인은 의료법 제41조의 규정에 의한 의료법인으로 본다.

② 이 법 시행당시 종전의 규정에 의하여 사회복귀시설을 설치할 목적으로 설립된 정신의료법인은 사회복지사업법 제16조의 규정에 의한 사회복지법인으로 본다.

제6조(다른 법령과의 관계) 이 법 시행당시 다른 법령에서 정신보건법의 규정을 인용하고 있는 경우 이 법 중 그에 관한 규정이 있는 때에는 이 법의 해당 규정을 인용한 것으로 본다.

부칙 [2000.1.12]

　이 법은 공포 후 6월이 경과한 날부터 시행한다. 다만 제12조제2항의 개정규정과 법률 제5486호 정신보건법중개정법률 부칙 제2조의 개정규정은 공포한 날부터 시행한다.

부칙 [2003.05.29 소방기본법]

　제1조(시행일) 이 법은 공포 후 1년이 경과한 날부터 시행한다.

　제2조 ～ 제4조 생략

　제5조(다른 법률의 개정) ① ～ (18) 생략

　(19)정신보건법 중 다음과 같이 개정한다.

　제26조제2항 중 "소방법 제93조의 규정에 의한 구급대원"을 "소방기본법 제35조의 규정에 따른 구급대의 대원"으로 한다.

　(20) ～ (23) 생 략

　제6조 생 략

부칙 [2004.1.29]

이 법은 공포 후 6월이 경과한 날부터 시행한다.

부칙 [2005.3.31 제7428호(채무자 회생 및 파산에 관한법률)]

　제1조(시행일) 이 법은 공포 후 1년이 경과한 날부터 시행한다.

　제2조 내지 제4조 생략

　제5조(다른 법률의 개정) ① 내지 [101] 생략

　[102]정신보건법 일부를 다음과 같이 개정한다.

　제7조의2제2호 중 '파산자'를 '파산선고를 받은 자'로 한다.

　[103] 내지 [145] 생 략

　제6조 생 략

부칙 [2006.2.21 제7849호(제주특별자치도 설치 및 국제자유도시 조성을 위한 특별법)]

　제1조(시행일) 이 법은 2006년 7월 1일부터 시행한다. 〈단서 생략〉

제2조 내지 제39조 생략

제40조(다른 법령의 개정) ① 내지 〈25〉 생략

〈26〉정신보건법 일부를 다음과 같이 개정한다.

제38조제1항 중 '관할경찰서장'을 '관할경찰서장 또는 자치경찰기구를 설치한 제주특별자치도지사'로 한다.

〈27〉 내지 〈47〉 생 략

제41조 생 략

정신보건법 시행령

대통령령 제19563호(제주특별자치도 설치 및 국제자유도시 조성을 위한 특별법 시행령) 일부개정 2006. 06. 29.

제1조(목적) 이 영은 정신보건법에서 위임된 사항과 동법의 시행에 관하여 필요한 사항을 규정함을 목적으로 한다.

제2조(정신보건전문요원의 업무의 범위 등) ① 정신보건법(이하 '법'이라 한다) 제7조제3항의 규정에 의한 정신보건전문요원(이하 '전문요원'이라 한다)의 구체적인 업무의 범위 및 한계는 별표 1과 같고, 전문요원의 자격기준은 별표 2와 같다. [개정 2004.6.25] [[시행일 2004.7.30]]

② 삭제 [2004.6.25] [[시행일 2004.7.30]]

③ 전문요원의 등급은 정신보건임상심리사·정신보건간호사 및 정신보건사회복지사에 대하여 각각 1급 및 2급으로 구분한다.

④ 전문요원의 자격취득을 위한 수련기관의 지정 및 수련과정 등에 관한 사항은 보건복지부령으로 정한다.

⑤ 전문요원의 자격증을 교부받고자 하는 자는 자격증교부신청서에 보건복지부령이 정하는 서류를 첨부하여 보건복지부장관에게 제출하여야 한다.

제3조 삭제 [2004.6.25] [[시행일 2004.7.30]]

제3조의2(지역사회정신보건사업의 위탁) 법 제13조제3항의 규정에 따라 국가 및 지방자치단체가 지역사회정신보건사업을 위탁할 수 있는 기관 또는 단체는 다음 각호와 같다.

1. 정신의료기관

2. 정신보건사업을 수행하기 위하여 설립된 비영리법인

[전문개정 2004.6.25] [[시행일 2004.7.30]]

제4조(보건소의 전문요원) ① 보건소에는 법 제13조제5항의 규정에 의하여 1인 이상의 전문요원을 둘 수 있다. [개정 2000.7.22, 2004.6.25] [[시행일 2004.7.30]]

② 전문요원은 보건소장의 지시를 받아 다음 각호의 업무를 수행한다. [개정 2004.6.25] [[시행일 2004.7.30]]

1. 정신질환의 예방

2. 정신질환자의 발견·진료의뢰 및 관리

3. 정신질환자 및 그 가족에 대한 상담

4. 정신질환자에 대한 사회복귀훈련

제5조(퇴원자에 대한 조치) 특별시장·광역시장·도지사(이하 '시·도지사'라 한다) 또는 시장·군수·구청장(자치구의 구청장을 말한다. 이하 같다)은 법 제24조제7항의 규정에 의하여 퇴원한 자가 희망하는 경우에 한하여 사회복지시설이나 정신질환자사회복귀시설(이하 '사회복귀시설'이라 한다)에 일시적으로 보호조치할 수 있다. [개정 2004.6.25] [[시행일 2004.7.30]]

제6조(시·도지사에 의한 입원) ① 정신질환으로 자신 또는 타인을 해할 위험이 있다고 의심되는 자를 발견한 정신과전문의 또는 전문요원은 법 제25조제1항의 규정에 의하여 진단 및 보호를 신청하고자 하는 때에는 진단 및 보호신청서를 당해인을 발견한 장소를 관할하는 시·도지사에게 제출하여야 한다.

② 제1항의 규정에 의한 신청서에는 다음 각호의 사항이 포함되어야 한다.

1. 신청인의 성명·주소·주민등록번호

2. 정신질환자로 의심되는 자의 성명·주소·주민등록번호·현재의 소재지

3. 정신질환자로 의심되는 자의 증상의 개요

4. 정신질환자로 의심되는 자에게 보호의무자 또는 보호를 하고 있는 자가 있는 경우에는 그 성명·주소

③ 시·도지사는 법 제25조제2항의 규정에 의한 진단결과 당해 정신질환자로 의심되는 자가 자신 또는 타인을 해할 위험이 있다고 인정되는 경우에는 당해인으로 하여금 법 제23조의 규정에 의한 자의에 의한 입원신청을 하게 하거나 그 보호의무자에게 법 제24조의 규정에 의한 입원동의를 요청하여야 하며, 이에 응하지 아니하는 경우에는 법 제25조제3항의 규정에 의하여 국·공립정신의료기관 또는 종합병원에 입원조치를 의뢰하여야 한다.

④ 제3항의 규정에 의하여 입원조치를 의뢰받아 당해 정신질환자로 의심되는 자를 입원시킨 국·공립정신의료기관 또는 종합병원의 장은 지체없이 2인 이상의 정신과전문의에게 당해인의 증상을 진단하게 하여 그 결과를 입원조치를 의뢰한 시·도지사에게 통보하여야 한다. 다만 진단결과 법 제25조제6항의 규정에 의한 계속입원의 요건에 해당

되지 아니한다고 인정하는 경우에는 당해인을 즉시 퇴원시키고 그 결과를 당해 시·도지사에게 통보하여야 한다.

⑤ 시·도지사는 제3항의 규정에 의한 입원신청·입원동의요청 또는 입원조치의뢰사항과 법 제25조제2항의 규정에 의한 진단결과를 보건복지부령이 정하는 바에 의하여 기록·유지하여야 한다.

⑥ 시·도지사는 법 제25조제3항의 규정에 의하여 입원된 환자가 법 제25조제6항의 규정에 의한 계속입원의 요건에 해당된다는 진단결과를 통보받은 경우에는 지체없이 당해 정신질환자에 대하여 법 제25조제6항의 규정에 의한 입원치료를 의뢰하여야 한다.

제7조(응급입원) ① 법 제26조제1항의 규정에 의하여 정신질환자로 추정되는 자에 대한 응급입원을 의뢰하고자 하는 자는 응급입원을 동의한 의사와 국가경찰관공무원(제주특별자치도의 경우에 자치경찰공무원을 포함한다. 이하 같다)이 서명 또는 날인한 응급입원의뢰서를 정신의료기관에 제출하여야 한다. [2006.6.29 제19563호(제주특별자치도 설치 및 국제자유도시 조성을 위한 특별법 시행령)] [[시행일 2006.7.1]]

② 정신의료기관의 장은 법 제26조제3항의 규정에 의하여 응급입원을 시킨 때에는 지체없이 정신과전문의에게 당해 정신질환자로 추정되는 자의 증상을 진단하게 하여야 하며, 그 결과 법 제26조제1항의 규정에 의한 위험이 없다는 정신과전문의의 소견이 있는 경우에는 당해인을 즉시 퇴원시켜야 한다.

제8조(구급대의 이용) ① 정신질환자로 추정되는 자를 발견한 자가 법 제26조제1항의 규정에 의하여 당해 정신질환자로 추정되는 자에 대한 응급입원을 의뢰할 경우 그 입원의뢰에 동의한 국가경찰관은 소방법 제93조제1항의 규정에 의한 구급대를 이용하여 환자를 호송할 수 있다. [2006.6.29 제19563호(제주특별자치도 설치 및 국제자유도시

조성을 위한 특별법 시행령)] [[시행일 2006.7.1]]

② 제1항의 경우 당해 국가경찰관은 구급차에 동승할 수 있다. [2006.6.29 제19563호(제주특별자치도 설치 및 국제자유도시 조성을 위한 특별법 시행령)] [[시행일 2006.7.1]]

제9조(정신보건심의위원회의 구성 등) ① 법 제27조제1항 및 제28조제7항의 규정에 의하여 중앙정신보건심의위원회 및 지방정신보건심의위원회(이하 '정신보건심의위원회'라 한다)에 위원장과 부위원장 각 1인을 둔다. [개정 2000.7.22]

② 중앙정신보건심의위원회의 위원장은 보건복지부 보건의료정책본부장이 되고, 지방정신보건심의위원회의 위원장은 특별시·광역시·도(이하 '시·도'라 한다)의 기획관리실장이 되며, 정신보건심의위원회의 부위원장은 위원 중에서 각각 호선한다. [개정 2004.6.25, 2005.10.21 제19093호(보건복지부와 그 소속기관 직제)]

③ 법 제28조제4항의 규정에 의한 정신보건에 관한 전문지식과 경험을 가진 자는 다음 각호의 1에 해당하는 자로 한다. [개정 2000.7.22]

1. 삭 제 [2000.7.22]

2. 정신보건시설의 운영자

3. 정신질환자의 가족

4. 고등교육법 제2조의 규정에 의한 대학에서 심리학·간호학·사회복지학 또는 사회사업학을 가르치는 전임강사 이상의 직에 있는 자

5. 정신보건업무 관계공무원

6. 보건복지부장관 또는 시·도지사가 정신보건에 관한 전문지식과 경험이 있다고 인정하는 자

④ 정신보건심의위원회의 위원 중 공무원인 위원의 임기는 해당 직위에 재임하는 기간으로 한다.

⑤ 지방정신보건심의위원회의 운영에 필요한 사무를 처리하기 위하여 동위원회에 사무기구를 둘 수 있다.

⑥ 제5항의 규정에 의한 사무기구의 설치·운영에 관한 사항은 시·도의 조례로 정한다.

제10조(위원장 등의 직무) ① 정신보건심의위원회의 위원장은 당해 위원회를 대표하며, 위원회의 사무를 통할한다.

② 부위원장은 위원장을 보좌하며 위원장이 부득이한 사유로 직무를 수행할 수 없는 때에는 그 직무를 대행한다.

제11조(회의) ① 정신보건심의위원회의 위원장은 당해 위원회의 회의를 소집하며, 그 의장이 된다.

② 정신보건심의위원회의 회의는 다음 각호의 1에 해당하는 경우에 소집한다.

1. 보건복지부장관, 시·도지사 또는 재적위원 과반수의 요구가 있는 경우

2. 위원장이 필요하다고 인정하는 경우

③ 정신보건심의위원회의 회의는 재적위원 과반수의 출석으로 개의하고, 출석위원 과반수의 찬성으로 의결한다.

제12조(보고) 정신보건심의위원회의 위원장은 그 위원회에서 의결된 사항에 대하여 각각 보건복지부장관 또는 시·도지사에게 보고하여야 한다.

제13조(간사) ① 정신보건심의위원회에 간사 1인을 두되, 보건복지부장관 또는 시·도지사가 그 소속공무원 중에서 각각 임명한다.

② 간사는 정신보건심의위원회의 위원장의 명을 받아 그 위원회의 사무를 처리한다.

제14조(수당) 정신보건심의위원회의 회의에 출석한 위원에 대하여

는 예산의 범위 안에서 수당을 지급할 수 있다. 다만 공무원인 위원이 그 소관업무와 직접 관련되어 출석하는 경우에는 그러하지 아니하다.

제15조(운영세칙) 중앙정신보건심의위원회의 운영에 관하여 필요한 세부사항은 보건복지부장관이 정하고, 지방정신보건심의위원회의 운영에 관하여 필요한 세부사항은 시·도의 조례로 정한다.

제16조(정신보건심판위원회의 구성 등) ① 법 제27조제2항 및 제28조제7항의 규정에 의하여 중앙정신보건심판위원회 및 지방정신보건심판위원회(이하 '심판위원회'라 한다)에 위원장과 부위원장 각 1인을 둔다. [개정 2000.7.22]

② 심판위원회의 위원장은 정신보건심의위원회의 부위원장이 되고, 심판위원회의 부위원장은 심판위원회의 위원 중에서 각각 호선한다.

③ 제9조제4항·제10조·제11조·제14조 및 제15조의 규정은 심판위원회의 구성 및 운영에 관하여 이를 준용한다.

제17조(가퇴원통보 등) ① 정신의료기관의 장은 법 제37조제1항의 규정에 의하여 정신질환자를 가퇴원시킨 때에는 즉시 다음 각호의 사항을 입원치료를 의뢰한 보호의무자 또는 시·도지사에게 통보하여야 한다.

1. 정신질환자의 성명·주소·주민등록번호

2. 입원 당시의 병명 및 증상

3. 현재상태 및 가퇴원결정사유

4. 가퇴원 후의 정신질환치료에 대한 소견

② 시·도지사는 법 제37조제2항 및 제4항의 규정에 의한 가퇴원 후의 경과관찰을 위하여 당해 정신질환자로 하여금 매주 1회 이상 정신의료기관의 진단을 받게 할 수 있다. [개정 2000.7.22]

③ 제2항의 규정에 의한 정신의료기관의 장은 다음 각호의 1에 해당

하는 경우에는 지체없이 그 사실을 시·도지사에게 통보하여야 한다.

1. 정신질환자에 대한 관찰결과 재입원시킬 필요가 있다고 인정되는 경우

2. 정신질환자가 정당한 사유 없이 진단을 거부한 경우

④ 제3항의 규정에 의한 통보를 받은 시·도지사는 2인의 정신과전문의의 의견을 들어 다시 입원시킬 필요가 있다고 인정되는 때에는 당해 정신질환자를 가퇴원시킨 정신의료기관의장에게 그 입원조치를 의뢰할 수 있다.

제18조(정신보건시설에 대한 심사결과 통보) ① 정신보건심의위원회의 위원은 법 제39조제2항의 규정에 의하여 정신보건시설에 입원 또는 입소한 정신질환자에 대하여 입원 또는 입소의 적절성, 퇴원 또는 퇴소의 필요성 또는 처우에 관하여 심사를 한 경우에는 지체없이 다음 각호의 사항을 보건복지부장관 또는 시·도지사에게 보고하여야 한다.

1. 심사일시

2. 심사대상기관명

3. 심사내용 및 결과

② 보건복지부장관 또는 시·도지사는 법 제39조제4항의 규정에 의한 명령을 한 경우에는 그 내용을 정신보건심의위원회에 통보하여야 한다.

제19조(특수치료행위 등) ① 법 제44조제1항에서 '기타 대통령령이 정하는 특수치료행위'라 함은 다음 각호의 치료행위를 말한다.

1. 정신질환증상의 완화를 목적으로 하는 신체일부절제술

2. 정신질환의 증상교정을 위하여 시행되는 혐오자극법

② 법 제44조제1항의 규정에 의한 협의체는 3인 이상 5인 이내로

구성하되, 구성원은 다음 각호의 1에 해당하는 자로 한다.

1. 2인 이상의 정신과전문의

2. 전문요원

3. 고등교육법 제2조의 규정에 의한 대학에서 심리학·간호학·사회복지학 또는 사회사업학을 가르치는 전임강사 이상의 직에 있는 자

③ 법 제44조제1항의 규정에 의한 협의체에서 정신질환자에 대한 특수치료행위를 결정할 때에는 협의체구성원 3분의 2 이상의 동의에 의하며, 그 결정에 참여한 협의체의 구성원이 각각 서명 또는 날인하여야 한다.

④ 정신의료기관의 장은 제3항의 규정에 의한 협의체의 결정이 있는 경우에는 지체없이 이를 본인 또는 보호의무자에게 통보하여야 한다.

⑤ 법 제44조제1항의 규정에 의한 본인 또는 보호의무자의 동의는 서면으로 하여야 한다.

⑥ 정신의료기관의 장은 제2항의 규정에 의한 협의체의 회의내용에 관한 기록을 작성하고, 작성한 날부터 3년간 이를 보존하여야 한다.

제20조(제한할 수 있는 기타 행동의 자유의 범위) 법 제45조제1항의 규정에 의하여 정신의료기관의 장은 정신질환자에 대하여 다음 각호의 자유를 제한할 수 있다. 다만 진료행위에 지장이 없고 타인에게 해를 주지 아니하는 경우에는 그러하지 아니하다.

1. 종교행사의 자유, 종교적 집회·결사의 자유 및 선교의 자유

2. 학문·예술의 자유

3. 사생활의 자유

제21조(경제적 부담의 경감 등) ① 국가 또는 지방자치단체가 법 제49조의 규정에 의하여 의료비경감 등 필요한 지원을 할 수 있는 자는 국민기초생활보장법에 의한 수급권자로 하되, 그 지원내용은 정신

요양시설 및 사회복귀시설의 입소 또는 이용에 소요되는 비용을 부담하는 것으로 한다. [개정 2004.6.25] [[시행일 2004.7.30]]

② 제1항의 규정에 의하여 국가 또는 지방자치단체가 부담하는 비용 중 국고보조비율은 보조금의예산및관리에관한법률시행령이 정하는 바에 의한다.

제22조(비용의 부담) ① 국가 또는 지방자치단체는 법 제50조제1항의 규정에 의하여 정신질환자의 진단 및 치료에 소요되는 비용을 부담한다. 다만 의료급여법·국민건강보험법 기타 법령에 의하여 정신질환자 또는 그 보호의무자가 부담하지 아니하고 의료급여기금 등이 부담하는 비용을 제외한다. [개정 2001.9.29, 2004.6.25] [[시행일 2004.7.30]]

② 제1항의 규정에 의하여 국가 또는 지방자치단체가 비용을 부담하는 경우 그 부담비용 중 국고보조비율은 보조금의예산및관리에관한법률시행령이 정하는 바에 의한다.

③ 시·도지사는 보건복지부장관이 정하여 고시하는 비용징수기준에 의하여 제1항의 규정에 의한 진단 및 치료에 소요되는 비용의 일부를 정신질환자 또는 그 보호의무자로부터 징수할 수 있다.

④ 시·도지사는 제3항의 규정에 의하여 정신질환자 또는 그 보호의무자로부터 비용을 징수하고자 하는 경우에는 산출근거를 명시하여 정신질환자 또는 그 보호의무자에게 서면으로 통지하여야 한다.

제23조(보조금) 다음 각호의 1에 해당하는 비용 중 국고보조비율은 보조금의예산및관리에관한법률시행령이 정하는 바에 의한다. [개정 2004.6.25] [[시행일 2004.7.30]]

1. 지방자치단체가 설치하여 운영하는 정신병원 및 사회복귀시설의 설치·운영비용

2. 삭제 [2000.7.22]

3. 영리를 목적으로 하지 아니하는 정신병원·사회복귀시설 및 정신요양시설의 설치·운영비용

4. 법 제13조제1항 내지 제3항 및 동조 제6항의 규정에 의한 지역사회정신보건사업에 필요한 비용

제24조(권한의 위임) ① 법 제54조제1항의 규정에 의하여 보건복지부장관은 다음 각호의 권한을 시·도지사에게 위임한다. [개정 2000.7.22, 2004.6.25] [[시행일 2004.7.30]]

1. 법 제10조제1항의 규정에 의한 정신요양시설의 설치허가 및 변경허가

2. 법 제11조제1항의 규정에 의한 정신요양시설의 개선명령, 사업의 정지명령, 시설의 장의 교체명령 또는 설치허가의 취소

② 법 제54조제1항의 규정에 의하여 시·도지사는 다음 각호의 권한을 시장·군수·구청장에게 위임한다.[개정 2000.7.22, 2004.6.25] [[시행일 2004.7.30]]

1. 삭제 [2004.6.25]

2. 삭제 [2004.6.25]

3. 삭제 [2004.6.25]

4. 법 제25조제1항 내지 제3항 및 제5항의 규정에 의한 정신질환자로 의심되는 자의 진단 및 보호신청의 접수, 진단의뢰, 입원조치 및 통지와 법 제25조제6항 및 제8항의 규정에 의한 정신질환자의 입원치료의뢰 및 통지

5. 법 제33조제1항 및 제2항의 규정에 의한 퇴원·가퇴원·처우개선명령 및 통지

6. 법 제36조제1항 내지 제3항의 규정에 의한 입원조치의 해제, 정신의료기관의 장에 대한 통지, 계속입원조치 및 정신질환자·그 보호

의무자 또는 보호를 하고 있는 자에 대한 통지

7. 법 제37조제1항 내지 제3항의 규정에 의한 가퇴원 통보의 접수, 관찰 및 재입원 조치

제25조(과태료의 부과) ① 법 제59조제1항의 규정에 의하여 과태료를 부과할 때에는 당해 위반행위를 조사·확인한 후 위반사실과 과태료금액 등을 서면으로 명시하여 이를 납부할 것을 과태료처분대상자에게 통지하여야 한다.

② 보건복지부장관, 시·도지사 또는 시장·군수·구청장은 제1항의 규정에 의하여 과태료를 부과하고자 할 때에는 10일 이상의 기간을 정하여 과태료처분대상자에게 구술 또는 서면(전자문서를 포함한다)에 의한 의견진술의 기회를 주어야 한다. 이 경우 지정된 기일까지 의견진술이 없는 때에는 의견이 없는 것으로 본다. [개정 2004.3.17, 2004.6.25] [[시행일 2004.7.30]]

③ 보건복지부장관, 시·도지사 또는 시장·군수·구청장은 과태료의 금액을 정함에 있어서는 당해 위반행위의 동기와 그 결과 등을 참작하되, 그 부과기준은 별표 3과 같다. [개정 2004.6.25] [[시행일 2004.7.30]]

④ 과태료의 징수절차는 보건복지부령으로 정한다.

부칙 [1996.12.31 제15236호]

① (시행일) 이 영은 공포한 날부터 시행한다.

② (전문요원자격의 취득에 관한 경과조치) 이 영 시행당시 다음 각호의 1에 해당하는 자 또는 자격취득을 위하여 실습 중인 자로서 보건복지부장관의 확인을 받은 자는 이 영에 의한 전문요원의 자격취득을 위한 수련 기간 중 각각 다음 각호의 구분에 따른 해당 각호의 기간에 대하여 수련을 마친 것으로 본다.

1. 한국심리학회에서 발급한 임상심리전문가 자격소지자, 한국사회복지사협회에서 발급한 전문정신보건사회사업가 자격소지자 또는 임상사회복지사 자격소지자(정신보건시설에서 수련을 받은 자에 한한다): 3년

2. 한국심리학회에서 발급한 임상심리사 자격소지자, 한국사회복지사협회에서 발급한 정신보건사회사업가 자격소지자, 의료법에 의한 정신간호사 자격소지자: 1년

3. 제1호 또는 제2호의 자격취득을 위하여 실습 중인 자: 실습 기간

부칙 [1997.12.31 제15598호(행정절차법의시행에따른관세법시행령등의개정령)]

이 영은 1998년 1월 1일부터 시행한다.

부칙 [1998.5.6 제15790호]

① (시행일) 이 영은 공포한 날부터 시행한다.

② (전문요원자격의 취득에 관한 경과조치) 1996년 12월 31일 현재 다음 각호의 1에 해당하는 자 또는 자격취득을 위하여 실습 중인 자로서 보건복지부장관의 확인을 받은 자는 이 영에 의한 전문요원의 자격취득을 위한 수련 기간 중 각각 다음 각호의 구분에 따른 해당 각호의 기간에 대하여 수련을 마친 것으로 본다.

1. 한국심리학회에서 발급한 임상심리전문가자격소지자, 한국사회복지사협회에서 발급한 전문정신보건사회사업가자격소지자 또는 임상사회복지사자격소지자(정신보건시설에서 수련을 받은 자에 한한다): 3년

2. 한국심리학회에서 발급한 임상심리사자격소지자, 한국사회복지사협회에서 발급한 정신보건사회사업가자격소지자, 의료법에 의한 정신간호사자격소지자: 1년

3. 제1호 또는 제2호의 자격취득을 위하여 실습 중인 자: 실습 기간

③ (정신보건임상심리사의 자격기준에 관한 경과조치) 이 법 시행당시 고등교육법 제2조의 규정에 의한 대학 또는 이와 동등한 학력이 있다고 교육부장관이 인정하는 학교에서 종전의 규정에 의하여 심리학을 전공하고 있는 자는 정신보건임상심리사의 자격기준에 있어서 보건복지부장관이 정하는 임상심리관련과목을 이수하고 있는 자로 본다.

④ (과태료부과기준의 적용에 관한 경과조치) 이 영 시행 전의 위반행위에 대한 과태료부과기준의 적용에 있어서는 종전의 규정에 의한다.

부칙 [1999.6.16 제16400호]

이 영은 공포한 날부터 시행한다.

부칙 [2000.7.22 제16908호]

이 영은 공포한 날부터 시행한다.

부칙 [2001.9.29 제17379호(의료급여법시행령)]

제1조(시행일) 이 영은 2001년 10월 1일부터 시행한다.

제2조(다른 법령의 개정) ① 정신보건법시행령 중 다음과 같이 개정한다.

제22조제1항 단서 중 '의료보호법'을 '의료급여법'으로, '의료보호기금'을 '의료급여기금'으로 한다.

② 생 략

제3조 생 략

부칙 [2004.3.17 제18312호(전자적민원처리를위한가석방자관리규정등중개정령)]

이 영은 공포한 날부터 시행한다.

부칙 [2004.6.25 제18440호]

이 영은 2004년 7월 30일부터 시행한다.

부칙 [2005.10.21 제19093호(보건복지부와 그 소속기관 직제)]

제1조(시행일) 이 영은 공포한 날부터 시행한다.

제2조(다른 법령의 개정) ① 생 략

② 정신보건법시행령 일부를 다음과 같이 개정한다.

제9조제2항 중 '보건복지부기획관리실장'을 '보건복지부 보건의료 정책본부장'으로 한다.

③ 내지 ⑥ 생 략

부칙 [2006.6.29 제19563호(제주특별자치도 설치 및 국제자유도시 조성을 위한 특별법 시행령)]

제1조(시행일) 이 영은 2006년 7월 1일부터 시행한다.

제2조 내지 제6조 생략

제7조(다른 법령의 개정) ① 내지 ⑬ 생략

⑭ 정신보건법시행령 일부를 다음과 같이 개정한다.

제7조제1항 중 '경찰관'을 '국가경찰공무원(제주특별자치도의 경우에는 자치경찰공무원을 포함한다. 이하 같다)'으로 한다.

제8조제1항 및 제2항 중 '경찰관'을 각각 '국가경찰공무원'으로 한다.

⑮ 내지 〈32〉 생략

제8조 생 략

정신보건법 시행규칙

부 령 제169호 일부개정 2000. 08. 18.

보건복지부령 제228호 일부개정 2002. 12. 04.

보건복지부령 제289호 일부개정 2004. 07. 12.

보건복지부령 제317호(전자적민원처리를 위한 「공중위생관리법 시행규칙」 등 일부개정령) 일부개정 2005. 06. 08.

보건복지부령 제333호(전자적민원처리를 위한 간호조무사및의료유
사업자에 관한규칙 등) 일부개정 2005. 10. 17.

보건복지부령 제363호(행정정보의 공동이용및문서감축을 위한 건강
기능식품에 관한법률 시행규칙 등) 일부개정 2006. 07. 03.

제1조(목적) 이 규칙은 정신보건법 및 동법시행령에서 위임된 사항
과 그 시행에 관하여 필요한 사항을 규정함을 목적으로 한다.

제1조의2(실태조사의 방법 및 내용) ① 정신보건법(이하 ʻ법ʼ이라
한다) 제4조의2의 규정에 의하여 정신질환자의 실태조사를 하는 경우
그 조사방법은 다음 각호와 같다.

1. 가구를 직접 방문하여 하는 가구조사

2. 의료기관 및 사회복지시설 등 시설을 방문하여 하는 시설조사

3. 국민건강보험 및 의료급여 관련 자료에 의한 조사

4. 기타 보건복지부장관이 필요하다고 인정하는 방법에 의한 조사

② 법 제4조의2의 규정에 의하여 정신질환자의 실태조사를 하는 경
우 조사사항은 다음 각호와 같다.

1. 정신질환자의 성별·연령·학력·결혼상태 및 가족상황에 관한
사항

2. 정신질환의 발생원인·유형 및 정도에 관한 사항

3. 정신질환자의 치료경력, 의료서비스 이용행태 및 치료비용에 관
한 사항

4. 정신질환자의 취업·직업훈련·소득·주거·경제상태 및 복지서
비스 정도에 관한 사항

5. 서비스요구도 기타 보건복지부장관이 필요하다고 인정하는 사항

③ 보건복지부장관은 제2항의 규정에 의한 조사와 관련하여 필요하

다고 인정하는 경우에는 조사사항의 일부에 대하여 임시조사를 할 수 있다. [본조신설 2000.8.10]

제2조(정신보건전문요원의 수련) 정신보건법시행령(이하 '영'이라 한다) 제2조제4항의 규정에 의한 정신보건전문요원(이하 '전문요원'이라 한다)의 자격취득을 위한 수련기관의 지정 및 수련과정 등에 관한 사항은 별표 1과 같다.

제3조(전문요원자격증의 교부) ① 영 제2조제5항의 규정에 의하여 전문요원의 자격증을 교부받고자 하는 자는 별지 제1호 서식에 의한 자격증교부신청서(전자문서로 된 신청서를 포함한다)에 다음 각호의 서류(전자문서를 포함한다) 및 사진을 첨부하여 보건복지부장관에게 제출하여야 한다. 다만 「전자정부구현을 위한 행정업무 등의 전자화촉진에 관한법률」 제21조제1항의 규정에 따른 행정정보의 공동이용을 통하여 첨부서류에 대한 정보를 확인할 수 있는 경우에는 그 확인으로 첨부서류에 갈음할 수 있다. [개정 2000.8.10, 2004.7.12, 2005.10.17 제333호(전자적민원처리를 위한 간호조무사및의료유사업자에 관한규칙 등)]

1. 삭 제 [2004.7.12]

2. 영 별표 2의 전문요원의 자격기준에 해당함을 증명하는 서류 1부

3. 사진 1매(제출일 전 6월 이내에 모자를 쓰지 아니하고 촬영한 정면 상반신 반명함판)

② 제1항의 규정에 의하여 자격증의 교부신청을 받은 보건복지부장관은 자격증을 교부받고자 하는 자가 전문요원의 자격기준에 해당하는 때에는 별지 제2호 서식에 의한 자격등록대장에 이를 기재한 후 별지 제3호 서식에 의한 자격증을 교부하여야 한다.

제4조(자격증의 재교부) 제3조제2항의 규정에 의하여 교부받은 자격증을 재교부받고자 하는 자는 별지 제4호 서식에 의한 자격증재교

부신청서에 다음 각호의 해당 서류 및 사진을 첨부하여 보건복지부장관에게 제출하여야 한다. [개정 2004.7.12] [[시행일 2004.7.30]]

1. 삭 제 [2004.7.12]

2. 자격증이 헐어서 못쓰게 된 때에는 그 자격증

3. 사진 1매(제출일 전 6월 이내에 모자를 쓰지 아니하고 촬영한 정면 상반신 반명함판)

제5조(정신보건자문의의 위촉) ① 시장·군수·구청장(자치구의 구청장을 말한다. 이하 같다)은 관할구역 안의 정신보건시설, 정신보건관련 단체 또는 보건소에 근무하는 정신과전문의로서 1년 이상의 임상경험이 있는 자 1인 이상을 정신보건자문의(이하 '자문의'라 한다)로 위촉할 수 있다. 다만 관할구역 안에서 자문의를 위촉할 수 없는 경우에는 인근 지역의 정신보건시설, 정신보건관련 단체 또는 보건소에 근무하는 정신과전문의를 자문의로 위촉할 수 있다. [개정 2000.8.10]

② 자문의는 다음 각호의 업무를 수행한다. [개정 2000.8.10, 2004.7.12] [[시행일 2004.7.30]]

1. 법 제13조제1항 및 제2항의 규정에 의한 지역사회 정신보건사업에 대한 자문

2. 법 제15조제3항의 규정에 의한 사회복귀시설(이하 '사회복귀시설'이라 한다)에서의 정신질환자에 대한 사회복귀를 위한 훈련에 관한 지도·자문

3. 삭 제 [2004.7.12]

③ 시장·군수·구청장은 예산의 범위 안에서 자문의에게 수당을 지급할 수 있다.

제6조(정신요양시설의 설치허가 등) ① 법 제10조제1항의 규정에 의하여 정신요양시설을 설치·운영하고자 하는 자는 별지 제5호 서식

에 의한 허가신청서(전자문서로 된 신청서를 포함한다)에 다음 각호의 서류(전자문서를 포함한다)를 첨부하여 당해 시설의 소재지를 관할하는 시장·군수·구청장을 거쳐 특별시장·광역시장·도지사(이하 '시·도지사'라 한다)에게 제출하여야 한다. [개정 2005.6.8(전자적 민원처리를 위한 공중위생관리법 시행규칙 등 일부 개정령), 2005.10.17 제333호(전자적민원처리를 위한 간호조무사및의료유사업자에 관한규칙 등), 2006.7.3 제363호(행정정보의 공동이용 및 문서감축을 위한 건강기능식품에 관한법률 시행규칙 등)]

1. 정관·사업계획서·수지예산서·법인재산의 평가조서 및 재산수익조서

2. 시설의 위치도 및 시설의 구조별 면적이 표시된 평면도

3. 제5항의 규정에 의하여 따로 보건복지부령으로 정하는 설치기준 등에 해당함을 입증하는 서류

② 제1항에 따라 신청서를 제출받은 담당 공무원은 「전자정부 구현을 위한 행정업무 등의 전자화 촉진에 관한법률」 제21조제1항에 따른 행정정보의 공동이용을 통하여 법인등기부등본을 확인하여야 한다. 다만 신청인이 이에 동의하지 아니하는 경우에는 그 서류를 첨부하도록 하여야 한다. [신설 2006.7.3 제363호(행정정보의 공동이용 및 문서감축을 위한 건강기능식품에 관한법률 시행규칙 등)]

③ 정신요양시설의 설치허가를 받은 자는 다음 각호의 1에 해당하는 사유가 발생한 경우에는 법 제10조제1항 후단의 규정에 의하여 그 사유발생일부터 14일 이내에 별지 제5호 서식에 의한 법인대표 등의 변경통지서를 시장·군수·구청장을 거쳐 시·도지사에게 제출하여야 한다. [개정 2000.8.10, 2006.7.3 제363호(행정정보의 공동이용 및 문서감축을 위한 건강기능식품에 관한법률 시행규칙 등)]

1. 법인대표 또는 시설장의 변경

2. 시설소재지의 변경

3. 입소정원의 변경

④ 제1항의 규정에 의하여 허가받은 시설을 폐지·휴지 또는 재개하고자 하는 자는 법 제10조의2의 규정에 의하여 폐지·휴지 또는 재개예정일 30일 전까지 별지 제6호 서식에 의한 폐지·휴지·재개통지서에 다음 각호의 해당 서류를 첨부(폐지·휴지의 경우에 한한다)하여 시장·군수·구청장을 거쳐 시·도지사에게 제출하여야 한다. [개정 2000.8.10, 2006.7.3 제363호(행정정보의 공동이용 및 문서감축을 위한 건강기능식품에 관한법률 시행규칙 등)]

1. 시설의 폐지·휴지사유 및 그 결의서

2. 입소자의 조치계획서

3. 시설재산에 관한 사용 또는 처분계획서

4. 시설을 폐지하는 경우에는 시설설치허가증

⑤ 시·도지사는 제1항의 규정에 의하여 정신요양시설의 설치를 허가한 때에는 별지 제7호 서식에 의한 허가증을, 제2항의 규정에 의하여 변경통지서를 수리한 때에는 허가증에 그 변경사항을 기재하여 각각 신청인에게 교부하여야 한다. [개정 2006.7.3 제363호(행정정보의 공동이용 및 문서감축을 위한 건강기능식품에 관한법률 시행규칙 등)]

⑥ 정신요양시설의 설치기준, 수용인원, 종사자의 수 및 자격, 이용 및 운영에 관하여 필요한 사항은 따로 보건복지부령으로 정한다. [개정 2006.7.3 제363호(행정정보의 공동이용 및 문서감축을 위한 건강기능식품에 관한법률 시행규칙 등)]

제7조(정신의료기관의 시설기준 등) ① 법 제12조제1항의 규정에

의한 정신의료기관의 시설·장비기준은 별표 2와 같다.

② 법 제12조제1항의 규정에 의한 정신의료기관의 의료인 등 종사자의 수 및 자격은 별표 3과 같다.

③ 삭제 [2000.8.10]

④ 보건복지부장관은 법 제12조제2항의 규정에 의하여 정신의료기관의 규모를 제한하고자 할 때에는 제한사유·제한지역 및 제한할 수 있는 병상의 규모를 정하여 고시하여야 한다. [개정 2000.8.10]

제7조의2(중앙정신보건사업지원단의 직무범위 및 운영 등) ① 법 제13조제7항의 규정에 의한 중앙정신보건사업지원단(이하 '중앙지원단'이라 한다)의 직무범위는 다음 각호와 같다.

1. 국가가 행하는 지역사회정신보건사업의 기획 및 조정에 대한 지원

2. 지역사회정신보건사업 및 정신보건시설에 대한 평가

3. 정신보건관련기관·단체 또는 정신보건시설 간의 연계체계 구축지원

4. 정신보건사업의 현황파악 및 통계

5. 그 밖에 지역사회정신보건사업과 관련하여 보건복지부장관이 지시하는 사항

② 중앙지원단은 단장 1인을 포함하여 10인 이상 15인 이내의 단원으로 구성하되, 단원은 다음 각호의 1에 해당하는 자 중에서 보건복지부장관이 임명 또는 위촉한다.

1. 보건복지부에서 정신보건업무를 담당하고 있는 4급 또는 5급 공무원

2. 정신과전문의 및 전문요원 그 밖에 정신보건 분야에 관한 전문지식과 기술을 가진 자

③ 단장은 단원 중에서 보건복지부장관이 지명한다.

④ 단원의 임기는 2년으로 한다. 다만 공무원인 단원의 임기는 그

직에 재직하는 기간으로 한다.

⑤ 단장은 중앙지원단을 대표하고, 그 구성원을 지휘·감독한다.

⑥ 단원에 대하여는 예산의 범위 안에서 수당과 여비를 지급할 수 있다. 다만 공무원인 단원이 그 소관업무와 직접적으로 관련되어 업무를 수행하는 경우에는 그러하지 아니하다.

⑦ 이 규칙에서 정한 것 외에 중앙지원단의 운영에 관하여 필요한 사항은 보건복지부장관이 정한다.

[본조신설 2004.7.12] [[시행일 2004.7.30]]

제7조의3(지방정신보건사업지원단의 직무범위 및 운영 등) ① 법 제13조제7항의 규정에 의한 지방정신보건사업지원단(이하 '지방지원단'이라 한다)의 직무범위는 다음 각호와 같다.

1. 지방자치단체에서 행하는 지역사회정신보건사업에 대한 업무개발 및 기술지원

2. 지방자치단체의 지역사회정신보건사업 및 정신보건시설에 대한 평가

3. 당해 지방자치단체의 정신보건관련기관·단체 또는 정신보건시설 간의 연계체계 구축지원

4. 지방자치단체의 정신보건사업의 현황파악 및 통계

5. 그 밖에 지역사회정신보건사업과 관련하여 시·도지사가 지시하는 사항

② 지방지원단은 단장 1명을 포함하여 5인 이상 10인 이내의 단원으로 구성하되, 단원은 다음 각호의 1에 해당하는 자 중에서 시·도지사가 임명 또는 위촉한다.

1. 시·도에서 정신보건업무를 담당하고 있는 4급 또는 5급 공무원

2. 정신과전문의 및 전문요원 그 밖에 정신보건 분야에 관한 전문지

식과 기술을 가진 자

③ 제7조의2제3항 내지 제7항의 규정은 지방지원단의 구성 및 운영에 관하여 이를 준용한다. 이 경우 '중앙지원단'은 '지방지원단'으로, '보건복지부장관'은 '시·도지사'로 본다.

[본조신설 2004.7.12] [[시행일 2004.7.30]]

제8조(사회복귀시설의 설치신고) ① 법 제15조제2항의 규정에 의하여 사회복귀시설의 설치신고를 하고자 하는 자는 별지 제8호 서식에 의한 신고서(전자문서로 된 신고서를 포함한다)에 다음 각호의 해당 서류(전자문서를 포함한다)를 첨부하여 해당 시설의 소재지를 관할하는 시장·군수·구청장에게 제출하여야 한다. [개정 2000.8.10, 2005.6.8(전자적 민원처리를 위한공중위생관리법 시행규칙 등 일부개정령), 2005.10.17 제333호(전자적민원처리를 위한 간호조무사및의료유사업자에 관한규칙 등), 2006.7.3 제363호(행정정보의 공동이용 및 문서감축을 위한 건강기능식품에 관한법률시행규칙 등)]

1. 정관·사업계획서·수지예산서(법인인 경우에 한한다)

2. 삭제 [2000.8.10]

3. 시설의 위치도·설비구조내역서 및 시설의 구조별 면적이 표시된 평면도

4. 별표 5의 사회복귀시설의 종사자의 수 및 자격에 해당함을 입증하는 서류

② 제1항에 따라 신고서를 제출받은 담당 공무원은 「전자정부 구현을 위한 행정업무 등의 전자화 촉진에 관한법률」 제21조제1항에 따른 행정정보의 공동이용을 통하여 법인등기부등본(법인인 경우에 한한다)을 확인하여야 한다. 다만 신고인이 이에 동의하지 아니하는 경우에는 그 서류를 첨부하도록 하여야 한다. [신설 2006.7.3 제363호(행정

정보의 공동이용 및 문서감축을 위한 건강기능식품에 관한법률시행규칙 등)]

③ 사회복귀시설의 설치신고를 한 자는 다음 각호의 1에 해당하는 사유가 발생한 경우에는 법 제15조제2항 후단의 규정에 의하여 그 사유발생일부터 14일 이내에 별지 제8호 서식에 의한 시설장 등의 변경통지서를 시장·군수·구청장에게 제출하여야 한다. [개정 2000.8.10, 2006.7.3 제363호(행정정보의 공동이용 및 문서감축을 위한 건강기능식품에 관한법률시행규칙 등)]

1. 법인대표 또는 시설장의 변경

2. 시설소재지의 변경

3. 입소정원의 변경

④ 시장·군수·구청장은 제1항의 규정에 의하여 사회복귀시설의 설치신고를 수리한 때에는 별지 제9호 서식에 의한 신고필증을, 제2항의 규정에 의하여 변경통지서를 수리한 때에는 신고필증에 그 변경사항을 기재하여 각각 신고인에게 교부하여야 한다. [개정 2006.7.3 제363호(행정정보의 공동이용 및 문서감축을 위한 건강기능식품에 관한 법률시행규칙 등)]

제9조 삭제 [2000.8.10]

제10조(사회복귀시설의 시설기준 등) 법 제15조제4항의 규정에 의한 사회복귀시설의 시설기준 및 수용인원은 별표 4와 같고, 사회복귀시설의 종사자의 수 및 자격은 별표 5와 같으며, 사회복귀시설의 이용 및 운영에 관한 사항은 별표 6과 같다.
[전문개정 2004.7.12] [[시행일 2004.7.30]]

제11조(행정처분의 기준 등) ① 법 제11조제2항·제12조제5항 및 법 제18조제4항의 규정에 의한 정신요양시설·정신의료기관 및 사회

복귀시설에 대한 행정처분의 기준은 별표 7과 같다. [개정 2004.7.12] [[시행일 2004.7.30]]

② 시·도지사 또는 시장·군수·구청장은 법 제11조제2항·제12조제5항 및 법 제18조제4항의 규정에 의한 행정처분을 한 때에는 별지 제10호 서식에 의한 행정처분대장에 그 내용을 기록하고 이를 비치하여야 한다. [개정 2004.7.12] [[시행일 2004.7.30]]

제12조(기타 사회복귀시설의 종류) 법 제16조제3호에서 '기타 보건복지부령으로 정하는 시설'이라 함은 다음 각호의 시설을 말한다.

1. 정신질환자주거시설

정신질환으로 가정에서 생활하기 어려운 자에 대하여 저렴한 비용으로 주거를 제공하는 것을 목적으로 하는 시설

2. 정신질환자종합훈련시설

정신질환자에 대하여 저렴한 비용으로 생활훈련과 작업훈련 등을 실시하는 것을 목적으로 하는 시설

제13조(사회복귀시설의 폐지·휴지·재개신고) 법 제17조의 규정에 의하여 사회복귀시설을 폐지·휴지 또는 재개하고자 하는 자는 폐지·휴지 또는 재개예정일 30일 전까지 별지 제11호 서식에 의한 폐지·휴지·재개신고서에 다음 각호의 해당 서류를 첨부(폐지·휴지의 경우에 한한다)하여 시장·군수·구청장에게 제출하여야 한다.

1. 시설의 폐지·휴지사유 및 그 결의서(법인인 경우에 한한다)

2. 입소자의 조치계획서

3. 시설재산에 관한 사용 또는 처분계획서

4. 시설을 폐지하는 경우에는 시설설치신고필증

제14조(입원동의서 등) ① 법 제24조제1항의 규정에 의한 입원동의서와 법 제24조제2항의 규정에 의한 입원권고서는 별지 제12호 서식에

의하고, 법 제24조제1항의 규정에 의한 보호의무자임을 확인할 수 있는 서류는 다음 각호의 1에 해당하는 서류로 한다. [개정 2000.8.10]

　1. 주민등록표등본

　2. 호적등본

　3. 건강보험증

　4. 기타 보호의무자임을 증명할 수 있는 서류

　② 정신의료기관의 장은 법 제24조제3항 단서의 규정에 의하여 계속입원치료를 필요로 하는 환자에 대하여는 입원기간만료일 30일 전까지 별지 제13호 서식에 의한 계속입원치료심사청구서를 시·도지사에게 제출하여야 한다. [개정 2000.8.10]

　③ 법 제24조제5항의 규정에 의한 입원 및 입원기간연장에 관한 통지는 별지 제14호 서식 및 별지 제15호 서식에 의한다.

　제15조(시·도지사에 의한 입원) ① 영 제6조제1항의 규정에 의한 진단 및 보호신청서는 별지 제16호 서식과 같다.

　② 영 제6조제4항의 규정에 의한 시·도지사에 의하여 입원조치의 뢰된 정신질환자에 대한 진단결과 및 퇴원조치결과의 통보는 별지 제17호 서식에 의한다.

　③ 영 제6조제5항의 규정에 의한 입원신청·입원동의요청 또는 입원조치의뢰사항과 진단결과에 대한 기록·유지는 별지 제18호 서식에 의한다.

　④ 법 제25조제5항의 규정에 의한 입원 및 계속입원에 관한 통지는 별지 제14호 서식 및 별지 제15호 서식에 의한다.

　⑤ 법 제25조제6항의 규정에 의한 입원치료의 의뢰는 별지 제19호 서식에 의한다.

　제16조(응급입원) 영 제7조제1항의 규정에 의한 응급입원의뢰서는

별지 제20호 서식과 같다.

제17조(퇴원심사 등의 청구절차) ① 정신의료기관에 입원 중인 자 또는 그 보호의무자는 법 제29조제1항의 규정에 의하여 퇴원 또는 처우개선을 청구하고자 하는 때에는 별지 제21호 서식에 의한 심사청구서(전자문서로 된 청구서를 포함한다)를 시·도지사에게 제출하여야 한다. [개정 2005.10.17 제333호(전자적민원처리를 위한 간호조무사및 의료유사업자에 관한규칙 등)]

② 제1항의 규정에 의한 청구서에 포함되어야 할 사항은 다음 각호와 같다.

1. 입원 중인 정신질환자의 성명·주소 및 주민등록번호

2. 청구인의 성명·주소·주민등록번호 및 입원 중인 환자와의 관계

3. 청구내용(퇴원 또는 처우개선) 및 청구사유

4. 정신질환자가 입원 중인 정신의료기관의 명칭 및 소재지

제18조(퇴원명령서 등) ① 법 제33조제1항 및 법 제35조제2항의 규정에 의한 퇴원·가퇴원 또는 처우개선에 관한 명령은 별지 제22호 서식에 의한다.

② 법 제33조제2항 및 법 제35조제2항의 규정에 의한 심사결과 및 조치내용의 통지는 별지 제23호 서식에 의한다.

제19조(재심사청구절차) ① 법 제34조제1항의 규정에 의하여 재심사청구를 하고자 하는 자는 제14조제3항의 규정에 의한 입원기간연장의 통지 또는 제18조제2항의 규정에 의한 심사결과 및 조치내용의 통지를 받은 날부터 14일 이내에 별지 제24호 서식에 의한 재심사청구서에 다음 각호의 1에 해당하는 서류를 첨부하여 보건복지부장관에게 제출하여야 한다. [개정 2000.8.10]

1. 별지 제15호 서식에 의한 계속입원조치통보서

2. 별지 제23호 서식에 의한 심사결과및조치내용통지서

② 제1항의 규정에 의한 청구서에 포함되어야 할 사항은 다음 각호와 같다.

1. 입원 중인 정신질환자의 성명·주소 및 주민등록번호

2. 청구인의 성명·주소·주민등록번호 및 입원 중인 환자와의 관계

3. 청구내용(퇴원 또는 처우개선) 및 재심사청구사유

제20조(계속입원조치) 법 제36조제3항의 규정에 의한 계속입원에 관한 통지는 별지 제15호 서식에 의한다.

제21조(정신의료기관 등에 대한 지도·감독 등) ① 시·도지사 또는 시장·군수·구청장은 법 제39조제1항의 규정에 의하여 반기마다 1회 이상 관할구역 안의 소관 정신의료기관 또는 사회복귀시설에 대하여 그 운영에 관한 지도·감독을 행하여야 한다. [개정 2000.8.10]

② 시·도지사 또는 시장·군수·구청장은 제1항의 규정에 의한 소관 정신의료기관 또는 사회복귀시설에 대한 지도·감독결과를 다음 반기가 시작되는 달의 말일까지 보건복지부장관에게(시장·군수·구청장의 경우에는 시·도지사를 거쳐 보건복지부장관에게) 보고하여야 한다. [개정 2000.8.10]

③ 법 제39조제3항의 규정에 의한 증표는 별지 제25호 서식에 의한다.

④ 법 제39조제5항의 규정에 의하여 정신보건시설의 장은 정신질환자를 퇴원 또는 퇴소시키는 경우에는 다음 각호의 사항을 관할 보건소장에게 즉시 통보하여야 한다. [신설 2000.8.10]

1. 정신질환자의 성명

2. 정신질환자의 병명 및 상태

3. 정신질환자의 퇴원 또는 퇴소 연월일

4. 정신보건시설의 명칭

5. 정신질환자의 퇴원 또는 퇴소 후의 거주지

제22조(진단의 유효기간) 법 제40조제2항의 규정에 의한 정신질환자에 대한 진단의 유효기간은 진단서 발급일부터 30일로 한다.

제23조(행동제한에 관한 기록) 정신의료기관의 장은 법 제45조의 규정에 의하여 정신질환자의 행동을 제한하는 경우에는 다음 각호의 사항을 진료기록부에 기재하여야 한다.

1. 제한의 사유 및 내용

2. 제한당시의 환자의 병명 및 증상

3. 제한개시 및 종료의 시간

4. 제한의 지시자 및 수행자

제24조(비용징수의 통지) 영 제22조제4항의 규정에 의한 진단 및 치료에 소요되는 비용의 일부징수의 통지는 별지 제26호 서식에 의한다.

제25조(과태료의 징수절차) 영 제25조제4항의 규정에 의한 과태료의 징수절차에 관하여는 세입징수관사무처리규칙을 준용한다. 이 경우 납입고지서에는 이의방법·이의 기간 등을 함께 기재하여야 한다.

부 칙

이 규칙은 공포한 날부터 시행한다.

부 칙 [2000.8.10]

제1조(시행일) 이 규칙은 공포한 날부터 시행한다.

제2조(정신보건전문요원의 수련에 관한 경과조치) 이 규칙 시행당시 정신보건전문요원의 자격취득을 위하여 수련 중인 자에 대한 수련기간 및 수련 과정 등 동 수련에 관한 사항은 별표 1의 개정규정에 불구하고 종전의 규정에 의한다.

제3조(정신질환자 주거시설에 두어야 하는 관리인에 관한 특례) ①

정신질환자·주거시설 설치자는 별표 5의 개정규정에 불구하고 2003년 12월 31일까지 다음 각호의 1에 해당하는 자를 정신보건전문요원에 갈음하여 당해 시설의 관리인으로 둘 수 있다.

1. 고등교육법에 의한 대학 또는 이와 동등한 학력이 있다고 교육부장관이 인정하는 학교에서 심리학을 전공(보건복지부장관이 정하는 임상심리관련 과목을 이수한 경우에 한한다)한 학사학위 이상 소지자

2. 의료법에 의한 간호사면허를 가진 자

3. 사회복지사업법에 의한 사회복지사자격을 가진 자

② 이 규칙 시행당시 정신질환자 주거시설에 종사하는 관리인으로서 제1항 각호의 1에 해당하는 자는 이 규칙 시행당시 종사하고 있는 정신질환자 주거시설에 관리인으로 계속하여 종사하는 경우에 한하여 제1항의 규정에 불구하고 2005년 12월 31일까지 당해 시설에 종사할 수 있다.

부 칙 [2000.8.18]

제1조(시행일) ① 이 규칙은 2000년 10월 1일부터 시행한다. [단서 생략]

② 생 략

제2조 내지 제6조 생략

부칙 [2002.12.4]

이 규칙은 공포한 날부터 시행한다.

부칙 [2004.7.12]

① (시행일) 이 규칙은 2004년 7월 30일부터 시행한다.

② (행정처분기준의 적용에 관한 경과조치) 이 규칙 시행 전의 위반행위에 대한 행정처분기준의 적용에 있어서는 종전의 규정에 의한다.

부칙 [2005.6.8 제317호(전자적 민원처리를 위한 「공중위생관리법 시

행규칙」 등 일부개정령)]

　① (시행일) 이 규칙은 공포한 날부터 시행한다.

　② (서식에 관한 경과조치) 이 규칙 시행당시 종전의 규정에 의하여 작성되어 사용 중인 서식은 계속하여 사용하되, 이 규칙에 의한 개정내용을 반영하여 사용하여야 한다.

부칙[2005.10.17 제333호(전자적민원처리를 위한 간호조무사및의료유사업자에 관한규칙 등)]

　이 규칙은 공포한 날부터 시행한다.

부칙 [2006.7.3 제363호(행정정보의 공동이용 및 문서감축을 위한 건강기능식품에 관한법률 시행규칙 등)]

　이 규칙은 공포한 날부터 시행한다.

2. 정신장애인 보호와 정신보건의료 향상을 위한 원칙

1991년 12얼 17일, UN총회 결의문 46/119에 의해 채택됨.

본 UN의 원칙은 장애, 인종, 성별, 언어, 종교, 정치적인 또는 기타 견해, 국가나 민족 혹은 사회적 출신, 법적 혹은 사회적 지위, 연령, 출생적 특성을 근거로 하는 어떤 차별도 없이 적용되어야 한다.

1. 정 의

본 UN 원칙에서,

'대리인(Counsel)'은 법적으로 혹은 기타 자격을 갖춘 대리인을 지칭한다.

'독립적인 권한기관(Independent authority)'은 국내법 규정에 의해 권한이 부여된 독립적인 기관을 의미한다.

'정신보건의료(Mental health care)'는 개인의 정신 상태 분석 및 진단, 정신질환이나 정신장애로 추정되는 질환에 대한 치료, 의료 및 재활을 포함한다.

'정신보건시설(Mental health facilities)'은 정신보건의료 제공을 주된 기능으로 하는 모든 시설 혹은 시설의 단위를 의미한다.

'정신보건전문가(Mental health practitioner)'는 의사, 심리치료사, 간호사, 사회복지사나 혹은 기타 정신보건에 유용한 특수한 기술을 가진 이로서, 적합한 훈련을 거쳐 자격을 갖춘 종사자들을 의미한다.

'환자(Patient)'는 정신보건의료를 받은 사람으로서, 정신보건시설에 수용되어 있는 모든 사람은 이에 포함된다.

'개인 대리인(Personal representative)'은 법에 의해 어떠한 특정 측면에서 환자의 이익을 대변하는 사람 또는 환자를 대신해 특정 권리를 행사할 의무를 지니도록 지정된 사람을 의미하며, 국내법에 의해 달리 지정되지 않은 경우 미성년자의 부모 혹은 법적 후견인도 이에 포함된다.

'심사기관(The review body)'은 정신보건시설에 비자발적으로 수용되어 있는 환자를 심사하기 위해 원칙 17조에 따라 설립된 단체를 의미한다.

2. 일반 제한 사항

이 원칙에 규정된 권리의 행사는 해당인 또는 타인의 건강이나 안전의 보호를 위해 또는 공공의 안전, 질서 및 보건 혹은 도덕, 타인의 기본권과 자유를 보호하기 위해 필요한 것으로서 법으로 규정되어 있는 사항에 의해서만 제한될 수 있다.

◎ 원칙 1: 근본적 자유와 기본권

1. 모든 사람은 의료보호 및 사회보호 제도 안에서 가장 적절한 정신보건의료를 제공받을 권리가 있다.

2. 모든 정신장애인 및 정신장애 치료를 받고 있는 사람은 인간으로서 고유의 존엄성을 토대로 한 인류애와 존경을 바탕으로 치료받아야 한다.

3. 모든 정신장애인 및 정신장애 치료를 받고 있는 사람은 경제적, 성적 및 기타 유형의 착취, 신체적 또는 기타 학대, 치료를 저해하는 행위로부터 보호받을 권리가 있다.

4. 정신장애를 근거로 한 차별이 있어서는 안 된다. '차별'은 기본권의 동등한 향유를 저해하는 모든 분류, 배제 혹은 선호를 의미한다. 정신장애인의 권리를 보호하거나 이들의 치료를 위한 특별한 조치들은 차별이라고 보지 않는다. 정신장애인 혹은 다른 개인의 인권을 보호하기 위해 필요한 것으로 이 원칙에 따라 행해진 분류, 배제 혹은 선호 등은 차별이라고 보지 않는다.

5. 모든 정신장애인은 「세계인권선언」, 「경제, 사회 및 문화적 권리에 관한 국제 협약」, 「시민권 및 정치적 권리에 관한 국제협약」은 물론이고 기타 「장애인의 권리선언」이나 「억류나 구금의 상태에 있는 사람들을 보호하기 위한 원칙문」 등 관련 협정에서 인정하는 사회, 정치, 경제, 문화적 권리를 행사할 권리를 가져야 한다.

6. 정신장애로 인한 법적 행위 무능력자 판정과 그에 따라 개인 대리인을 선임해야 한다는 판단은, 국내법에 의해 설립된 독립적이고 공정한 심판 기관에서 공정한 심리를 거친 후에 내려야만 한다. 법적 행위능력 여부를 판정받는 대상자에게는 대리인을 선임할 권리가 주어져야 한다. 만약 법적 행위능력 판정 대상자가 대리인을 스스로 구하지 않는 경우, 대리인 선임에 필요한 지불능력이 없다면 무료로 대리인이 지정되어야 한다. 이때 대리인은 동일 사건에서 정신보건시설 또는 그 직원을 대리할 수 없으며, 또한 가족 간 이익의 충돌이 없다는 법원의 결정이 없는 이상은 해당 능력 판정 대상자의 가족원을 동시에 대리할 수 없다. 법적

행위능력과 개인 대리인 필요성에 대한 결정은 국내법에 지정된 바와 같이 합당한 기간을 두고 재심되어야 한다. 법적 행위능력 판정 대상이 되는 정신장애인과 그 정신장애인의 대리인 및 다른 이해관계인에게는, 결정사항에 대하여 상급법원에 항소할 수 있는 권리가 주어져야 한다.

◎ 원칙 2: 미성년자의 보호

미성년자의 권리 보호를 위해서는 본 UN원칙의 목적과 미성년자 보호와 관련된 국내법의 범주 안에서 특별한 보호가 주어져야 하며, 필요한 경우 가족 구성원 외의 개인 대리인을 선정하는 것도 이에 포함된다.

◎ 원칙 3: 지역사회 내에서의 삶

모든 정신장애인들은 가능한 한 지역사회 내에서 생활하고 일할 권리를 가진다.

◎ 원칙 4: 정신장애 판정
1. 개인의 정신장애 판정은 국제적으로 공인된 의학적 기준에 따른다.
2. 정신장애 판정은 절대로 정치적, 경제적 혹은 사회적 상황이나 문화, 인종 또는 종료적 소속, 정신건강상태와 직접적인 관련이 없는 어떤 다른 이유로 인해 결정되어서는 안 된다.
3. 가족이나 직업적 갈등 또는 개인이 속한 사회에서 일반적으로 통용되는 도덕적, 사회적, 문화적 혹은 정치적 가치나 종교적 믿음과의 불일치 등은 절대로 정신장애를 판단하는 기준이 될 수 없다.
4. 과거 환자로서 치료받거나 입언한 기록 자체만으로는 현재 또는

미래의 정신장애를 판단하는 근거가 될 수 없다.

5. 어떠한 개인 혹은 권한기관에서도 정신장애 또는 정신장애의 결과와 직접적으로 관계된 목적을 제외하고는 개인을 정신장애인으로 규정하거나 지목할 수 없다.

◎ 원칙 5: 의학 검사

국내법에 의해 인정된 절차에 따른 경우를 제외하고는 그 어떤 사람도 자신이 정신장애를 가지고 있는지를 판정하기 위한 의학검사를 강요받을 수 없다.

◎ 원칙 6: 비밀보장

정보의 비밀보장 권리는 본 UN원칙이 적용되는 모든 사람들에 대하여 존중되어야 한다.

◎ 원칙 7: 지역사회와 문화의 역할

1. 모든 정신장애인들은 가능한 한 자신이 거주하는 지역사회에서 치료받고 보호받아야 할 권리가 있다.

2. 정신보건시설에서 치료가 이루어질 때 환자는 가능한 한 항시 자신의 거주지 혹은 친척 또는 친구의 거주지 근방에서 치료받을 권리가 있으며, 가능한 한 빨리 지역사회로 복귀할 권리가 있다.

3. 모든 환자는 자신의 문화적 배경에 맞는 치료를 받을 권리가 있다.

◎ 원칙 8: 의료 기준

1. 모든 환자는 자신의 보건적 필요성에 적합한 보건 및 사회적 의료를 받을 권리가 있으며, 기타 질환자와 같은 기준의 의료와 치

료를 받을 권리가 있다.

2. 모든 환자들은 적절치 못한 의료, 다른 환자나 직원, 기타 사람들로부터의 학대 또는 정신적 불안이나 신체적 불편을 야기하는 기타 행동 등 위해로부터 보호받아야 한다.

◎ 원칙 9: 치 료

1. 모든 환자는 환자의 보건적 필요성과 다른 이들의 신체적 안전을 보호하기 위한 필요한 치료로서 가능한 한 제한적이지 않은 치료를 받을 권리를 가진다.

2. 모든 환자들에 대한 치료 및 의료는 자격을 갖춘 전문가에 의하여 개별적으로 처방된 계획에 근거해야 하며, 환자와 함께 논의하고, 정기적으로 검토하며, 필요시에는 수정을 거쳐 제공되어야 한다.

3. 정신보건의료는 UN총회가 채택한 「수감자 및 억류자들을 고문과 기타 잔인하거나 비인간적인 대우 및 처벌로부터 보호하기 위한 보건 종사자, 특히 의사들의 역할에 관한 의학 윤리 원칙」과 같이 국제적으로 인증된 기준을 비롯하여 정신보건 종사자들을 위한 윤리로서 적용할 수 있는 기준들을 따라 제공되어야 한다.

4. 환자의 치료는 반드시 개인적 자율성을 지켜주고 강화하는 방향으로 진행되어야 한다.

◎ 원칙 10: 약물치료

1. 약물치료는 환자의 보건적 필요성에 가장 잘 부합해야 하고, 치료 및 진단적 목적으로만 이루어져야 하며, 처벌이나 다른 이들의 편의를 위하여 시행되어서는 안 된다. 아래 원칙 11의 15절에 따라 정신보건 전문가는 그 효능이 이미 밝혀져 있거나 증명된

약물치료만을 시행해야 한다.

2. 약물치료는 반드시 법적 허가를 받은 정신보건 전문가에 의해 처방되어야 하며, 환자기록에 기록되어야 한다.

◎ 원칙 11: 치료의 동의

1. 환자의 고지된 동의 없이는 환자를 치료할 수 없다. 단, 이 원칙의 6, 7, 8, 13, 15절에 제시된 사항은 예외로 한다.

2. 고지된 동의란, 다음 사항에 대해 이해가능하며 적합한 정보를 환자가 이해할 수 있는 언어와 형식으로 환자에게 공개한 뒤 위협이나 부적절한 유도 없이 자유롭게 얻는 동의를 말한다.

 (a) 진단평가

 (b) 제안된 치료의 목적과 방법, 예상되는 기간 및 이익

 (c) 덜 침해적인 치료법 등 대안적인 치료 방법

 (d) 제안된 치료법에 의해 생길 수 있는 고통이나 불편, 위험 및 부작용

3. 환자는 동의 절차에 자신이 선택한 일인 혹은 다수의 제3자의 동석을 요구할 수 있다.

4. 환자는 이 원칙의 6, 7, 8, 13, 15절 경우를 제외하고 치료를 거부하거나 중단할 권리를 가진다. 치료의 거부나 중단으로 인한 결과는 반드시 환자에게 설명해야 한다.

5. 환자에게 고지된 동의권을 포기하도록 권하거나 유도해서는 안 된다. 환자가 동의권을 포기하려 할 경우에는 고지된 동의 없이는 치료를 할 수 없다는 사실을 환자에게 설명해야 한다.

6. 이 원칙의 7, 8, 12, 13, 14, 15절 경우를 제외하고는, 다음 조건이 만족될 경우 환자의 고지된 동의 없이 제안된 치료 계획을 환자

에게 실행할 수 있다.

(a) 해당 시기에 환자가 비자발적 환자로 수용되어 있는 경우

(b) 이 원칙의 2절에 지정된 정보를 포함하여 모든 관련 정보를 갖고 있는 독립적인 권한 기관에서, 해당 시기에 환자가 제안된 치료안에 대한 고지된 동의를 하거나 보류할 능력이 없다고 판단하거나 혹은 환자 개인의 안전 또는 타인의 안전과 관련해 해당 환자의 동의 보류가 합당하지 않다고 판단한 경우

(c) 독립된 권한기관에서 제안된 치료안이 환자의 보건적 필요성을 위한 최선이라고 판단하는 경우

7. 상기 6절은 환자를 위한 치료에 동의할 개인 대리인이 법에 이해 선임된 환자에게는 적용되지 않는다. 단, 12, 13, 14, 15절에서와 같이 이 원칙의 2절에 기술된 정보를 제공받은 개인 대리인이 환자를 대신해 동의를 한 경우에는 환자 자신의 고지된 동의 없이 환자에게 치료를 할 수 있다.

8. 이 원칙의 12, 13, 14, 15절 내용을 제외하고, 법에 의해 자격을 갖춘 정신보건전문가가 환자 및 다른 사람들의 직접적이고 절박한 위해를 막기 위해 위급하게 필요하다고 판단할 경우 환자의 고지된 동의 없이 치료를 행할 수 있다. 이러한 치료는 해당 목적에 반드시 필요한 기간을 초과하여 연장되어서는 안 된다.

9. 환자의 고지된 동의 없이 치료가 승인되는 경우라 하더라도, 치료의 성격과 가능한 대안에 관해 환자에게 알리고 치료안의 전개에 가능한 한 환자를 참여시키도록 최대한 노력해야 한다.

10. 모든 치료는 자발 혹은 비자발성 표시와 함께 환자의 의료기록에 즉시 기록되어야 한다.

11. 환자의 신체적 강박이나 비자발적 격리는 환자나 다른 사람들의

직접적이고 절박한 위해를 막기 위한 유일한 수단인 경우에 한해, 반드시 해당 정신보건시설에서 공식적으로 승인된 절차에 따라서 사용되어야 한다. 또한 이 같은 목적에 반드시 필요한 기간을 초과하여 연장되어서는 안 된다. 모든 신체적 강박이나 비자발적 격리 사건은 그 이유와 성격, 범위를 환자의 의료 기록에 기록해야만 한다. 강박 및 격리된 환자는 인도적인 환경에 처해져야 하며, 자격을 갖춘 의료진이 정기적으로 면밀한 감독을 하고 보살펴야 한다. 관련된 개인 대리인이 있는 경우 환자의 신체적 강박이나 비자발적 격리를 반드시 즉시 통보해야 한다.

12. 불임시술은 정신장애 치료로 절대 행할 수 없다.

13. 위험성 있는 약물치료나 수술은 국내법에 의해 허가되는 경우에 한해서, 환자의 건강을 위한 최선의 방법이라고 여겨지며 환자가 고지된 동의를 했을 때만 시술할 수 있다. 환자가 고지된 동의를 할 능력이 없는 경우에는 독립적인 심사가 있은 후에만 시술을 허가할 수 있다.

14. 정신장애에 대한 정신과 수술 및 기타 번복할 수 없는 침해적인 치료는 정신보건시설에 비자발적으로 수용되어 있는 환자에게는 행할 수 없다. 또한 다른 환자들에 대해서도 국내법에 의해 허용되는 범위에서, 이미 환자가 고지된 동의를 한 상태에서 외부의 독립적인 기관이 고지된 동의가 있었음을 인정하고 해당 치료가 환자의 보건적 필요성에 가장 적합하다고 판단한 경우에만 행할 수 있다.

15. 임상시험 및 실험적 치료는 고지된 동의 없이 시술될 수 없다. 단 이 같은 목적을 위해 설립된 독립적인 당해 심사 기관의 승인이 있는 경우, 고지된 동의를 할 수 없는 환자를 임상시험 또

는 실험적 치료에 포함시킬 수 있다.

16. 이 원칙의 6, 7, 8, 13, 14, 15절에 해당하는 경우 환자나 그의
개인 대리인 또는 이해관계인에게는 환자에게 주어지는 치료에
대해 사법 및 기타 독립적인 권한기관에 이의를 제기할 수 있
는 권리가 주어져야 한다.

◎ 원칙 12: 권리의 고지

1. 정신보건시설에 입원하는 환자에게는 입원 즉시 가능한 한 빨리,
본 UN원칙과 국내법에 따른 자신의 모든 권리를 환자가 이해할
수 있는 언어와 형식으로 고지해야 하며, 그 정보에는 이들 권리
에 대한 설명과 권리 행사 방법이 포함되어야 한다.

2. 이러한 정보를 환자가 이해할 수 없는 경우에는, 개인 대리인이
있는 경우 개인 대리인과, 환자의 이익을 가장 잘 대변할 수 있
고 또 그렇게 하려는 사람(들)에게 환자의 권리를 알려야 한다.

3. 해당 행위 능력이 있는 환자는 시설에 대해 자신의 이익을 대변
할 사람과 자신을 대신해 정보를 고지받을 사람을 지정할 권리를
가진다.

◎ 원칙 13: 정신보건시설 내에서의 권리와 조건

1. 정신보건시설 내의 호나자들은 특히 다음 사항에 대하여 존중받
을 권리를 지닌다.

(a) 언제나 법 앞에서 동등한 인간으로서의 인정

(b) 사생활

(c) 의사소통 및 통신의 자유. 이에는 시설 내 다른 사람들과의 소
통의 자유, 검열 없이 사적인 서신을 주고받을 자유, 사적으로

대리인이나 개인 대리인의 방문을 받을 자유, 합당한 시간이라면 언제나 기타 면회인을 만날 자유, 우편 및 전화 서비스와 신문, 라디오, TV를 이용할 자유

(d) 종교 및 사상의 자유

2. 정신보건시설 내의 환경 및 생활조건은 비슷한 연령의 일반인 생활과 최대한 유사해야 하며, 특히 다음을 포함해야 한다.

(a) 오락 및 여가활동을 위한 시설

(b) 교육시설

(c) 일상생활과 오락, 통신에 필요한 물건을 구입하거나 받을 수 있는 시설

(d) 환자가 자신의 사회적, 문화적 배경에 맞는 직업을 갖도록 도움을 주는 시설과 지역사회로의 복귀를 촉진할 수 있는 적절한 직업적 재활 수단을 위한 시설, 그리고 그러한 시설 사용에 대한 장려. 이 같은 방법들은 환자가 지역사회에서 직업을 얻거나 유지하도록 도와주는 직업 안내, 직업 훈련 및 배치 서비스를 포함해야 한다.

3. 어떠한 경우에도 환자에게 강압적인 노동을 시켜서는 안 된다. 시설 운영의 요건에 부합하고 환자의 필요성에 부응하는 한계 내에서, 환자가 자신이 원하는 작업의 유형을 선택할 수 있어야 한다.

4. 정신보건시설 환자의 노동이 착취당해서는 안 된다. 시설 환자들은 자신이 하는 일에 대해 정상인이 국내법이나 관습에 따라 같은 일에 대해 받는 것과 같은 수준의 보수를 받을 권리를 가진다. 또한 환자가 한 일에 대해 정신보건시설에 보수가 지불된 경우에는 반드시 이 중 합당한 몫을 받을 권리가 있다.

◎ 원칙 14: 정신보건시설의 자원

1. 정신보건시설은 특히 다음 사항을 포함하여 다른 여타 보건 시설
과 같은 수준의 자원을 갖추어야 한다.

   (a) 의학 및 기타 적합한 전문적 가격을 갖춘 직원의 수가 충분하
여야 하며, 모든 환자들이 사생활을 보호받을 수 있을 만큼 충
분한 공간과 적절하고 능동적인 치료프로그램

   (b) 환자를 위한 진단과 치료 시설

   (c) 적절한 전문적 의료

   (d) 약물치료 제공 등 적합하고 규칙적이며 종합적인 치료

2. 당해 기관에서는 모든 정신보건시설을 적당한 빈도로 검열하여,
환자들에 대한 조건과 치료 및 의료가 본 UN원칙에 부합되도록
해야 한다.

◎ 원칙 15: 입원 원칙

1. 정신보건시설 내 치료가 필요한 사람이 있을 경우, 비자발적 입
원을 피하기 위해 모든 노력을 기울여야 한다.

2. 정신보건시설의 출입은 다른 질병을 위한 여타 시설에 대한 출입
과 같은 방식으로 관리되어야 한다.

3. 비자발적 입원이 아닌 환자의 경우, 아래 원칙 16에서 규정한 바
와 같이 비자발적 환자로 구금되어야 할 기준에 속하지 않는 한
언제라도 정신보건시설을 퇴원할 권리를 가지며, 그러한 권리를
고지해 주어야 한다.

◎ 원칙 16: 비자발적 입원

1. 어떤 사람을 정신보건시설에 비자발적 환자로 입원시키거나 또는

자발적으로 정신보건시설에 입원한 사람을 비자발적 환자로 계속
입원시킬 수 있는 경우는 다음에 한한다. 법에 의해 해당 목적에
대한 허가를 받은 자격 있는 정신보건전문가가 위 원칙 4에 따라
해당 환자가 정신장애를 가지고 있다고 진단하고 다음과 같다고
판단할 경우,

(a) 정신장애로 인하여 환자나 타인에게 직접적이고 절박한 위해
    가능성이 매우 높다고 보거나

(b) 정신장애가 심각하고 판단력이 손상된 사람의 경우, 해당 환
    자를 입원 및 계속입원시키지 못한다면 환자의 상태가 심각하
    게 악화될 것으로 예상되거나 또는 이 원칙에 따른 정신보건
    시설 입원으로만 가능한 적정 치료나 최소제한적인 대안 치료
    를 할 수 없게 될 것이라 판단할 경우.

(c) (b)항에 해당되는 경우에는 첫 번째 정신보건전문가와 관계가
    없는 다른 정신보건전문가의 의견을 가능한 한 참조해야 한
    다. 이때 두 번째 정신보건전문가가 동의하지 않는다면 비자
    발적 입원이나 계속입원을 시켜서는 안 된다.

2. 비자발적 입원이나 계속입원은 우선 심사기관의 입원 혹은 계속
   입원 심사 계류 중에 관찰과 예비적 치료를 위해 국내법에 정한
   대로 단기간 동안 실시되어야 한다. 입원의 근거를 즉시 환자에
   게 전해야 하며, 또한 입원 사실과 그 자세한 근거를 즉시 심사
   기관과 환자의 개인 대리인이 있는 경우 대리인, 그리고 환자가
   반대하지 않는 경우 환자의 가족에게 알려야 한다.

3. 정신보건시설의 경우, 국내법에 의한 해당 권한기관이 지정한 시
   설만 비자발적 입원환자를 수용할 수 있다.

◎ 원칙 17: 심사 기관

1. 심사기관은 국내법에 의해 설립된 사법 및 기타 독립적인 공정한 기관으로서, 그 직무가 국내법에 의해 정해진 절차에 따라 운영되어야 한다. 심사기관은 공식적인 결정을 내리는 데 있어서, 자격을 갖춘 독립적인 정신보건 전문가 일인 이상의 조언을 참고해야 한다.

2. 위 원칙 16의 2절에 해당하는 비자발적 환자의 입원이나 계속입원 결정에 대한 심사기관의 최초 심사는 해당 결정이 내려진 직후 가능한 한 빨리 이루어져야 하며, 국내법에 의해 규정된 대로 간단하고 신속한 절차에 따라 수행되어야 한다.

3. 심사기관은 국내법에 의해 규정된 대로 적당한 기간마다 비자발적 환자의 경우를 주기적으로 심사해야 한다.

4. 비자발적 환자는 국내법에 의해 규정된 대로 적당한 기간을 두고 심사기관에 퇴원이나 자발적 상태로의 전환 신청을 할 수 있다.

5. 개개의 심사에서 심사기관은 위 원칙 16의 1절에 제시된 비자발적 입원 기준에 여전히 속하는지를 고려해야 하며, 그렇지 않은 경우 환자는 비자발적 환자 상태를 벗어나 퇴원할 수 있어야 한다.

6. 담당 정신보건전문가는 언제라도 환자가 비자발적 환자로서의 계속입원을 위한 요건에 더 이상 해당되지 않는다고 판단되는 경우 퇴원 지시를 내려야 한다.

7. 환자나 환자의 개인 대리인 또는 기타 이해관계인에게는 정신보건시설 입원이나 계속입원 결정에 대해 상급법원에 항소할 권리가 주어져야 한다.

◎ 원칙 18: 절차상 보호조치

1. 환자에게는 이의제기 절차나 항소 시 대변인은 물론이고 자신을 대리할 대리인을 선택하여 선임할 권리가 주어져야 한다. 환자 자신이 그러한 서비스를 확보하지 않았을 경우 환자가 지불여력이 안 된다면 무료로 대리인을 확보할 수 있게 되어야 한다.

2. 또한 환자에게는 필요한 경우 통역 서비스를 받을 권리가 주어져야 한다. 통역 서비스가 필요하나 환자 스스로 이를 확보하지 않은 경우 환자에게 지불여력이 없다면 무료로 서비스가 주어져야 한다.

3. 환자와 환자의 대리인은 심리 시에 독립적인 정신보건 보고서와 기타 보고서, 관계있는 구두, 서면, 기타 증거 자료를 요청하고 제시할 수 있다.

4. 환자 기록 및 제출되는 기타 보고서와 자료들은, 환자에게 해당 자료가 공개될 경우 환자의 건강에 심각한 위해가 초래되거나 다른 이의 안전에 위험을 초래할 것으로 판정되는 특별한 경우를 제외하고, 환자와 그 대리인에게 사본을 전달해야 한다. 환자에게 전달하지 않은 기록은, 국내법 규정이 있다면 그에 따라, 비밀리 전달이 가능한 경우 환자의 개인 대리인과 대리인에게 전달해야 한다. 기록 중 환자에게 알리지 않은 부분이 있는 경우에는 환자나 환자의 대리인에게 그 사실과 이유를 고지하여야 하며, 이는 법원의 심사를 거쳐야 한다.

5. 환자와 환자의 개인 대리인 및 대리인에게는 심리에 직접 출석하여 참여하고 발언할 수 있는 권리가 주어져야 한다.

6. 환자나 환자의 개인 대리인, 대리인이 심리에 특정인 출석을 요청할 경우에는, 그 사람의 출석이 환자의 건강에 심각한 위해를

초래하거나 다른 이의 안전에 위험을 초래할 수 있다고 판정된 경우가 아닌 한 허용해야 한다.

7. 심리나 그 과정이 공개적으로 이루어져야 할지 내밀하게 이루어져야 할지와 공개적으로 보도되어도 좋을지에 대한 결정을 내릴 때는 반드시 환자 자신의 바람과 환자 및 다른 사람들의 사생활 존중을 위한 필요성, 환자의 건강에 대한 심각한 위해를 막거나 다른 이들의 안전에 대한 위험을 피하기 위한 요건을 충분히 고려하여야 한다.

8. 심리를 통한 결정과 그에 대한 이유는 서면으로 작성되어야 하며, 그 사본을 환자와 환자의 개인 대리인 및 대리인에게 전해야 한다. 결정을 전체 혹은 부분적으로 공개발표해야 할지에 대한 결정을 내릴 때는, 환자 자신의 바람과 환자 및 다른 사람들의 사생활 존중을 위한 필요성, 환자의 건강에 대한 심각한 위해를 막거나 다른 이들의 안전에 대한 위험을 피하기 위한 요건을 충분히 고려하여야 한다.

◎ 원칙 19: 정보 열람

1. 환자(이 원칙에서는 과거 환자였던 사람도 포함하는 의미)는 정신보건시설에서 관리하는 자신의 보건 및 개인 기록에서 자신에 관련된 정보를 열람할 수 있어야 한다. 이 권리는 환자 자신의 건강에 대한 심각한 위해를 예방하고 다른 사람의 안전을 위험에 빠뜨리지 않기 위한 목적으로 제한을 받을 수도 있다. 이와 같이 환자에게 제한된 정보가 있는 경우에는 국내법 규정이 있다면 그에 따라, 환자의 개인 대리인 및 대리인에게 비밀리에 전달이 가능하다면 그렇게 해야 한다. 환자에게 제한된 정보가 있

는 경우에는 환자나 환자의 대리인에게 그 사실과 이유를 고지
하여야 하며, 이는 법원의 심사를 거쳐야 한다.

2. 환자나 환자의 개인 대리인 및 대리인에 의한 서면 설명은 요청
이 있을 경우 환자의 자료에 포함해야 한다.

◎ 원칙 20: 범죄 피의자

1. 이 원칙은 형사 범죄자로 징역 중이거나 또는 형사 절차나 수사
대상으로 유치 중인 사람으로서 정신장애를 가지고 있거나 그러
한 질환이 의심되는 것으로 판단되는 사람에게 적용된다.

2. 이와 같은 사람은 위 원칙 1에서 설명하는 바와 같이 최고의 정
신보건의료를 받아야 한다. 주어진 상황에서 꼭 필요한 경우 제
한적인 수정과 예외는 있을 수 있으나, 가능한 한 본 UN원칙을
최대한 적용하여야 한다. 상기 제한적인 수정과 예외 사항들도
원칙 1의 5절에 명기된 협정에 따른 권리를 침해할 수는 없다.

3. 이러한 사람들의 경우, 법원이나 기타 정당한 권한 기관이 합당
하고 독립적인 의학적 조언을 근거로 정신보건시설 입원을 명할
권한을 갖도록 국내법에 의해 규정할 수 있다.

4. 정신장애를 가진 것으로 판정된 수감자의 치료는 반드시 위 원칙
11에 따라야 한다.

◎ 원칙 21: 이의 제기

환자 및 과거 환자였던 사람에게는 국내법에 규정된 절차에 따라
이의를 제기할 수 있는 권리가 주어져야 한다.

◎ 원칙 22: 감시와 구제

정부는 본 UN원칙의 준수를 촉구하기 위해, 정신보건시설 조사, 불만사항의 접수 및 조사와 해결, 전문인의 위법 행위나 환자 권리 침해에 대한 징계 및 사법 절차 제도를 위한 적법한 절차와 기구를 마련해 시행토록 하여야 한다.

◎ 원칙 23: 실 행

1. 정부는 절절한 입법적, 사법적, 행정적, 교육적, 기타 조치들을 통해 본 UN 원칙을 실행하여야 하며, 이를 주기적으로 심사하여야 한다.
2. 정부는 적절하고 적극적인 수단을 동원하여 본 UN원칙을 널리 알려야 한다.

◎ 원칙 24: 정신보건시설 관련 본 원칙의 적용범위

본 UN원칙은 정신보건시설에 입원한 모든 이에게 적용된다.

◎ 원칙 25: 기존 권리의 구제

본 UN원칙에서 인정하지 않고 있거나 또는 더 좁은 범위로 인정하고 있다는 이유로, 적용 가능한 국제 및 국내법에서 인정하고 있는 권리 등 기존의 환자 권리가 제한되거나 훼손되어서는 안 된다.

3. 카라카스 선언

Declaration of Caracas

이 선언은 전미 보건조직/WHO 미국지사의 후원으로 1990년 11월 14일, 정신과 의료를 개선하기 위한 카르카스에서 개최된 라틴 아메리카 지역 회의에서 만장일치로 채택되었다.

입법부, 각종 협회, 보건당국, 정신보건 전문가, 법학자가 지역보건 체계모델(Local Health System Model) 내에서 라틴 아메리카의 정신과 의료의 개선을 위한 지역 회의에 모여 다음 사항에 주목하였다.

1. 기존의 전통적인 정신의학 서비스로는 탈중앙화되고, 참여적이며, 통합되고, 지속적이며 예방중심의 지역사회 기반 의료가 추구하는 목표들을 달성할 수 없다.
2. 정신병원이 제공되는 정신의학 의료의 유일한 형태일 때, 전술한 목적의 성취를 다음과 같이 방해한다.
   a) 환자가 자연 환경으로부터 고립되어, 결국 더 커다란 사회적 장애를 일으킨다.
   b) 환자의 인권과 시민권을 위태롭게 하는 좋지 않은 환경을 창출한다.
   c) 정신보건 의료를 위해 국가에 할당된 재정 및 인적 자원의 대부분을 빼앗는다.
   d) 인구의 정신보건 욕구, 일반적인 보건 서비스 및 기타 분야 등에

적절하게 맞춰진 전문적 교육 제공이 이루어지지 못한다.

가. 또한, 다음과 같은 내용을 검토하였다.

1. 일차 보건 의료는 '2000년까지 만인에게 건강을'이란 목표를 달성하는 수단으로서 모든 회원국이 동의하고, WHO와 PAHO에 의해 채택된 전략이다.
2. 지역 보건체계 모델(Local Health System Model)은 인구의 보건 욕구에 근거한 프로그램 개발을 위해 더 나은 수준의 공급을 달성하는 수단으로서 이 지역 국가들에 의해 수행되었고, 분권화, 사회적 참여, 예방적 접근을 강조한다.
3. 정신보건 및 정신과 프로그램은 이러한 보건의료 전달 전략 및 체계에 근거한 원리와 지침을 통합해야 한다.

나. 다음과 같이 선언한다.

1. 일차 보건의료를 기초로 하여 지역 보건체계의 틀 내에서의 정신과 의료의 개선은 지역사회에 근거하고, 사회적 보건 네트워크로 통합되는 대안 서비스 모델을 촉진하게 할 것이다.
2. 지역에서 정신과 의료의 개선은 정신보건 서비스 전달에 있어 정신병원이 맡고 있는 지배적이고 중심적인 역할의 비판적 검토를 의미한다.
3. 이용 가능하도록 만들어진 자원, 의료 및 치료는
   a) 인간의 존엄과 인권 및 시민권을 보호해야 한다.
   b) 합리적이고 기술적으로 적절한 기준에 근거해야 한다.

c) 환자가 자신의 지역사회에 머무를 수 있는 것에 대해 보장하도록 노력해야 한다.

4. 필요하다면, 다음의 사항에 대한 법률이 재입안되어야 한다.

   a) 정신장애인의 인권과 시민권은 보호되어야 한다.

   b) 서비스 조직은 이러한 권리의 시행을 보장해야 한다.

5. 정신보건 및 정신 의학에 관한 교육은 개혁 운동의 기초가 되는 원칙에 따라 지역사회 보건센터에 근거한 서비스 모델을 이용해야 하고, 일반 병원에서의 정신장애 입원을 장려해야 한다.

6. 이 회의의 조직, 협회, 기타 참가자들은 국가 수준에서 바람직한 개혁을 진척시킬 프로그램을 개발하고 옹호하는 책임을 맡아야 하며, 동시에 국가 법률 및 국제 협정에 따라 정신장애인의 인권을 지지하고, 모니터링해야 한다.

이것 때문에, 정신과 의료 개혁을 지지하기 위해 보건부 및 법무부, 국회, 사회보장 및 기타의 돌봄을 제공하는 조직, 전문가 조직, 소비자 단체, 대학, 기타 교육기관, 미디어 등에 도움을 청하여, 그 지역 인구의 이익을 위해 성공적인 개발을 보장해야 한다.

［국가인권위원회. 2006.
'지방자치단체의 정신보건업무 수행 실태조사' 내용에서 발췌］

4. 하와이 선언

Declaration of Hawaii/ Ⅱ

1992년 세계 정신과협회 총회에서 승인됨

문화가 시작된 이래, 윤리는 치료술의 중요한 부분이었다. 현대사회의 의사와 환자 간의 존엄성과 기대의 갈등과 의사와 환자 관계의 예민한 본질의 결합 때문에, 높은 윤리기준은 의학적 기술로서의 정신의학의 과학과 기술에 매우 중요하다. 이러한 지침은 그러한 기준과의 밀접한 관계를 증진시키고 정신의학적 개념, 지식 그리고 기술의 남용을 막기 위해 윤곽을 그려 왔다.

정신과 의사는 다른 전문의와 마찬가지로 사회의 일원이기 때문에, 윤리적 지침과 모든 남녀의 사회적 책임과 의사에게 주어지는 윤리적 요구를 반드시 고려하여야 한다.

윤리적 행동은 개개인 정신과 의사의 양심과 개인적 판단에 근거해 있다 하여도, 전문적 윤리지침을 명시화하기 위하여 서면상의 지침이 필요하다.

따라서 세계 정신과협의회 총회는 정신과의사들에게 세계의 다양한 나라에 존재하는 여러 문화적 배경, 법적, 사회적, 경제적 환경에 큰 차이가 있음을 주지시키기 위하여 다음의 윤리적 지침을 승인한다. 세계 정신과협회는 이 지침들이 정신과 전문의의 윤리적 기준을 위한 최소한의 요구로 인식하고 있음이 이해되어야 한다.

1. 정신의학의 목표는 그들의 최고의 능력으로 수용가능한 과학지식과 윤리적 원칙에 일관되게 정신장애를 치료하고 정신보건을 증진시키기 위함이며, 정신과의사는 환자의 최대한의 이익을 위해 봉사하며 공공의 선과 보건자원의 적절한 할당에 관심을 가져야 한다. 이 목표를 충족하기 위하여 지속적인 연구와 보건의료전문가, 환자 그리고 공공의 지속적인 교육이 필요하다.

2. 모든 정신과 의사는 환자들에게 그들의 지식을 모두 동원하여 최고의 치료를 제공하며, 환자를 인간의 존엄성에 대한 염려와 존중으로 대하여야 한다. 정신과의사가 다른 사람에게서 주어진 치료의 책임을 질 경우, 그는 자격을 갖춘 감독과 교육의 책임을 진다. 필요하거나 환자에게서 합당할 만한 요청이 있을 경우, 정신과의사는 반드시 동료에게 도움을 요청해야 한다.

3. 정신과의사는 상호동의에 기초한 치료적 관계를 소망하여야 한다. 이의 최적화를 위해 믿음, 비밀보장, 협조와 상호책임이 필요하다. 이러한 관계는 몇몇 환자에게는 불가능할 수 있다. 그런 경우에는 그의 친척 혹은 환자에게 가까운 다른 사람과의 접촉이 이루어져야 한다. 치료 이외의 목적으로 관계가 이루어졌을 때, 관계자에게 반드시 이 관계에 대해 설명하여야 한다.

4. 정신과의사는 반드시 환자에게 상태의 성격, 가능한 대안을 포함한 치료과정과 예상되는 결과에 대해 고지하여야 한다. 이 정보는 반드시 조심스럽게 전달되어야 하며, 환자는 적합하고 가능한 방법 중 선택할 수 있는 권리를 가져야만 한다.

5. 환자가 그들의 최대 이익 그리고 환자나 타인에게 치명적인 손상을 주는 치료인지를 스스로 결정하지 못하는 경우를 제외하고는,

환자 개인의 의도에 반하여 어떠한 행위나 치료가 진행될 수 없다.

6. 환자에게 더 이상의 강제적 치료가 필요하지 않을 때, 정신과의사는 반드시 환자를 강제적 치료로부터 해제하여야 하며, 그 후 환자의 자발적 승낙을 통해 치료를 하여야 한다. 정신과의사는 반드시 환자나 친척 또는 다른 관계자에게 구금과 환자의 양질의 삶과 관계된 다른 불만에 대한 이의제기가 가능하다는 것을 고지하여야 한다.

7. 정신과의사는 절대로 개인 혹은 단체의 존엄성을 파괴하는 전문가적 가능성을 유용해서는 안 되며 치료에 개인적 욕망, 감정, 차별 혹은 믿음을 혼동해서는 안 된다. 정신과의사는 정신장애가 치료될 경우 그의 전문적 지식을 이용한 어떤 치료도 행하여서는 안 된다. 만약 환자나 다른 제3자가 과학적 지식이나 윤리적 원칙에 반하는 요구를 했을 때, 정신과의사는 반드시 거절하여야 한다.

8. 정신과의사는 환자에게 듣거나 검사나 치료 중에 얻어진 내용에 대해서, 환자가 허락하거나 자신이니 타인의 치명적인 피해를 막기 위함이 아닌 경우 환자에게 이를 고지하기 전까지 반드시 비밀보호를 유지하여야 한다.

9. 정신과 지식과 기술을 향상시키고 발전시키기 위해서 환자의 참여가 필요하다. 그러나 환자로부터 동의를 얻기 전까지 그 어떤 정보도 발표할 수 없으며, 치료결과에 대한 내용의 과학적 출간에도 환자의 인간존엄성과 익명성이 지켜져야 하며 대상에 대한 개인적 명성이 보호되어야 한다. 환자의 참여는 자발적이어야 하며, 연구프로젝트의 목적, 과정, 위험 및 불편함에 대한 모든 정보와 예상된 위험과 불편함 그리고 연구의 이익에 합당한 관계

가 고지된 다음이어야 한다. 임상 연구에서, 모든 대상은 반드시 환자로서 모든 권리가 높은 수준에서 확보되고 지켜져야 한다. 아동이나 스스로 고지된 동의를 할 수 없는 부모의 경우, 동의는 가까운 법적 친척에게서 얻어져야 한다. 모든 환자나 연구 대상은 환자가 참여했던 교육, 연구 프로그램으로부터 어떤 이유나 시간이든 참여를 중단할 수 있다. 참여의 거절뿐만 아니라 중단은 환자 또는 대상자를 도우려는 정신과 의사의 노력에 영향을 주지 말아야 한다.

10. 정신과의사는 이 선언의 원칙에 반하는 그 어떤 치료나 교육 또는 연구 프로그램은 중단하여야 한다.

[국가인권위원회. 2006.
'지방자치단체의 정신보건업무 수행 실태조사' 내용에서 발췌]

5. 일본 정신보건 및 정신장애자복지법

 * 이 법률은 1950년 5월 1일 법률 제123호로 지정되었고, 2003년 7월 16일 법률 제119호로 최종 개정되었음.

제1장 총 칙

   제1조(이 법률의 목적) 이 법률은 정신장애자의 의료 및 보호를 실시하고 그 사회복귀의 촉진 및 그 자립과 사회경제활동 참가를 촉진하는 데 필요한 원조를 실시하며, 그 발생의 예방 기타 국민의 정신적 건강의 유지 및 증진에 노력함으로써 정신장애자의 복지 증진 및 국민의 정신보건 향상을 도모함을 목적으로 한다.

   제2조(국민 및 지방공공단체의 의무) 국가 및 지방공공단체는 의료시설, 사회복귀시설 기타 복지시설 및 교육시설과 거택생활지원사업을 충실히 하는 등 정신장애자의 의료·보호와 보건·복지에 관한 시책을 종합적으로 실시함으로써 정신장애자가 사회복귀를 하고, 자립과 사회경제활동에 참가할 수 있도록 노력하는 동시에 정신보건에 관한 조사연구의 추진 및 지식의 보급을 도모하는 등 정신장애자의 발생 예방 기타 국민의 정신보건 향상을 위한 시책을 시행하여야 한다.

   제3조(국민의 의무) 국민은 정신적 건강의 유지 및 증진에 노력하는 동시에, 정신장애자에 대한 이해를 심화하며, 정신장애자가 그 장애를 극복하고 사회복귀를 하여 자립과 사회경제활동에 참가하고자

하는 노력에 협력하도록 애써야 한다.

　제4조(정신장애자의 사회복귀, 자립 및 사회참가에의 배려) ① 의료시설이나 사회복귀시설의 설치자 또는 거택생활원조사업이나 사회적응훈련사업을 하는 자는 그 시설을 운영하거나 그 사업을 하는 데 있어서 정신장애자의 사회복귀 촉진 및 자립과 사회경제활동에의 참가 촉진을 도모하기 위하여 지역에 알맞은 창의로운 발상으로 지역주민 등의 이해와 협력을 얻고자 노력하여야 한다.

　② 국가, 지방 공공단체, 의료시설 또는 사회복귀시설의 설치자 및 지역생활부조사업 또는 사회적응훈련사업을 하는 자는 정신장애자의 사회복귀 촉진 및 자립과 사회경제활동에의 참가 촉진을 도모하기 위하여 상호 연계하면서 협력하도록 애써야 한다.

　제5조(정의) 이 법률에서 '정신장애자'라 함은 정신분열병, 정신장용물질에 의한 급성중독 또는 그 의존증, 지적장애, 정신병질 기타 정신질환을 가지는 자를 말한다.

제2장 정신보건복지센터

　제6조(정신보건복지센터) ① 도도부현은 정신보건의 향상 및 정신장애자의 복지 증진을 도모하기 위한 기관(이하 '정신보건복지센터'라 한다)을 설치한다.

　② 정신보건복지센터는 다음과 같은 업무를 한다.

　1. 정신보건 및 정신장애자의 복지에 관한 지식의 보급 및 조사연구

　2. 정신보건 및 정신장애자의 복지에 관한 상담 및 지도 중 복잡 또는 는 곤란한 일

　3. 정신의료심사회의 사무

4. 제32조제3항 및 제45조제1항의 신청에 대한 결정에 관한 사무 중
   전문적인 지식 및 기술을 필요로 하는 일

제7조(국가의 보조) 국가는 도도부현이 전조의 시설을 설치한 때에
는 정령이 정하는 바에 따라 그 설치에 요하는 경비에 대하여는 2분
의 1, 그 운영에 요하는 경비에 대하여는 3분의 1을 보조한다.

제8조(조례에의 위임) 이 법률에 정하는 것 외에 정신보건복지센터
에 관하여 필요한 사항은 조례로 정한다.

제3장 지방정신보건복지심의회 및 정신의료심사회

제9조(지방정신보건복지심의회) ① 정신보건 및 정신장애자의 복지
에 관한 사항을 조사심의하게 하기 위하여 도도부현에 정신보건복지
에 관한 심의회 기타 합의제 기관(이하 '정신보건복지심의회'라 한다)
을 둔다.

② 지방정신보건복지심의회는 도도부현지사의 자문에 답하는 외에
정신보건 및 정신장애자의 복지에 관한 사항에 관하여 도도부현지사
에게 의견을 구신할 수 있다.

제10조(위원 및 임시위원) ① 지방정시보건복지심의회의 위원은 20
인 이내로 한다.

② 특별한 사항을 조사심의하기 위하여 필요한 때에는 지방정신보
건복지심의회에 임시위원을 둘 수 있다.

③ 위원 및 임시위원은 정신보건 또는 정신장애자의 복지에 관하여
학식경험이 있는 자, 정신장애자의 의료에 관한 사업에 종사하는 자
및 정신장애자의 사회복귀 촉진 또는 그 자립과 사회경제활동에의 참
가 촉진을 도모하기 위한 사업에 종사하는 자 중에서 도도부현지사가

임명한다.

④ 위원의 임기는 3년으로 한다.

제11조(조례에의 위임) 지방정신보건복지심의회의 운영에 관하여 필요한 사항은 조례로 정한다.

제12조(정신의료심사회) 제38조의3 제2항 및 제36조의5 제2항의 규정에 의한 심사를 하게 하기 위하여 도도부현에 정신의료심사회를 설치한다.

제13조(위원) ① 정신의료심사회의 위원은 정신장애자의 의료에 관하여 학식경험이 있는 자(제18조 제1항에 규정하는 정신보건지정의인 자에 한한다), 법률에 관하여 학식경험이 있는 자 및 기타 학식경험이 있는 자 중에서 도도부현지사가 임명한다.

② 위원의 임기는 2년으로 한다.

제14조(심사 안건의 취급) ① 정신의료심사회는 정신장애자의 의료에 관하여 학식경험이 있는 자 중에서 임명된 위원 3인, 법률에 관하여 학식경험이 있는 자 중에서 임명된 위원 1인 및 기타 학식경험이 있는 자 중에서 임명된 위원 1인으로 구성하는 합의체로 심사의 안건을 취급한다.

② 합의체를 구성하는 위원은 정신의료심사회가 이를 정한다.

제15조(정령에의 위임) 이 법률에서 정하는 것 외에 정신의료심사회에 관하여 필요한 사항은 정령으로 정한다.

제16조 및 제17조 삭제

제4장 정신보건지정의 및 정신병원

제1절 정신보건지정의

제18조(정신보건지정의) ① 후생노동장관은 그 신청에 의거하여 다음에 해당하는 의사 중 제19조의4에 규정하는 직무를 수행하는 데 필요한 지식 및 기능이 있다고 인정되는 자를 정신보건지정의(이하 '지정의'라 한다)로 지정한다.

1. 5년 이상 진단 또는 치료에 종사한 경험이 있는 자

2. 3년 이상 정신장애 진단 및 치료에 종사한 경험이 있는 자

3. 후생노동장관이 정하는 정신장애에 대하여 후생노동장관이 정하는 정도의 진단 또는 치료에 종사한 경험이 있는 자

4. 후생노동장관 또는 그 지정하는 자가 후생노동성령이 정하는 바에 따라 실시하는 연수(신청 전 1년 이내에 실시된 것에 한한다) 과정을 수료한 자

② 후생노동장관은 전항의 규정에 관계없이 19조의2 제1항 또는 제2항의 규정에 따라 지정의의 지정을 취소받은 후 5년이 경과하지 아니한 자 기타 지정의로서 현저히 부적당하다고 인정되는 자에 대하여는 전항의 지정을 하지 아니할 수 있다.

③ 후생노동장관은 제1항제3호에 규정하는 정신장애 및 그 진단 또는 치료에 종사한 경험의 정도를 정하고자 할 때, 동항의 규정에 의하여 지정의의 지정을 하고자 할 때 또는 전항의 규정에 따라 지정의의 지정을 하지 아니하는 것으로 할 때에는 미리 의도심의회의 의견을 청취하여야 한다.

제19조(지정후의 연수) ① 지정의는 5개년도(매년 4월 1일부터 익년

3월 31일까지를 말한다. 이하 이조에서 같다)마다 후생노동장관이 정하는 연도에 후생노동장관 또는 그 지어하는 자가 후생노동성령이 정하는 바에 따라 실시하는 연수를 받아야 한다.

② 전조 제1항의 규정에 의한 지정은 해당 지정을 받은 자가 전항에 규정하는 연수를 받지 아니한 때는 해당 연수를 받아야 하는 연도의 종료일에 그 효력을 상실한다. 다만 해당 연수를 받지 아니한 것에 후생노동령이 정하는 부득이한 이유가 있다고 후생노동장관이 인정한 때에는 그러하지 아니다.

제19조의2(지정의 취소 등) ① 지정의가 그 의사면허를 취소당하거나 또는 기간을 정하여 의업 정지의 명을 받은 때에는 후생노동장관은 그 지정을 취소하여야 한다.

② 지정의가 이 법률 혹은 이 법률에 의거한 명령에 위반한 때 또는 그 직무에 관하여 현저히 부당한 행위를 한 때 기타 지정의로서 현저히 부적당하다고 인정되는 때에는 후생노동장관은 그 지정을 취소하거나 기간을 정하여 그 직무의 정지를 명할 수 있다.

③ 후생노동장관은 전항의 규정에 의한 처분을 하고자 하는 때에는 미리 심의회의 의견을 들어야 한다.

④ 도도부현지사는 지정의에 대하여 제2항에 해당한다고 사료되는 때에는 그 취지를 후생노동장관에게 통지할 수 있다.

제19조의3 제18조제1항제4호 또는 제19조제1항의 연수(후생노동장관이 실시하는 것에 한한다)를 받고자 하는 자는 실비를 감안하여 정령으로 정하는 금액의 수수료를 납부하여야 한다.

제19조의4(직무) ① 지정의는 제22조의4 제3항 제29조의5의 규정에 따라 입원을 계속할 필요가 있는지 여부의 판정, 제33조제1항 및 제33조의4 제1항의 규정에 의한 입원을 필요로 하는지 여부 및 제22조의3

의 규정에 의한 입원해야 할 상태가 있는지 여부의 판정, 제38조의2 제1항(동조 제2항에서 준용하는 경우를 포함한다)에 규정하는 보고사항에 관한 입원 중인 자의 진찰과 제40조의 규정에 의해 일시 퇴원시켜 경과를 보는 것이 적당한지 여부를 판정하는 직무를 수행한다.

② 지정의는 전항에 규정하는 직무 외에 공무원으로서 다음과 같은 직무를 수행한다.

1. 제29조제1항 및 제29조의2 제1항의 규정에 의한 입원을 필요로 하는지 여부의 판정

2. 제29조의2의2 제3항(제34조제4항에서 준용하는 경우를 포함한다)에 규정하는 행동의 제한을 필요로 하는지 여부의 판정

3. 제29조의4 제2항의 규정에 따라 입원을 계속할 필요가 있을지 여부의 판정

4. 제34조제1항 및 제3항이 규정에 의한 이송을 필요로 하는지 여부의 판정

5. 제38조의3 제3항 및 제38조의5 제4항의 규정에 의한 진찰

6. 제38조의6 제1항의 규정에 의한 출입검사, 질문 및 진찰

7. 제38조의7 제2항의 규정에 의하여 입원을 계속할 필요가 있는지 여부의 판정

8. 제45조의2 제4항의 규정에 의한 진찰

제19조의4의2(진료록의 기재의무) 지정의는 전조 제1항에 규정하는 직무를 행한 때에는 지체없이 해당 지정의의 서명 기타 후생노동성령으로 정하는 사항을 진료록에 기재하여야 한다.

제19조의5(지정의의 필치) 제29조제1항, 제29조의2 제1항, 제33조제1항·재2항 또는 제33조의4 제1항의 규정에 의하여 정신장애자를 입원시킨 정신병원(정신병원 이외의 병원으로 정신병실이 설치되어 있는

곳을 포함한다. 제19조의10을 제외하고 이하 같다)의 관리자는 후생노동성령이 정하는 바에 따라 그 정신병원에 상시 근무하는 지정의(제19조의2 제2항의 규정에 의하여 그 직무가 정지되어 있는 자를 제외한다. 제53조 제1항을 제외하고 이하 같다)를 두어야 한다.

제19조의6(정령 및 성령에의 위임) 이 법률에 규정하는 것 외에 지정의의 지정 신청에 관하여 필요한 사항은 정령으로, 제18조제1항제4호 및 제19조제1항의 규정에 의한 연수에 관하여 필요한 사항은 후생노동성령으로 정한다.

제2절 정신병원

제19조의7(도도부현립 정신병원) 도도부현은 정신병원을 설치하여야 한다. 다만 다음 조의 규정에 의한 지정병원이 있는 경우에는 그 설치를 연기할 수 있다.

제19조의8(지정병원) 도도부현지사는 국가 및 도도부현 이외의 자가 설치한 정신병원으로 후생노동장관이 정하는 기준에 적합한 곳의 전부 또는 일부를 그 설치자의 동의를 얻어 도도부현이 설치하는 정신병원을 대신하는 시설(이하 '지정병원'이라 한다)로 지정할 수 있다.

제19조의9(지정의 취소) ① 도도부현지사는 지정병원이 전조의 기준에 적합하지 아니한 때 또는 그 운영방법이 그 목적 수행을 위하여 부적당하다고 인정한 때에는 그 지정을 취소할 수 있다.

② 도도부현지사는 전항의 규정에 따라 그 지정을 취소하고자 하는 때에는 미리 지방정신보건복지심의회의 의견을 청취하여야 한다.

③ 후생노동장관은 제1항에 규정하는 도도부현지사의 권한에 속하는 사무에 대하여 지정병원에 입원 중인 자의 처우를 확보할 긴급한

필요가 있다고 인정되는 때에는 도도부현지사에게 동항의 사무를 지시할 수 있다.

제19조의10(국가의 보조) ① 국가는 도도부현이 설치하는 정신병원 및 정신병원 이외의 병원에 설치하는 정신병실의 설치 및 운영에 요하는 경비(제30조 제1항의 규정에 의하여 도도부현이 부담하는 비용을 제외한다. 다음 항에서 같다)에 대하여 정령이 정하는 바에 따라 그 2분의 1을 보조한다.

② 국가는 영리를 목적으로 하지 아니하는 법인이 설치하는 정신병원 및 정신병원 이외의 병원에 설치하는 정신병실의 설치 및 운영에 요하는 경비에 대하여 정령이 정하는 바에 따라 그 2분의 1 이내를 보조할 수 있다.

제5장 의료 및 보호

제1절 보호자

제20조(보호자) ① 정신장애자에 대하여는 그 후견인 또는 보좌인, 배우자, 친권을 행사하는 자 및 부양의무자가 보호자가 된다. 다만 다음 각호의 1에 해당하는 자는 보호자가 되지 못한다.

1. 행방을 알 수 없는 자
2. 해당 정신장애자에 대하여 소송을 하고 있거나 소송한 자와 그 배우자 및 직계혈족
3. 가정법원에서 해임된 법정대리인, 보좌인 또는 보조인
4. 파산자
5. 성년피후견인 또는 피보좌인

6. 미성년자

② 보호자가 여러 명 있는 경우에 그 의무를 이행하여야 할 순위는 다음과 같다. 다만 본인의 보호를 위하여 특히 필요가 있다고 인정되는 경우에는 후견인 또는 보좌인 이외의 자에 대하여 가정법원은 이해관계인의 신청에 따라 그 순위를 변경할 수 있다.

1. 후견인 또는 보좌인

2. 배우자

3. 친권을 행사하는 자

4. 전 2호의 자 이외의 부양의무자 중에서 가정법원이 선임한 자

③ 전항 단서 규정에 의한 순위의 변경 및 동항 제4호의 규정에 의한 선임은 가사심판법(1947년 법률 제152호)의 적용에 대하여는 동법 제9조 제1항 갑류에 열거하는 사항으로 본다.

제21조 전조 제2항 각호의 보호자가 없을 때 또는 이러한 보호자가 그 의무를 이행할 수 없는 때에는 그 정신장애자의 거주지를 관할하는 시정촌장(특별구의 장을 포함한다. 이하 같다), 거주지가 없거나 명확하지 아니한 때에는 그 정신장애자의 현재지를 관할하는 시정촌장이 보호자가 된다.

제22조 ① 보호자는 정신장애자(제22조의4 제2항에 규정하는 임의 입원자 및 병원 또는 진료소에 입원하지 아니하고 이루어지는 정신장애 의료를 계속해서 받고 있는 자를 제외한다. 이하 이 항 및 제3항에서 같다)에게 치료를 받게 하고 정신장애자의 재산상의 이익을 보호하여야 한다.

② 보호자는 정신장애자의 진단이 올바르게 이루어지도록 의사에게 협력하여야 한다.

③ 보호자는 정신장애자에게 의료를 받게 하는 데 있어서 의사의

지시에 따라야 한다.

　제22조의2 보호자는 제41조의 규정에 의한 의무(제29조의3 또는 제29조의4 제1항의 규정에 의하여 퇴원하는 자의 인수에 관한 것에 한한다)를 이행하는 데 필요가 있는 때에는 해당 정신병원이나 지정병원의 관리자 또는 해당 정신병원이나 지정병원과 관련된 정신장애자 사회복귀시설의 장에게 해당 정신장애자의 사회복귀 촉진에 관하여 상담 및 필요한 원조를 요구할 수 있다.

제2절 임의입원

　제22조의3(임의입원) 정신병원의 관리자는 정신장애자를 입원시키는 경우에는 본인의 동의에 기초하여 입원이 이루어지도록 노력하여야 한다.

　제22조의4 ① 정신장애자가 스스로 입원하는 경우에 정신병원의 관리자는 그 입원 시에 해당 정신장애자에게 제38조의4의 규정에 의한 퇴원 등의 청구에 관한 것 기타 후생노동성령이 정하는 사항을 서면으로 알리고, 해당 정신장애자로부터 스스로 입원한다는 취지를 기재한 서면을 받아야 한다.

　② 정신병원의 관리자는 스스로 입원한 정신장애자(이하 이 조에서 '임의입원자'라 한다)로부터 퇴원 신청이 있은 경우에는 그 자를 퇴원시켜야 한다.

　③ 정신병원의 관리자는 전항의 규정에 의한 조치를 취하는 경우에 해당 임의입원자에게 해당 조치를 취하는 추지, 제38조의4의 규정에 의한 퇴원 등의 청구에 관한 것 기타 후생노동령이 정하는 사항을 서면으로 알려야 한다.

④ 정신병원의 관리자는 전항의 규정에 의한 조치를 취하는 경우에 해당 임의입원자에게 해당 조치를 취하는 취지, 제38조의4의 규정에 의한 퇴원 등의 청구에 관한 것 기타 후생노동령이 정하는 사항을 서면으로 알려야 한다.

제3절 지정의의 진찰 및 조치입원

제23조(진찰 및 보호의 신청) ① 정신장애자 또는 그 의심되는 자를 안 자는 누구든지 그 자에 대하여 지정의의 진찰 및 필요한 보호를 도도부현지사에게 신청할 수 있다.

② 전항의 신청을 하려면 다음 사항을 기재한 신청서를 가까운 보건소장을 경유하여 도도부현지사에게 제출하여야 한다.

1. 신청서의 주소, 성명 및 생년월일
2. 본인의 현재 장소, 거주지, 성명, 성별 및 생년월일
3. 증상의 개요
4. 현재 본인의 보호책임을 지는 자가 있을 때에는 그 자의 주소 및 성명

제24조(경찰관의 통보) 경찰관은 직무를 집행하는 데 있어서 이상한 거동 기타 주위 사정으로부터 판단하여 정신장애 때문에 자신을 상해하거나 타인에게 해를 입힐 우려가 있다고 인정되는 자를 발견한 때에는 즉시 그 사실을 가까운 보건소장을 경유하여 도도부현지사에게 통보하여야 한다.

제25조(검찰관의 통보) 검찰관은 정신장애자 또는 그 의심되는 피해자 또는 피고인에 대하여 불기소처분을 한 때, 재판(징역, 금고 또는 구류의 형을 선고 집행유예의 선고를 하지 아니한 재판을 제외한

다)이 확정된 때 기타 특히 필요하다고 인정된 때에는 신속히 그 사실을 도도부현지사에게 통보하여야 한다.

제25조의2(보호관찰소의 장의 통보) 보호관찰소의 장은 보호관찰에 부쳐져 있는 자가 정신장애자 또는 그 의심되는 자임을 안 때에는 신속히 그 사실을 도도부현지사에게 통보해야 한다.

제26조(교정시설의 장의 통보) 교정시설(구치소, 형무소, 소년형무소, 소년원, 소년감별소 및 부인보도원을 말한다. 이하 같다)의 장은 정신장애자 또는 그 의심되는 수용자를 석방, 퇴원 또는 퇴소하게 하고자 할 때에는 미리 다음 사항을 본인의 귀주지(귀주지가 없는 경우에는 해당 교정시설의 소재지)의 도도부현지사에게 통보하여야 한다.

1. 본인의 귀주지, 성명, 성별 및 생년월일

2. 증상의 개요

3. 석방, 퇴원 또는 퇴소 연월일

4. 인수인의 주소 및 성명

제26조의2(정신병원 관리자의 신고) 정신병원 관리자는 입원 중인 정신장애자이며 제29조제1항의 요건에 해당한다고 인정되는 자로부터 퇴원 신청이 있는 때에는, 즉시 그 취지를 가까운 보건소장을 경유하여 도도부현지사에게 신고하여야 한다.

제27조(신청 등에 기초하여 이루어지는 지정의의 진찰 등) ① 도도부현지사는 제23조 내지 전조의 규정에 의한 신청, 통보 또는 신고가 있은 자에 대하여 조사상 필요가 있다고 인정하는 때에는 그 지정하는 지정의로 하여금 진찰하게 하여야 한다.

② 도도부현지사는 입원시키지 아니하면 정신장애 때문에 자신을 상해하거나 타인에게 해를 입힐 우려가 있음이 명백한 자에 대하여, 제23조 내지 전조의 규정에 의한 신청, 통보 또는 신고가 없는 경우에

도 그 지정하는 지정의로 하여금 진찰하게 할 수 있다.

③ 도도부현지사는 전 2항의 규정에 의해 진찰을 하게 한 경우에는 해당 직원을 입회하도록 하여야 한다.

④ 지정의 및 전항의 해당 직원은 전 3항의 직무를 수행하는 데 필요한 한도에서 그 자가 거주하는 장소에 출입할 수 있다.

⑤ 전항의 규정에 의하여 그 자가 거주하는 장소에 출입하는 경우에는 지정의 및 해당 직원은 그 신분을 나타내는 증표를 휴대하고, 관계인의 청구가 있을 때에는 이를 제시하여야 한다.

⑥ 제4항의 출입의 권한은 범죄수사를 위하여 인정된 것으로 해석해서는 아니 된다.

제28조(진찰의 통지) ① 도도부현지사는 전조 제1항의 규정에 의하여 진찰을 하게 하는 데에 현재 본인의 보호책임을 지는 자가 있는 경우에는 미리 진찰 일시 및 장소를 그 자에게 통지하여야 한다.

② 후견인 또는 보좌인, 친권을 행사하는 자, 배우자 기타 현재 본인의 보호책임을 지는 자는 전조 제1항의 진찰에 입회할 수 있다.

제28조의2(판정의 기준) 제27조제1항 또는 제2항의 규정에 의하여 진찰을 한 지정의는 후생노동장관이 정하는 기준에 따라 해당 진찰을 한 자가 정신장애자이고, 또한 의료 및 보호를 위하여 입원시키지 아니하면 그 정신장애 때문에 자신을 상해하거나 또는 타인에게 해를 입힐 우려가 있는지 여부를 판정하여야 한다.

제29조(도도부현지사에 의한 입원조치) ① 도도부현지사는 제27조의 규정에 의한 진찰 결과 그 진찰을 받은 자가 정신장애자이고, 또한 의료 및 보호를 위하여 입원시키지 아니하면 그 정신장애 때문에 자신을 상해하거나 타인에게 해를 입힐 우려가 있다고 인정한 때에는 그 자를 국가나 도도부현이 설치한 정신병원 또는 지정병원에 입원시

킬 수 있다.

　② 전항의 경우에 도도부현지사가 그 자를 입원시키려면 그 지정하는 2명 이상의 지정의의 진찰을 거쳐 그 자가 정신장애자이고, 또한 의료 및 보호를 위하여 입원시키지 아니하면 그 정신장애 때문에 자신을 상해하거나 타인에게 해를 입힐 우려가 있다고 인정되는 것에 대하여 각 지정의의 진찰 결과가 일치한 경우여야 한다.

　③ 도도부현지사는 제1항의 규정에 의한 조치를 취하는 경우에 해당하는 정신장애자에 대하여 해당 입원조치를 취하는 취지, 제38조의4의 규정에 의한 퇴원 등의 청구에 관한 것 기타 후생노동성령이 정하는 사항을 서면으로 알려야 한다.

　④ 국가 또는 도도부현이 설치한 정신병원 및 지정병원의 관리자는 병상(병원의 일부에 대하여 제19조의8의 지정을 받고 있는 지정병원에 있어서는 그 지정에 관계되는 병상)에 이미 제1항 또는 다음 조 제1항의 규정에 의하여 입원을 하게 한 자가 있기 때문에 여유가 없는 경우 외에는 제1항의 정신장애자를 입원시켜야 하다.

　제29조의2 ① 도도부현지사는 전조 제1항의 요건에 해당한다고 인정되는 정신장애자 또는 그 의심되는 자에 대하여 긴급을 요하고 제27조, 제28조 및 전조의 규정에 의한 절차를 취할 수 없는 경우에 그 지정하는 지정의로 하여금 진찰하게 한 결과 그 자가 정신장애자이며 또한 즉시 입원시키지 아니하면 그 정신장애 때문에 자신을 상해하거나 타인을 해할 우려가 현저하다고 인정된 때에는 그 자를 전조 제1항에 규정하는 정신병원 또는 지정병원에 입원시킬 수 있다.

　② 도도부현지사는 전항의 조치를 취한 때에는 신속히 그 자에 대하여 전조 제1항의 규정에 의한 입원조치를 취할지 여부를 결정하여야 한다.

③ 제1항의 규정에 의한 입원 기간은 72시간을 초과할 수 없다.

④ 제27조제4항 내지 제6항 및 제28조의2의 규정은 제1항의 규정에 의한 조치를 취하는 경우에 대하여, 동조 제4항의 규정은 제1항의 규정에 의하여 입원하는 자의 입원에 대하여 준용한다.

제29조의2의2 ① 도도부현지사는 제29조제1항 또는 전조 제1항의 규정에 의한 입원조치를 취하고자 하는 정신장애자를 해당 입원조치에 관계되는 병원으로 이송하여야 한다.

② 도도부현지사는 전항의 규정에 의하여 이송하는 경우에는 해당 정신장애자에게 해당 이송을 실시하는 취지 기타 후생노동성령이 정하는 사항을 서면으로 알려야 한다.

③ 도도부현지사는 제1항의 규정에 의한 이송을 하는 데에 해당 정신장애자를 진찰한 지정의가 필요하다고 인정한 때에는 그 자의 의료 또는 보호에 불가결한 한도에서 후생노동장관이 미리 사회보장심의회의 의견을 청취하고 정하는 행동의 제한을 할 수 있다.

제29조의3 제29조제1항에 규정하는 정신병원 또는 지정병원의 관리자는 제29조의2 제1항의 규정에 의하여 입원한 자에 대하여 도도부현지사로부터 제29조제1항의 규정에 의한 입원조치를 취하지 아니한다는 취지의 통지를 받은 때 또는 제29조의2 제3항의 기간 내에 제29조제1항의 규정에 의한 입원조치를 취하는 취지를 통지가 없을 때에는 즉시 그 자를 퇴원시켜야 한다.

제29조의4(입원조치의 해제) ① 도도부현지사는 제29조제1항의 규정에 의하여 입원한 자(이하 '조치입원자'라 한다)가 입원을 계속하지 아니하더라도 정신장애 때문에 자신을 상해하거나 타인에게 해를 입힐 우려가 없다고 인정되기에 이른 때에는 즉시 그 자를 퇴원시켜야 한다. 이 경우에 도도부현지사는 미리 그 자를 입원시키고 있는 정신

병원 또는 지정병원의 관리자의 의견을 청취한다.

② 전항의 경우에 도도부현지사가 그 자를 퇴원시키려면 그 자가 입원을 계속하지 아니하더라도 그 정신장애 때문에 자신을 상해하거나 타인에게 해를 입힐 우려가 없다고 인정되는 사실에 대하여 그 지정하는 지정의에 의한 진찰 결과 또는 다음 조의 규정에 의한 진찰 결과에 기초하는 경우여야 한다.

제29조의5 조치입원자를 입원시키고 있는 정신병원 또는 지정병원의 관리자는 지정의에 의한 진찰 결과 조치입원자가 입원을 계속하지 아니하더라도 그 정신장애 때문에 자신을 상해하거나 타인에게 해를 입힐 우려가 없다고 인정되기에 이른 때에는 즉시 그 취지, 그 자의 증상 기타 후생노동성령이 정하는 사항을 가까운 보건소장을 경유하여 도도부현지사에게 신고하여야 한다.

제29조의6(입원조치할 경우의 진료방침 및 의료에 요하는 비용 금액) ① 제29조제1항 및 제29조의2 제1항의 규정에 의하여 입원하는 자에 대하여 국가나 도도부현이 설치한 정신병원 또는 지정병원이 실시하는 의료에 관한 진료방침 및 그 의료에 요하는 비용 금액의 산정방법은 건강보험의 진료방침 및 요양에 요하는 비용 금액의 산정방법의 예에 따른다.

② 전항에 규정하는 진료방침 및 요양에 요하는 비용액의 산정방법의 예에 의할 수 없을 때 및 이에 의하는 것이 적당하지 아니할 때의 진료방침 및 의료에 요하는 비용 금액의 산정방법은 후생노동장관이 정하는 바에 따른다.

제29조의7(사회보험진료보수지불기금에의 사무 위탁) 도도부현은 제29조제1항 및 제29조의2 제1항의 규정에 의하여 입원하는 자에 대하여 국가나 도도부현이 설치한 정신병원 또는 지정병원이 실시한 의료가

전조에 규정하는 진료방침에 적합한지 여부에 대한 심사 및 그 의료에 요하는 비용금액의 산정과 국가 또는 지정병원의 설치자에 대한 진료보수의 지불에 관한 사무를 사회보험진료보수지불기금에 위탁할 수 있다.

제30조(비용의 부담) ① 제20조제1항 및 제29조의2 제1항의 규정에 의하여 도도부현지사가 입원시킨 정신장애자의 입원에 용하는 비용은 도도부현이 부담한다.

② 국가는 도도부현이 전항의 규정에 의하여 부담하는 비용을 지불한 때는 정령이 정하는 바에 따라 그 4분의3을 부담한다.

제30조의2(타 법률에 의한 의료에 관한 급부와의 조정) 전조 제1항의 규정에 의하여 비용의 부담을 받는 정신장애자가 건강보험법(1922년 법률 제70호), 국민건강보험법(1958년 법률 제192호), 선원보험법(1939년 법률 제73호), 노동자재해보상보험법(1947년 법률 제50호), 국가공무원공제조합법(1958년 법률 제128호. 타 법률에서 준용하거나 또는 예에 의하는 경우를 포함한다), 지방공무원등공제조합법(1962년 법률 제152호), 노인보건법(1982년 법률 제80호) 또는 개호보험법(1997년 법률 제123호)의 규정에 의하여 의료에 관한 급부를 받을 수 있는 자일 때에는 도도부현은 그 한도에서 동항의 규정에 의한 부담을 할 것을 요하지 아니한다.

제31조(비용의 징수) 도도부현지사는 제29조 1항 및 제29조의2 제1항의 규정에 의하여 입원시킨 정신장애자 또는 그 부양의무자가 입원에 요하는 비용을 부담할 수 있다고 인정한 때에는 그 비용의 전부 또는 일부를 징수할 수 있다.

제4절 통원의료

제32조(통원의료) ① 도도부현은 정신장애의 적정한 의료를 보급하기 위하여 정신장애자가 건강보험법 제63조제3항 각호에 열거하는 병원 혹은 진료소 또는 약국 기타 병원 혹은 진료소(이에 준하는 것을 포함한다) 또는 약국이며 정령에 정하는 것(그 개설자가 진료보수의 청구 및 지불에 관하여 다음 조에 규정하는 방식에 의하지 아니하는 취지를 도도부현지사에게 신청한 것을 제외하다. 다음 조에서 '의료기관 등'이라 한다)으로 병원 또는 진료소로 입원하지 아니하고 실시되는 정신장애의 의료를 받는 경우에 그 의료에 필요한 비용의 100분의 95에 상당하는 금액을 부담할 수 있다.

② 전항의 의료에 필요한 비용 금액은 건강보험 요양에 요하는 비용 금액의 산정방법의 예에 따라 산정한다.

③ 제1항의 규정에 의한 비용 부담은 해당 정신장애자 또는 그 보호자의 신청에 의하여 하고, 그 신청은 정신장애자의 거주지를 관할하는 시정촌장을 경유하여 도도부현지사에게 하여야 한다.

④ 전항의 신청은 후생노동성령으로 정하는 의사의 진단서를 첨부하여야 한다. 다만 해당 신청에 관계하는 정신장애자가 정신장애자보건복지수첩의 교부를 받고 있을 때에는 그러하지 아니하다.

⑤ 제3항의 신청이 있고부터 2년이 경과한 때에는 해당 신청에 기초하는 비용부담은 중지한다.

⑥ 전상병자특별원호법(1963년 법률 제168호)의 규정에 의하여 의료를 받을 수 있는 자에 대하여는 제1항의 규정은 적용하지 아니한다.

⑦ 전 각항에 정하는 것 외에 제1항의 의료에 관하여 필요한 사항은 정령으로 정한다.

제32조의2(비용의 청구, 심사 및 지불) ① 전조 제1항의 의료기관 등은 동항의 규정에 의하여 도도부현이 부담하는 비용을 도도부현에 청구한다.

② 도도부현은 전항의 비용을 해당 의료기관 등에 지불하여야 한다.

③ 도도부현은 제1항의 청구에 대한 심사 및 전항의 비용 지불에 관한 사무를 사회보험진료보수지불기금 기타 정령으로 정하는 자에게 위탁할 수 있다.

제32조의3(비용의 지불 및 부담) 국가는 도도부현이 제32조제1항의 규정에 의하여 부담하는 비용을 지불한 때에는 해당 도도부현에 대하여 정령이 정하는 바에 따라 그 2분의 1을 보조한다.

제32조의4 제30조의2의 규정은 제32조의제1항의 규정에 의한 도도부현의 부담에 대하여 준용한다.

제5절 의료보호입원 등

제33조(의료보호입원) ① 정신병원의 관리자는 다음에 열거하는 자에 대하여, 보호자의 동의가 있을 때에는 본인의 동의가 없어도 그 자를 입원시킬 수 있다.

1. 지정의에 의한 진찰 결과 정신장애자이고 또한 의료 및 보호를 위하여 입원이 필요한 자로, 해당 정신장애 때문에 제22조의3의 규정에 의한 입원이 이루어질 상태가 아니라 판정된 자

2. 제32조제1항의 규정에 따라 이송된 자

② 정신병원의 관리자는 전항 제1호에 규정하는 자의 보호자에 대하여 제20조제2항제4호의 규정에 의한 가정법원의 선임을 요하고, 또 해당 선임이 이루어지지 아니하거나 제34조제2항의 규정에 따라 이송

된 경우에, 전항 제1호에 규정하는 자 또는 동조 제2항의 규정에 따라 이송된 자의 부양의무자의 동의가 있을 때에는, 본인의 동의가 없더라도 해당 선임이 이루어질 때까지 4주간을 한도로 하여 그 자를 입원시킬 수 있다.

③ 전항의 규정에 의한 입원이 이루어지고 있는 동안 동항의 동의를 한 부양의무자는 제20조제2항 제4호에 열거하는 자에 해당하는 자로 보아 제1항의 규정을 적용하는 경우를 제외하고 동조에 규정하는 보호자로 본다.

④ 정신병원의 관리자는 제1항 또는 제2항의 조치를 취한 때에는 10일 이내에 그 자의 증상 기타 후생노동성령이 정하는 사항을 해당 입원에 대하여 동의를 한 자의 동의서를 첨부하여 가까운 보건소장을 경유하여 도도부현지사에게 신고하여야 한다.

제33조의2 정신병원의 관리자는 전조 제1항의 규정에 의하여 입원한 자(이하 '의료보험입원자'라 한다)를 퇴원시킬 때에는 10일 이내에 그 취지 및 후생노동성령이 정하는 사항을 가까운 보건소장을 경유하여 도도부현지사에게 신고하여야 한다.

제33조의3 정신병원의 관리자는 제33조제1항 또는 제2항의 규정에 의한 조치를 취하는 경우에는 해당 정신장애자에 대하여 해당 입원조치를 취하는 취지, 제38조의4의 규정에 의한 퇴원 등의 청구에 관한 것 기타 후생노동성령이 정하는 사항을 서면으로 알려야 한다. 다만 해당 입원조치를 취한 날부터 4주간을 경과한 날까지의 기간으로 해당 정신장애자의 증상에 비추어 그 자의 의뢰 및 보호를 도모하는 데에 지장이 있다고 인정되는 기간에는 그러하지 아니하다. 이 경우에 정신병원의 관리자는 지체없이 후생노동성령이 정하는 사항을 진료록에 기재하여야 한다.

제33조의4(응급입원) ① 후생노동장관이 정하는 기준에 적합한 자로 도도부현지사가 지정하는 정신병원의 관리자는 의료 및 보호의 의뢰가 있은 자에 대하여 긴급을 요하고 보호자(제33조제2항에 규정하는 경우에는 그 자의 부양의무자)의 동의를 얻을 수 없는 경우에, 그 자가 다음에 해당하는 자일 때에는 본인의 동의 없이 72시간을 한도로 하여 그 자를 입원시킬 수 있다.

1. 지정의의 진찰 결과, 정신장애자이고 또한 즉시 입원시키지 아니하면 그 자의 의료 및 보호를 도모하는 데에 현저하게 지장이 있는 자로서, 해당 정신장애 때문에 제22조의3의 규정에 의한 입원이 이루어질 상태가 아니라고 판정된 자

2. 제34조 제3항의 규정에 따라 이송된 자

② 전항에 규정하는 정신병원의 관리자는 동항의 규정에 의한 조치를 취한 때에는 즉시 해당조치를 취한 이유 기타 후생노동성령이 정하는 사항을 가까운 보건소장을 경유하여 도도부현지사에게 신고하여야 한다.

③ 도도부현지사는 제1항의 지정을 받은 정신병원이 동항의 기준에 적합하지 아니하게 되었다고 인정된 때에는 그 지정을 취소할 수 있다.

④ 후생노동장관은 전항에 규정하는 도도부현지사의 권한에 속하는 사무에 대하여 제1항의 지정을 받은 정신병원에 입원 중인 자의 처우를 확보할 긴급한 필요가 있다고 인정되는 때에는 도도부현지사에게 전항의 사무를 하도록 지시할 수 있다.

제33조의5 제19조의9 제2항의 규정은 전조 제3항의 규정에 의한 처분을 하는 경우에 대하여, 제29조제3항의 규정은 정신병원의 관리자가 전조 제1항의 규정에 의한 조치를 취하는 경우에 대하여 준용한다.

제34조(의료보험입원 등을 위한 이송) 도도부현지사는 그 지정하는

지정의에 의한 진찰 결과, 정신장애자이며 또한 즉시 입원시키지 아니하면 그 자의 의료 및 보호를 도모하는 데에 현저하게 지장이 있는 자로 해당 정신장애 때문에 제22조의3의 규정에 의한 입원이 이루어질 상태가 아니라고 판정된 자에 대하여, 보호자의 동의가 있을 때에는 본인의 동의가 없더라도 그 자를 제33조제1항의 규정에 의한 입원을 시키기 위하여 제33조의4 제1항에 규정하는 정신병원으로 이송할 수 있다.

② 도도부현지사는 전항에 규정하는 자의 보호자에 대하여 제30조제2항제4호의 규정에 의한 가정법원의 선임을 요하고, 또 해당 선임이 이루어지지 아니하는 경우에 그 자의 부양의무자의 동의가 있을 때에는 본인의 동의가 없더라도 그 자를 제33조제2항의 규정에 의한 입원을 시키기 위하여 제33조4 제1항에 규정하는 정신병원으로 이송할 수 있다.

③ 도도부현지사는 긴급을 요하고 보호자(전항에 규정하는 경우에는 그 자의 부양의무자)의 동의를 얻을 수 없는 경우에 그 지정하는 지정의의 진찰 결과, 그 자가 정신장애자이며 또한 즉시 입원시키지 아니하면 그 자의 의료 및 보호를 도모하는 데에 현저하게 지장이 있는 자로 해당 정신장애 때문에 제22조의3의 규정에 의한 입원이 이루어질 상태가 아니라고 판정된 때에는, 본인의 동의 없이 그 자를 제33조의4 제1항의 규정에 의한 입원을 시키기 위하여 동항에 규정하는 정신병원으로 이송할 수 있다.

④ 제29조의2의2 제2항 및 제3항의 규정은 전 3항의 규정에 의한 이송을 하는 경우에 대하여 준용한다.

제35조 삭제

제6절 정신병원에서의 처우 등

제36조(처우) ① 정신병원의 관리자는 입원 중인 자에게 그 의료 또는 보호에 불가결한 한도에서 그 행동에 대하여 필요한 제한을 할 수 있다.

② 정신병원의 관리자는 전항의 규정에 관계없이 서신 교환의 제한, 도도부현 기타 행정기관 직원과의 면회 제한 기타 행동의 제한으로 후생노동장관이 미리 사회보장심의회의 의견을 청취하고 정하는 행동의 제한에 대하여는 이를 제한할 수 없다.

③ 제1항의 규정에 의한 행동의 제한 중 후생노동장관이 미리 공중위생심의회의 의견을 청취하고 정하는 환자의 격리 기타 행동의 제한은 지정의가 필요하다고 인정하는 경우가 아니면 제한할 수 없다.

제37조 ① 후생노동장관은 전조에 정하는 것 외에 정신병원에 입원 중인 자의 처우에 대하여 필요한 기준을 정할 수 있다.

② 전항의 기준이 정해진 때에는 정신병원의 관리자는 그 기준을 준수하여야 한다.

③ 후생노동장관은 제1항의 기준을 정하고자 하는 때에는 미리 공중위생심의회의 의견을 청취하여야 한다.

제37조의2(지정의의 정신병원 관리자에의 보고 등) 지정의는 그 근무하는 정신병원에 입원 중인자의 처우가 제36조의 규정을 위반하고 있다고 사료될 때 또는 전조 제1항의 기준에 적합하지 아니하다고 인정될 때 기타 정신병원에 입원 중인 자의 처우가 현저히 적당하지 아니하다고 인정될 때에는 해당 정신병원에 입원 중인 자의 처우를 개선하는 데 필요한 조치가 취해지도록 노력하여야 한다.

제38조(상담, 원조 등) 정신병원 기타 정신장애의 의료를 제공하는

시설의 관리자는 해당 시설에서 의료를 받는 정신장애자의 사회복귀 촉진을 도모하기 위하여 그 자의 상담에 응하고 그 자에게 필요한 원조를 하며 그 보호자 등과의 연락조정을 하도록 노력하여야 한다.

　제38조의2(정기 보고) ① 조치입원자를 입원시키고 있는 정신병원 또는 지정병원의 관리자는 조치입원자의 증상 기타 후생노동성령으로 정하는 사항(이하 이 항에서 '보고사항'이라 한다)을 후생노동성령이 정하는 바에 따라 정기적으로 가까운 보건소장을 경유하여 도도부현지사에게 보고하여야 한다. 이 경우에는 보고사항 중 후생노동성령이 정하는 사항에 대하여는 지정의에 의한 진찰 결과에 기초하는 것이어야 한다.

　② 전항의 규정은 의료보호입원자를 입원시키고 있는 정신병원의 관리자에 대하여 준용한다. 이 경우에 동항 중 '조치입원자'는 '의료보호입원자'로 대체하도록 한다.

　제38조의3(정기보고 등에 의한 조사) ① 도도부현지사는 전조의 규정에 의한 보고 또는 제33조제4항의 규정에 의한 신고(동조 제1항의 규정에 의한 조치에 관한 것에 한한다)가 있온 때에는 해당 보고 또는 신고에 관계하는 입원 중인 자의 증상 기타 후생노동성령이 정하는 사항을 정신의료심사회에 통지하고, 해당 입원 중인 자에 대하여 그 입원이 필요한지 여부에 관하여 심사를 요구할 수 있다.

　② 정신의료심사회는 전항의 규정에 의하여 심사를 요구받은 때는 해당 심사에 관계하는 입원 중인 자에 대하여 그 입원이 필요한지 여부에 관하여 심사를 실시하고 그 결과를 도도부현지사에게 통지하여야 한다.

　③ 정신의료심사회는 전항의 심사를 하는 데 필요하다고 인정되는 때에는 해당 심사에 관계되는 입원 중인 자에 대하여 의견을 구하거

나 그 자의 동의를 얻어 위원(지정의인 자에 한한다. 제38조의5제4항에서 같다)에게 진찰하게 하거나 또는 그 자가 입원하고 있는 정신병원의 관리자 기타 관계자에 대하여 보고 혹은 의견을 구하며 의료록 기타 장부서류의 제출을 명하여 심문할 수 있다.

④ 도도부현지사는 제2항의 규정에 의하여 통지된 정신의료심의회의 심사 결과에 기초하여 그 입원이 필요하지 아니하다고 인정된 자를 퇴원시키거나 정신병원의 관리자에게 그 자를 퇴원시킬 것을 명할 수 있다.

제38조의4(퇴원 등의 청구) 정신병원에 입원 중인 자 또는 그 보호자는 후생노동성령이 정하는 바에 따라 도도부현지사에게 해당 입원 중인 자를 퇴원시키거나 정신병원의 관리자에게 그 자를 퇴원시킬 것을 명하거나 또는 그 자의 처우를 개선하는 데 필요한 조치를 취할 것을 명하도록 요구할 수 있다.

제38조의5(퇴원 등의 청구에 의한 심사) ① 도도부현지사는 전조의 규정에 의한 청구를 받은 때에는 해당 청구의 내용을 정신의료심사회에 통지하고, 해당 청구에 관계되는 입원 중인 자에 대하여 그 입원이 필요한지 여부 또는 그 처우가 적당한지 여부에 관하여 심사를 요구하여야 한다.

② 정신의료심사회는 전항의 규정에 의하여 심사를 요구받은 때는 심사에 관계된 자에 대하여 그 입원이 필요한지 여부 또는 그 처우가 적당한지 여부에 관하여 심사를 하고, 그 결과를 도도부현지사에게 통지하여야 한다.

③ 정신의료심사회는 전항의 심사를 하는 데 있어서 해당 심사에 관계된 전조의 규정에 의한 청구를 한 자 및 해당 심사에 관계된 입원 중인 자가 입원하고 있는 정신병원의 관리자의 의견을 청취하여야

한다. 다만 정신의료심사회가 이러한 자의 의견을 청취할 필요가 없다고 특히 인정한 때에는 그러하지 아니한다.

④ 정신의료심사회는 전항에 정하는 것 외에 제2항의 심사를 하는 데 있어서 필요하다고 인정되는 때에는 해당 심사에 관계되는 입원 중인 자의 동의를 얻어 위원에게 진찰하게 하거나 또는 그 자가 입원하고 있는 정신병원의 관리자 기타 관계자에 대하여 보고를 요구하고, 진료록 기타 장부서류의 제출을 명하거나 출두를 명하여 심문할 수 있다.

⑤ 도도부현지사는 제2항의 규정에 의하여 통지된 정신의료심사회의 심사 결과에 기초하여 그 입원이 필요하지 아니하다고 인정된 자를 퇴원시키거나 해당 정신병원의 관리자에게 그 자를 퇴원시킬 것을 명하거나 또는 그 자의 처우를 개선하는 데 필요한 조치를 취할 것을 명하여야 한다.

⑥ 도도부현지사는 전조의 규정에 의한 청구를 한 자에 대하여 해당 청구에 관계되는 정신의료심사회의 심사 결과 및 이에 의거하여 취한 조치를 통지하여야 한다.

제38조의6(보고징수 등) ① 후생노동장관 또는 도도부현지사는 필요하다고 인정되는 때에는 정신병원의 관리자에게 해당 정신병원에 입원 중인 자의 증상 혹은 처우에 관하여 보고를 요구하거나 진료록 기타의 장부서류의 제출이나 제시를 명하고, 해당 직원 또는 그 지정하는 지정의에게 정신병원에 출입하여 이러한 사항에 관하여 진료록 기타 장부서류를 검사하게 하거나 해당 정신병원에 입원 중인 자 기타 관계자에게 질문하게 하거나 또는 그 지정하는 지정의에게 정신병원에 출입하여 해당 정신병원에 입원 중인 자를 진찰하게 할 수 있다.

② 후생노동장관 또는 도도부현지사는 필요하다고 인정되는 때에는

정신병원의 관리자, 정신병원에 입원 중인 자 또는 제33조 제1항 혹은 제2항의 규정에 의한 입원에 대하여 동의를 한 자에게 이 법률에 의한 입원에 필요한 절차에 관하여 보고를 요구하거나 장부서류의 제출 또는 제시를 명할 수 있다.

③ 제27조제5항 및 제6항의 규정은 제1항의 규정에 의한 출입검사, 질문 또는 진찰에 대하여 준용한다.

제38조의7(개선명령 등) ① 후생노동장관 또는 도도부현지사는 정신병원에 입원 중인 자의 처우가 제36조의 규정을 위반하고 있다고 인정될 때 또는 제37조제1항의 기준에 적합하지 아니하다고 인정될 때 기타 정신병원에 입원 중인 자의 처우가 현저히 적당하지 아니하다고 인정될 때에는 해당 정신병원의 관리자에게 조치를 강구하여야 하는 사항 및 기한을 제시하고 처우를 확보하기 위한 개선계획의 제출을 요구하거나 제출된 개선계획의 변경을 명하거나 또는 그 처우를 개선하는 데 필요한 조치를 취할 것을 명할 수 있다.

② 후생노동장관 또는 도도부현지사는 필요하다고 인정되는 때에는 제22조의4 제3항의 규정에 의하여 입원하고 있는 자 또는 제33조제1항 혹은 제2항 혹은 제33조의4제1항의 규정에 의하여 입원한 자에 대하여 그 지정하는 2인 이상의 지정의에게 진찰하게 하고, 각 지정의의 진찰 결과가 그 입원을 계속할 필요가 있음에 일치하지 아니하는 경우 또는 이러한 자의 입원이 이 법률 혹은 이 법률에 기초하는 명령에 위반하여 이루어진 경우에는, 이러한 자가 입원하고 있는 정신병원의 관리자에게 그 자를 퇴원시킬 것을 명할 수 있다.

③ 후생노동장관 또는 도도부현지사는 정신병원의 관리자가 전 2항의 규정에 의한 명령에 따르지 아니하는 때에는 해당 정신병원의 관리자에게 기간을 정하여 제22조의4제1항, 제33조의제1항 및 제2항과

제33조의4 제1항의 규정에 의한 정신장애자의 입원에 관계되는 의료 제공의 전부 또는 일부를 제한할 것을 명할 수 있다.

제39조(무단퇴거자에 대한 조치) ① 정신병원의 관리자는 입원 중인 자로 자신을 상해하거나 타인에게 해를 입힐 우려가 있는 자가 무단으로 퇴거하여 행방불명이 된 때에는 경찰서장에게 다음 사항을 통지하여 그 탐색을 요청하여야 한다.

1. 퇴거자의 주소, 성명, 성별 및 생년월일

2. 퇴거 연월일 및 시각

3. 증상의 개요

4. 퇴거자를 발견하는 데 참고가 될 만한 인상, 복장 기타 사항

5. 입원연월일

6. 보호자 또는 이에 준하는 자의 주소 및 성명

② 경찰관은 전항의 탐색을 요청받은 자를 발견한 때에는 즉시 그 사실을 해당 정신병원의 관리자에게 통지하여야 한다. 이 경우에 경찰관은 해당 정신병원의 관리자가 그 자를 인수하기까지 24시간을 한도로 그 자를 경찰서, 병원, 구호시설 등의 정신장애자를 보호하기에 적당한 장소에 보호할 수 있다.

제40조(가퇴원) 제29조제1항에 규정하는 정신병원 또는 지정병원의 관리자는 지정의에 의한 진찰 결과, 조치입원자의 증상에 비추어 그 자를 일시 퇴원시켜 경과를 보는 것이 적당하다고 인정되는 때에는 도도부현지사의 허가를 얻어 6월을 초과하지 아니하는 기간을 한도로 가퇴원시킬 수 있다.

제7절 잡 칙

제41조(보호자의 인수의무 등) 보호자는 제29조의3 혹은 제29조의4 제1항의 규정에 의하여 퇴원하는 자 또는 전조의 규정에 의하여 가퇴원하는 자를 인수하고, 또 가퇴원한 자의 보호에 임하여 해당 정신병원 또는 지정병원의 관리자의 지시에 따라야 한다.

제42조(의료 및 보호의 비용) 보호자가 정신장애자의 의료 및 보호를 위하여 지출하는 경비는 해당 정신장애자 또는 그 부양의무자가 부담한다.

제43조(형사사건에 관한 절차 등과의 관계) ① 이 장의 규정은 정신장애자 또는 그 의심되는 자에 대하여 형사사건 혹은 소년보호사건의 처리에 관한 법령의 규정에 의한 절차를 진행하거나 형, 보도처분 또는 보호처분의 집행을 위하여 이러한 자를 교정시설에 수용하는 것을 방해하는 것은 아니다.

② 제25조, 제26조 및 제27조의 규정을 제외하고 이 장의 규정은 교정시설에 수용 중인 자에게는 적용하지 아니한다.

제44조 삭제

제6장 보건 및 복지

제1절 정신장애자보건복지수첩

제45조(정신장애자보건복지수첩) ① 정신장애자(지적장애자를 제외한다. 이하 이 장 및 다음 장에서 같다)는 후생노동성령이 정하는 서류를 첨부하여 그 거주지(거주지를 가지지 아니할 때는 그 현재지)의

도도부현지사에게 정신장애보건복지수첩의 교부를 신청할 수 있다.

② 도도부현지사는 전항의 심사에 기초하여 심사하고 신청자가 정령이 정하는 정신장애의 상태에 있다고 인정된 때에는 신청자에게 정신장애보건복지수첩을 교부하여야 한다.

③ 전항의 규정에 의한 심사 결과 신청자가 동항의 정령이 정하는 정신장애의 상태에 있지 아니하다고 인정된 때에는 도도부현지사는 이유를 첨부하여 그 자를 신청자에게 통지하여야 한다.

④ 정신장애보건복지수첩의 교부를 받은 자는 후생노동성령이 정하는 바에 따라 2년마다 제2항의 정령이 정하는 정신장애 상태에 있음에 대하여 도도부현지사의 인정을 받아야 한다.

⑤ 제3항의 규정은 전항의 인정에 대하여 준용한다.

⑥ 전 각항에 정하는 것 외에 정신장애자보건복지수첩에 관하여 필요한 사항은 정령으로 정한다.

제45조의2 ① 정신장애자보건복지수첩의 교부를 받은 자는 전조 제2항의 정령이 정하는 정신장애 상태가 없어진 때는 신속히 정신장애자보건복지수첩을 도도부현에 반환하여야 한다.

② 정신장애자보건복지수첩의 교부를 받은 자는 정신장애자보건복지수첩을 양도하거나 또는 대여하여서는 아니 된다.

③ 도도부현지사는 정신장애자보건복지수첩의 교부를 받은 자에 대하여 전조 제2항의 정령이 정하는 상태가 없어졌다고 인정되는 때에는 그 자에게 정신장애자보건복지수첩의 반환을 명할 수 있다.

④ 도도부현지사는 전항의 규정에 의하여 정신장애보건복지수첩의 반환을 명하고자 하는 때에는 미리 그 지정하는 지정의로 하여금 진찰하게 하여야 한다.

⑤ 전조 제3항의 규정은 제3항의 인정에 대하여 준용한다.

제2절 상담지도 등

제46조(바른 지식의 보급) 도도부현 및 시정촌은 정신장애에 대한 바른 지식의 보급을 위한 홍보활동 등을 통하여 정신장애자의 사회복귀 및 그 자립과 사회경제활동으로의 참가에 대한 지역주민의 관심과 이해를 심화하도록 노력하여야 한다.

제47조(상담지도 등) ① 도도부현, 보건소를 설치하는 시 또는 특별구(이하 '도도부현 등'이라 한다)는 필요에 따라 다음 조 제1항에 규정하는 정신복지상담원 기타 직원 또는 도도부현지사 혹은 보건소를 설치하는 시 혹은 특별구의 장(이하 '도도부현지사 등'이라 한다)이 지정한 의사로 하여금 정신보건 및 정신장애자의 복지에 관하여 정신장애자 및 그 가족 등으로부터의 상담에 응하게 하고 이러한 자를 지도하게 하여야 한다.

② 도도부현 등은 필요에 따라 의료를 필요로 하는 정신장애자에게 그 정신장애의 상태에 따른 적절한 의료시설을 소개하여야 한다.

③ 정신보건복지센터 및 보건소는 정신장애자의 복지에 관한 상담 및 지도를 함에 있어서 복지사무소〔사회복지법(1951년 법률 제45호)에 정하는 복지에 관한 사무소를 말한다. 제50조의2 제6항에서 같다〕기타 관계행정기관과의 제휴를 도모하도록 노력하여야 한다.

④ 시정촌(보건소를 설치하는 시 및 특별구를 제외한다)은 제1항 및 제2항의 규정에 의하여 도도부현이 실시하는 정신장애자에 관한 사무에 필요한 협력을 하는 동시에 필요에 따라 정신보건 및 정신장애자의 복지에 관하여 정신장애자 및 그 가족 등으로부터의 상담에 응하고 이들을 지도하도록 노력하여야 한다.

제48조(정신보건복지상담원) ① 도도부현 등은 정신보건복지센터 및

보건소에 정신보건 및 정신장애자의 복지에 관한 상담에 응하고 정신
장애자 및 그 가족 등을 방문하여 필요한 지도를 하기 위한 직원(다음
항에서 '정신보건복지상담원'이라 한다)을 둘 수 있다.

② 정신보건복지상담원은 정신보건복지사 기타 정령이 정하는 자격
을 가지는 자 중에서 도도부현지사 등이 임명한다.

제49조(시설 및 사업의 이용의 조정 등) ① 시정촌장은 정신장애자
보건복지수첩의 교부를 받은 정신장애자로부터 요구가 있은 때는 해당
정신장애자의 희망, 정신장애의 상태, 사회복귀의 촉진 및 자립과 사회
경제활동에의 참가를 촉진하는 데 필요한 지도 및 훈련 기타 부조의
내용 등을 감안하여 해당 정신장애자가 가장 적절한 정신장애자사회복
귀시설 또는 정신장애자거택생활원조사업이나 정신장애자사회적은훈
련사업(이하 이 조에서 '정신장애자거택생활원조사업 등'이라 한다)의
이용이 가능하도록 상담에 응하고 필요한 조언을 한다. 이 경우에 시
정촌은 해당 사무를 정신장애자지역생활지원센터에 위탁할 수 있다.

② 시정촌장은 전항의 조언을 받은 정신장애자로부터 요구가 있은
경우에는 필요에 따라 정신장애자사회복귀시설의 이용 또는 정신장애
자사회복귀시설의 설치자 또는 정신장애자거택생활원조사업 등을 실
시하는 자에게 해당 정신장애자의 이용을 요청한다.

③ 도도부현은 전항의 규정에 의하여 시정촌이 실시하는 알선, 조정
및 요청에 관하여 그 설치하는 보건소에 의한 기술적 사항에 대한 협
력 기타 시정촌에 대산 필요한 원조 및 시정촌 상호 간의 연락조정을
한다.

④ 정신장애자의사회복귀시설의 설치자 또는 정신장애자거택생활원
조사업 등을 하는 자는 제2항의 알선, 조성 및 요청에 대하여 가능한
한 협력하여야 한다.

제3절 시설 및 사업

제50조(정신장애자사회복귀시설의 설치 등) ① 도도부현은 정신장애자의 사회복귀 촉진 및 자립과 사회경제활동에의 참가 촉진을 도모하기 위하여 정신장애자사회복귀시설을 설치할 수 있다.

② 시정촌, 사회복지법인 그 외의 자는 정신장애자의 사회복귀 촉진 및 자립과 사회경제활동에의 참가 촉진을 도모하기 위하여 후생노동성령이 정하는 바에 따라 미리 후생노동성령으로 정하는 사항을 도도부현지사에게 신고하고 정신장애자사회복귀시설을 설치할 수 있다.

③ 전항의 규정에 의한 신고를 한 자는 그 신고한 사항에 변경이 발생한 때는 변경일부터 1월 이내에 그 취지를 해당 도도부현지사에게 신고하여야 한다.

④ 시정촌 사회복지법인 그 외의 자는 정신장애자사회복귀시설을 폐지하거나 중지하고자 하는 때에는 미리 후생노동성령으로 정하는 사항을 도도부현지사에게 신고하여야 한다.

제50조의2(정신장애자사회복귀시설의 종류) ① 정신장애사회복귀시설의 종류는 다음과 같다.

1. 정신장애자생활훈련시설
2. 정신장애자수산시설
3. 정신장애자복지홈
4. 정신장애자복지공장
5. 정신장애자지역생활지원센터

② 정신장애자 생활훈련시설은 정신장애 때문에 가정에서 일상생활을 영위하기에 지장이 있는 정신장애자가 일생생활에 적응할 수 있도록 적은 요금으로 거실 기타 설비를 이용하게 하고 필요한 훈련 및

지도를 함으로써 그 자의 사회복귀 촉진을 도모하는 것을 목적으로 하는 시설로 한다.

③ 정신장애자수산시설은 고용되기가 곤란한 정신장애자가 자활할 수 있도록 적은 요금으로 필요한 훈련을 실시하고 직업을 부여함으로써 그 자의 사회복귀 촉진을 도모한은 것을 목적으로 하는 시설로 한다.

④ 정신장애자복지홈은 현재 주거를 구하고 있는 정신장애자에게 적은 요금으로 거실 기타 설비를 이용하게 하는 동시에, 일상생활에 필요한 편의를 공여함으로써 그 자의 사회복귀촉진 및 자립 촉진을 도모하는 것을 목적으로 하는 시설로 한다.

⑤ 정신장애자복지공장은 통상의 사업소에 고용되기가 곤란한 정신장애자를 고용하여 사회생활 적응에 필요한 지도를 실시함으로써 그 자의 사회복귀 촉진 및 사회경제활동 참가 촉진을 도모하는 것을 목적으로 하는 시설로 한다.

⑥ 정신장애자지역생활지원센터는 지역의 정신보건 및 정신장애자의 복지에 관한 제반 문제에 대하여 정신장애자로부터의 상담에 응하고 필요한 지도 및 조언을 하는 동시에, 제49조제1항의 규정에 의한 조언을 하고 아울러 보건소, 복지사무소, 정신장애자사회복귀시설 등과의 연락조정 기타 후생노동성령이 정하는 원조를 종합적으로 하는 것을 목적으로 하는 시설로 한다.

제50조의2의2(비밀유지의무) 정신장애자지역생활지원센터의 직원은 그 직무를 수행함에 있어서는 개인의 신상에 관한 비밀을 준수하여야 한다.

제50조의2의3(시설의 기준) ① 후생노동장관은 정신장애자사회복귀시설의 설비 및 운영에 대하여 기준을 정하여야 한다.

② 정신장애자사회복귀시설의 설치자는 전항의 기준을 준수하여야 한다.

제50조의2의4(보고의 징수 등) ① 도도부현지사는 전조 제1항의 기준을 유지하기 위하여 정신장애자사회복귀시설의 장에게 필요하다고 인정되는 사항의 보고를 구하거나 해당 직원으로 하여금 관계자에게 질문하게 하거나 그 시설에 출입하여 설비, 장부 서류 기타 물건을 검사하게 할 수 있다.

② 제27조제5항 및 제6항의 규정은 전하의 규정에 의한 출입검사에 대하여 준용한다. 이 경우에 동조 제5항 중 '전항'은 '제50조의2의4 제1항'으로, '그 자가 거주하는 장소'는 '정신장애자사회복귀시설'로, '지정의 및 해당 직원'은 '해당 직원'으로, 동조 제6항 중 '제4항'은 '제50조의2의4 제1항'으로 대체한다.

제50조의2의5(사업의 정지 등) ① 도도부현지사는 정신장애자사회복귀시설의 설치자가 이 법률 혹은 이에 의거한 명령이나 이에 의거하여 내리는 처분을 위반하거나 해당 시설이 제50조의2의3 제1항의 기준에 적합하지 아니하게 된 때에는 그 설치자에게 그 시설의 설비나 운영의 개선 또는 그 사업의 정지나 폐지를 명할 수 있다.

② 도도부현지사는 전항의 규정에 의하여 정신장애자사회복귀시설에 대하여 그 사업의 폐지를 명하고자 하는 때에는 미리 지방정신보건복지심의회의 의견을 청취하여야 한다.

제50조의3(정신장애자거택생활지원사업의 실시) ① 국가 및 도도부현 이외의 자는 정신장애자의 사회복귀 촉진 및 자립의 촉진을 도모하기 위하여 후생노동성령이 정하는 바에 따라 미리 후생노동성령으로 정하는 사항을 도도부현지사에게 신고하고 정신장애자거택생활지원사업을 할 수 있다.

② 전항의 규정에 의한 신고를 한 자는 그 신고한 사항에 변경이 발생한 때에는 변경일로부터 1월 이내에 그 취지를 해당 도도부현지

사에게 신고하여야 한다.

③ 국가 및 도도부현 이외의 자는 정신장애자거택생활지원사업을 폐지 또는 중지하고자 하는 때에는 미리 후생노동성령으로 정하는 사항을 도도부현지사에게 신고하여야 한다.

제50조의3의2(정신장애자거택생활지원사업의 종류) ① 정신장애자거택생활지원사업의 종류는 다음과 같다.

1. 정신장애자거택개호 등 사업
2. 정신장애자단기입소 사업
3. 정신장애자지역생활원조 사업

② 정신장애자거택개호 등 사업은 정신장애자의 사회복귀 촉진을 도모하기 위하여 정신장애 때문에 일상생활을 영위하기에 지장이 있는 정신장애자에 대하여 그 자의 거택에서 식사, 신체의 청결 유지 등의 개조 기타 일상생활을 영위하는 데 필요한 편의로 후생노동성령이 정하는 것(다음 항에서 '개호 등'이라 한다)을 공여하는 사업으로 한다.

③ 정신장애자단기입소 사업은 정신장애자로 그 개호 등을 하는 자의 질병 기타 이유로 거택에서 개호 등을 받는 깃이 일시적으로 곤란하게 된 자에 대하여 정신장애자생활훈련시설 기타 후생노동성령이 정하는 시설에 단기간 입소하게 하여 개호 등을 하는 사업으로 한다.

④ 정신장애자지역생활원조 사업은 지역에서 공동생활을 영위하는 데 지장이 없는 정신장애자에 대하여 이러한 자가 공동생활을 영위해야 할 주거에서의 식사 제공, 상담 기타 일상생활상의 원조를 하는 사업으로 한다.

제50조의3의3(보고의 징수 등) ① 도도부현지사는 정신장애자의 복지를 위하여 필요하다고 인정되는 때에는 정신장애자거택생활지원사업을 하는 자에게 필요하다고 인정되는 사항의 보고를 요구하거나 해

당 직원으로 하여금 관계자에게 질문하게 하거나 그 사무소나 시설에 출입하여 설비, 장부 서류 기타 물건을 검사하게 할 수 있다.

② 제27조제5항 및 제6항의 규정은 전항의 규정에 의한 출입검사에 대하여 준용한다. 이 경우에 동조 제4항 중 '전항'은 '제50조의3의3 제1항'으로, '그 자가 거주하는 장소'는 '그 사무소 또는 시설'로, '지정의 및 해당 직원'은 '해당 직원'으로, 동조 제6항 중 '제4항'은 '제50조의3의3 제1항'으로 대체한다.

제50조의3의4(사업의 정지 등) ① 도도부현지사는 정신장애자거택생활지원사업을 하는 자가 이 법률 혹은 이에 의거한 명령이나 이에 의거하여 내리는 처분을 위반한 때 또는 그 사업에 관하여 부당하게 영리를 도모하거나 그 사업에 관계하는 정신장애자의 처우에 대하여 부당한 행위를 한 때에는 해당 사업을 하는 자에게 그 사업의 제한 또는 정지를 명할 수 있다.

② 도도부현지사는 전항의 규정에 의하여 정신장애자거택생활지원사업의 제한 또는 정지를 명하는 경우에는 미리 지방정신보건복지심의회의 의견을 청취하여야 한다.

제50조의4(정신장애자사회적응훈련사업) 도도부현은 정신장애자의 사회복귀 촉진 및 사회경제활동 참가 촉진을 도모하기 위하여 정신장애자사회적응훈련사업(통상의 사업소에 고용되기가 곤란한 정신장애자로 정신장애자의 사회경제활동 참가 촉진에 열의가 있는 자에게 위탁하여 직업을 부여하는 동시에 사회생활 적응에 필요한 훈련을 하는 사업을 말한다. 이하 같다)을 할 수 있다.

제51조(국가 및 지방공공단체의 보조) ① 시정촌은 정신장애자거택생활지원사업을 하는 자에게 해당사업에 요하는 비용의 일부를 보조할 수 있다.

② 도도부현은 시정촌에 대하여 다음에 열거하는 비용의 일부를 보조할 수 있다.

1. 시정촌이 실시하는 정신장애자거택생환지원사업에 요하는 비용

2. 전항의 규정에 의한 보조에 요하는 비용

③ 도도부현은 정신장애자사회복귀시설의 설치자에게 해당 시설의 설치 및 운영에 요하는 비용의 일부를 보조할 수 있다.

④ 국가는 예산의 내에서 도도부현에 대하여 다음에 열거하는 비용의 일부를 보조할 수 있다.

1. 도도부현이 설치하는 정신장애자사회복귀시설의 설치 및 운영에 요하는 비용

2. 도도부현이 실시하는 정신장애자사회적응훈련사업에 요하는 비용

3. 전 2항의 규정에 의한 보조에 요하는 비용

제7장 정신장애자사회복귀촉진센터

제51조의2(지정 등) 후생노동장관은 정신장애자의 사회복귀 촉진을 도모하기 위하여 훈련 및 지도 등에 관한 연구개발 등을 함으로써 정신장애자의 사회복귀를 촉진하는 것을 목적으로 설립된 민법(1896년 법률 제89호) 제34조의 법인으로 다음 조에서 규정하는 업무를 적정하고 확실하게 수행할 수 있다고 인정되는 자를 그 신청에 의하여 전국을 통하여 1개에 한하여 정신장애자사회복귀촉진센터(이하 '센터'라 한다)로 지정할 수 있다.

② 후생노동장관은 전항의 규정에 의한 지정을 한 때에는 센터의 명칭, 주소 및 사무소의 소재지를 공시하여야 한다.

③ 센터는 그 명칭, 주소 또는 사무소의 소재지를 변경하고자 하는

때에는 미리 그 취지를 후생노동장관에게 신고하여야 한다.

④ 후생노동장관은 전항의 규정에 의한 신고가 있은 때에는 해당 신고에 관계하는 사항을 공시하여야 한다.

제51조의3(업무) 센터는 다음에 열거하는 업무를 수행한다.

1. 정신장애자의 사회복귀 촉진에 기여하기 위한 계발활동 및 홍보활동

2. 정신장애자의 사회복귀의 시례에 따라 정신장애자의 사회복귀 촉진을 도모하기 위한 훈련 및 지도 등에 관한 연구개발

3. 전호에 열거하는 자 외에 정신장애자의 사회복귀 촉진에 관한 연구

4. 정신장애자의 사회복귀 촉진을 도모하기 위하여 제2호의 규정에 의한 연구개발의 성과 또는 전호의 규정에 의한 연구의 성과를 정기적으로 또는 시의적절하게 제공하는 것

5. 정신장애자의 사회복귀 촉진을 도모하기 위한 사업의 업무에 관하여 해당 사업에 종사하는 자 및 해당 사업에 종사하고자 하는 자에 대한 연수

6. 전 각호에 열거하는 자 외에 정신장애자의 사회복귀를 촉진하는 데 필요한 업무

제51조의4(센터에의 협력) 정신병원 기타 정신장애의 의료를 제공하는 시설의 설치자, 정신장애자사회복귀시설의 개정자 및 정신장애자거택생활부조사업 또는 정신장애자사회적응훈련사업을 하는 자는 센터의 요구에 따라 센터가 전조 제2호 및 제3호에 열거하는 업무를 하는 데 필요한 한도에서 센터에 대하여 정신장애자의 사회복귀 촉진을 도모하기 위한 훈련 및 지도에 관한 정보 또는 자료 기타 필요한 정보 또는 자료로 후생노동성령이 정하는 것을 제공할 수 있다.

제51조의5(특정정보관리규정) ① 센터는 제51조의3 제2호 및 제3호

에 열거하는 업무에 관계하는 정보 및 자료(이하 이 조 및 제51조의7
에서 '특정정보'라 한다)의 관리와 사용에 관한 규정(이하 이 조 및
제 51조의7에서 '특정정보관리규정'이라 한다)을 작성하고, 후생노동장
관의 인가를 받아야 한다. 이를 변경하고자 하는 때에도 또한 같다.

  ② 후생노동장관은 전항의 인가를 한 특정정보관리규정이 특정정보
의 적정한 관리 또는 사용을 도모하는 데 부적당하다고 인정되는 때에
는 센터에 대하여 해당 특정정보관리규정을 변경하도록 명할 수 있다.

  ③ 특정정보관리규정에 기재하여야 할 사항은 후생노동성령으로 정
한다.

  제51조의6(비밀유지의무) 센터의 임원 혹인 직원 또는 이러한 직급
에 있던 자는 제51조의3 제2호 또는 제3호에 열거하는 업무에 관하여
알게 된 비밀을 누설하여서는 아니 된다.

  제51조의7(해임명령) 후생노동장관은 센터의 임원 또는 직원이 제51
조의5 제1항의 인가를 받은 특정정보관리규정에 의하지 아니하고 특
정정보의 관리 또는 사용을 하거나 전조의 규정을 위반한 때는 센터
에 대하여 해당 임원 또는 직원을 해임하도록 명할 수 있다.

  제51조의8(사업계획 등) ① 센터는 매 사업연도의 사업계획서 및
수지예산서를 작성하여 해당 사업연도의 개시 전에 후생노동장관에게
제출하여야 한다. 이를 변경하고자 하는 때에도 또한 같다.

  ② 센터는 매 사업연도의 사업보고서 및 수지결산서를 작성하여 해
당 사업연도 경과 후 3월 이내에 후생노동장관에게 제출하여야 한다.

  제51조의9(보고 및 검사) ① 후생노동장관은 제51조의3에 규정하는
업무의 적정한 운영을 확보하는 데 필요한 한도에서 센터에 대하여
필요하다고 인정되는 사항의 보고를 요청하거나 또는 해당 직원으로
하여금 그 사무소에 출입하여 업무의 상황 혹은 장부서류 기타 물건

을 검사하게 할 수 있다.

② 제27조제5항 및 제6항의 규정은 전항의 규정에 의한 출입검사에 대하여 준용한다. 이 경우에 동조 제5항 중 '전항'은 '제51조의9 제1항'으로, '그 자가 거주하는 장소'는 '센터의 사무소'로, '지정의 및 해당 직원'은 '해당 직원'으로, 동조 제6항 중 '제4항'은 '제51조의9 제1항'으로 대체한다.

제51조의10(감독명령) 후생노동장관은 이 장의 규정을 시행하는 데 필요한 한도에서 센터에 대하여 제51조의3에 규정하는 사무에 관하여 감독상 필요한 명령을 할 수 있다.

제51조의11(지정의 취소 등) 후생노동장관은 센터가 다음의 각호의 1에 해당하는 때는 제51조의2 제1항의 규정에 의한 지정을 취소할 수 있다.

1. 제51조의3에 규정하는 업무를 정정하고 확실하게 실시할 수 없다고 인정되는 때

2. 지정에 관하여 부정한 행위가 있은 때

3. 이 장의 규정 또는 해당 규정에 의한 명령 혹은 처분에 위반한 때.

② 후생노동장관은 전항의 규정에 따라 지정을 취소한 때에는 그 취지를 공시하여야 한다.

제8장 잡 칙

제51조의11의2 시정촌장은 정신장애자에 대하여 그 복지를 도모하는 데 특히 필요가 있다고 인정되는 때에는 민법 제7조, 제11조, 제12조제2항, 제14조제1항, 제16조제1항, 제876조의4제1항 또는 제876조의9 제1항에 규정하는 심판을 청구할 수 있다.

제51조의12(대도시의 특례) ① 이 법률의 규정 중 도도부현이 처리하게 되어 있는 사무로 정령이 정하는 것은 지방자치법(1947년 법률 제76호) 제252조의19 제1항의 지정도시(이하 '지정도시'라 한다)에서는 정령이 정하는 바에 따라 지정도시가 처리한다. 이 경우에는 이 법률의 규정 중 도도부현에 관한 규정은 지정도시에 관한 규정이라 하여 지정도시에 적용한다.

② 전항의 규정에 의하여 지정도시의 장이 한 처분(지방자치법 제2조제9항제1호에 규정하는 제1호 법정수탁사무에 관계하는 것에 한한다)에 관계하는 심사청구에 대한 도도부현지사의 재결에 불복이 있는 자는 후생노동장관에게 재심사를 청구할 수 있다.

제51조의13(긴급 시의 후생노동장관의 사무집행) ① 정신장애자사회복귀시설에 대하여 제50조의2의4 및 제50조의2의5의 규정에 따라 도도부현지사의 권한에 속하게 되어 있는 사무는 이 시설을 이용하는 자의 이익을 보호할 긴급한 필요가 있다고 후생노동장관이 인정하는 경우에는 후생노동장관 또는 도도부현지사가 한다. 이 경우에는 이 법률의 규정 중 도도부현지사에 관한 규정(해당 사무에 관계되는 것에 한한다)은 후생노동장관에 관한 규정이라 하여 후생노동장관에 적용한다.

② 전항의 경우에 후생노동장관 또는 도도부현지사가 해당 사무를 하는 때에는 상호 밀접한 연계하에 행한다.

제51조의14(사무의 구분) ① 이 법률(제1장 내지 제3장, 제19조의2 제4항, 제19조의7, 제19조의8, 제19조의9 제1항, 동조 제2항(제33조의5에서 준용하는 경우를 포함한다), 제29조의7, 제30조제1항 및 제31조, 제6장제4절, 제33조의4 제1항 및 제3항과 제6장을 제외한다)의 규정에 의하여 도도부현이 처리하도록 되어 있는 사무는 지방자치법 제2조제9항제1호에 규정하는 제1호법정수탁사무(다음 항 및 제3항에서 '제1호

법정수탁사무'라 한다)로 한다.

② 이 법률(제32조제3항 및 제6장제2절을 제외한다)의 규정에 의하여 보건소를 설치하는 시 또는 특별구가 처리하도록 되어 있는 사무(보건소장에 관계하는 것에 한한다)는 제1호법정수탁사무로 한다.

③ 제21조의 규정에 의하여 시정촌이 처리하도록 되어 있는 사무는 제1호법정수탁사무로 한다.

제51조의15(권한의 위임) ① 이 법률에 규정하는 후생노동장관의 권한은 후생노동성령이 정하는 바에 따라 지방후생국장에 위임할 수 있다.

② 전항의 규정에 의하여 지방후생국장에 위임된 권한은 후생노동성령이 정하는 바에 따라 지방후생지국장에 위임할 수 있다.

제9장 벌 칙

제52조 다음 각호의 1에 해당하는 자는 3년 이하의 징역 또는 100만 엔 이하의 벌금에 처한다.

1. 제38조의3 제4항의 규정에 의한 명령을 위반한 자
2. 제38조의5 제5항의 규정에 의한 퇴원 명령을 위반한 자
3. 제38조의7 제2항의 규정에 의한 명령을 위반한 자
4. 제38조의7 제3항의 규정에 의한 명령을 위반한 자

제53조 ① 정신병원의 관리자, 지정의, 지방정신보건복지심의회의 위원 혹은 임시위원, 정신의료심사회의 위원 혹은 제47조제1항의 규정에 의하여 도도부현지사 등이 지정한 의사 또는 이러한 직위에 있던 자가 이 법률의 규정에 기초하는 직무의 집행에 관하여 알게 된 타인의 비밀을 정당한 이유 없이 누설한 때에는 1년 이하의 징역 또는 50만 엔 이하의 벌금에 처한다.

② 정신병원의 직원 또는 그 장소에 있던 자가 이 법률의 규정에 기초하는 정신병원 관리자의 직무집행을 보조할 때 알게 된 타인의 비밀을 정당한 이유 없이 누설한 때에도 전항과 같다.

제53조의2 제51조의6의 규정을 위반한 자는 1년 이하의 징역 또는 30만 엔 이하의 벌금에 처한다.

제54조 다음 각호의 1에 해당하는 자는 6월 이하의 징역 또는 30만 엔 이하의 벌금에 처한다.

1. 허위 사실을 기재하여 제23조제1항의 신청을 한 자

2. 제50조의2의5 제1항의 규정에 의한 정지 또는 폐지의 명령을 위반한 자

3. 제50조의3의4 제1항의 규정에 의한 제한 또는 정지의 명령을 위반한 자

4. 제51조의13 제1항의 규정에 의하여 후생노동장관이 실시하는 제50조의2의5 제1항에 규정하는 정지 또는 폐지의 명령을 위반한 자

제55조 다음 각호의 1에 해당하는 자는 20만 엔 이하의 벌금에 처한다.

1. 제27조제1항 또는 제2항의 규정에 의한 진찰을 거부, 방해하거나 기피한 자 또는 동조 제4항의 규정에 의한 출입을 거부하거나 방해한 자

2. 제29조의2 제1항의 규정에 의한 진찰을 거부, 방해하거나 기피한 자 또는 동조 제4항에서 준용하는 제27조제4항의 규정에 의한 출입을 거부하거나 방해한 자

3. 제38조의3 제3항의 규정에 의한 보고 혹은 제출을 하지 아니하거나 허위 보고, 동항의 규정에 의한 진찰 방해 또는 도항의 규정에 의한 출두를 하지 아니하거나 동항의 규정에 의한 심문에 대하여 정당한 이유 없이 답변하지 아니하거나 허위 답변을 한 자

4. 제38조의5 제4항의 규정에 의한 보고 혹은 제출을 하지 아니하거

나 허위 보고, 동항의 규정에 의한 진찰 방해 또는 동항의 규정에 의
한 출두를 하지 아니하거나 동항의 규정에 의한 심문에 대하여 정당
한 이유 없이 답변하지 아니하거나 허위 답변을 한 자

　5. 제38조의6 제1항의 규정에 의한 보고, 제출 혹은 제시를 하지 아
니하거나 허위 보고, 동항의 규정에 의한 검사 혹은 진찰을 거부, 방
해 혹은 기피하거나 또는 동항의 규정에 의한 질문에 대하여 정당한
이유 없이 답변하지 아니하거나 허위 답변을 한 자

　6. 제38조의6 제2항의 규정에 의한 보고, 제출 혹은 제시를 하지 아
니하거나 허위 보고를 한 정신병원의 관리자

　7. 제51조의9 제1항의 규정에 의한 보고를 하지 아니하거나 허위 보고
를 하거나 또는 동항의 규정에 의한 검사를 거부, 방해 혹은 기피한 자

　제56조 법인의 대표자 또는 법인 혹인 타인의 대리인, 사용인 기타
종업원이 그 법인 또는 타인의 업무에 관하여 제52조, 제54조제2호 혹
은 제3호 또는 전조의 위반행위를 한 때에는 행위자를 벌하는 외에
그 법인 또는 타인에 대하여도 각 본조의 벌금형을 과한다.

　제57조 다음 각호의 1에 해당하는 자는 10만 엔 이하의 과료에 처한다.

　1. 제19조의4의2의 규정을 위반한 자

　2. 제22조의4 제4항의 규정을 위반한 자

　3. 제33조의제4항의 규정을 위반한 자

　4. 제33조의4 제2항의 규정을 위반한 자

　5. 제38조의2 제1항 또는 동조 제2항에서 준용하는 동조 제1항의 규
정을 위반한 자

부칙(초)

(국가의 무이자 대부 등)

③ 국가는 당분간 도도부현에 대하여 제19조의10 제1항의 규정에 의하여 국가가 그 경비에 대하여 보조하는 정신병원 및 정신병원 이외의 병원에 설치하는 정신병실의 설치로 일본전신전화주식회사주식의처분수입활용에의한사회자본정비의촉진에관한특별조치법(1987년 법률 제86호. 이하 '사회자본정비특별조치법'이라 한다) 제2조제1항제2호에 해당하는 것에 요하는 비용이 충당할 자금에 대하여 예산의 범위 내에서 제19조의10 제1항의 규정에 의하여 국가가 보조하는 금액에 상당하는 금액을 무이자로 대부할 수 있다.

④ 국가는 당분간 영리를 목적으로 하지 아니하는 법인에 대하여 제19조의10 제2항의 규정에 의하여 국가가 그 경비에 대하여 보조할 수 있는 정신병원 및 정신병원 이외의 병원에 설치하는 정신병실의 설치로 사회자본정비특별조치법 제2조제1항제2호에 해당하는 것에 요하는 비용에 충당할 자금에 대하여 예산의 범위 내에서 제19조의10 제2항의 규정에 의하여 국가가 보조할 수 있는 금액에 상당하는 금액을 무이자로 대부할 수 있다.

⑤ 국가는 당분간 도도부현(제51조의12의 규정에 의하여 도도부현이 처리하도록 되어 있는 제50조제1항 또는 제51조제1항(제1호에 관계있는 부분에 한한다)의 사무를 지정도시가 처리하는 경우에는 해당 지정도시를 포함한다. 이하 이 항에서 같다)에 대하여, 제51조제2항의 규정에 의하여 국가가 그 비용에 대하여 보조할 수 있는 정신장애자 사회복귀시설의 설치로 사회자본정비특별조치법 제2조제1항제2호에 해당하는 것에 대하여 해당 도도부현이 스스로 행하는 경우에는 그 요하는 비용에 충당할 자금의 일부를, 도도부현 이외의 정신장애자사

회복귀시설의 설치자가 하는 경우에는 해당 설치자에 대하여 해당 도도부현이 보조하는 비용에 충당할 자금의 일부를 예산의 범위 내에서 무이자로 대부할 수 있다.

⑥ 국가는 당분간 도도부현 또는 지정도시에 대하여 정신장애자사회복귀시설(제50조의2 제1항제5호에 규정하는 정신장애자지역생활지원센터를 제외한다. 이하 이 항에서 같다)에서 정신장애자와 지역주민과의 교류를 심화하는 것을 목적으로 하는 설비의 설치로 사회자본정비특별조치법 제2조제1항제2호에 해당하는 것에 대하여 해당 도도부현 또는 지정도시가 스스로 행하는 경우에는 그 요하는 비용에 충당할 자본의 일부를, 도도부현 및 지정도시 이외의 정신장애자사회복귀시설의 설치자가 하는 경우에는 해당 설치자에 대하여 해당 도도부현 또는 지정도시가 보조하는 비용에 충당할 자금의 일부를 예산의 범위 내에서 무이자로 대부할 수 있다.

⑦ 국가는 당분간 도도부현에 대하여 정신장애자의 발생의 예방 기타 국민의 정신보건의 향상을 위한 시설의 정비로 사회자본정비특별조치법 제2조제1항제2호에 해당하는 것에 요하는 것을 충당할 자금의 일부를 예산의 범위 내에서 무이자로 대부할 수 있다.

⑧ 부칙 제3항 내지 전항의 국가의 대부금 상환기간은 5년(2년 이내의 거치기간을 포함한다) 이내에서 정령이 정하는 기간으로 한다.

⑨ 전항에 정하는 것 외에 부칙 제3항 내지 제7항의 규정에 의한 대부금의 상환방법, 조기상환 기타 상환에 관하여 필요한 사항은 정령으로 정한다.

⑩ 국가는 부칙 제3항의 규정에 의하여 도도부현에 대하여 대부를 한 경우, 해당 대부의 대상인 사업에 관계하는 제19조의10 제1항의 규정에 의한 국가의 보조에 대하여, 해당 대부금의 상환 시에 해당 대부

금의 상환금에 상당하는 금액을 교부함으로써 실시한다.

⑪ 국가는 부칙 제4항의 규정에 의하여 영리를 목적으로 하지 아니하는 법인에 대하여 대부를 한 경우에는, 해당 대부의 대상인 사업에 대하여 제19조의10제2항의 규정에 의한 해당 대부금에 상당하는 금액의 보조를 하고, 해당 보조에 대하여는 해당 대부금의 상환 시에 해당 대부금의 상환금에 상당하는 금액을 교부함으로써 실시한다.

⑫ 국가는 부칙 제5항 내지 제7항의 규정에 의하여 도도부현 또는 지정도시에 대하여 대부를 한 경우에는, 해당 대부의 대상인 사업에 대하여 해당 대부금에 상당하는 금액의 보조를 하고, 해당 보조에 대하여는 해당 대부금의 상환 시에 해당 대부금의 상환금에 상당하는 금액을 교부함으로써 실시한다.

⑬ 도도부현, 지정도시 또는 영리를 목적으로 하지 아니하는 법인이, 부칙 제3항 내지 제7항의 규정에 의한 대부를 받은 무이자대부금에 대하여 부칙 제8항 및 제9항의 규정에 기초하여 정하여진 상환기한 이전에 상환을 한 경우(정령으로 정하는 경우를 제외한다)의 전 3항의 규정 적용에 대하여 해당 상환은 해당 상환기한의 도래 시에 이루어진 것으로 본다.

[국회도서관 입법전자정보실 자료]

참고 자료

국가인권위원회. 2002. 연간보고서. 국가인권위원회.

국가인권위원회. 2003. 『국가인권위원회 법규집』. 서울: 국가인권위원회.

국가인권위원회 a. 2003. 행정과 인권. 국가인권위원회.

국가인권위원회 b. 2003. "범죄수사절차상 피의자의 인권침해 현황조사" 『2002년도 인권상황 실태조사연구용역사업 보고서』. 한국형사정책연구원.

국가인권위원회 c. 2003. 4. 『정신질환자 인권보호를 위한 청문회』자료.

국가인권위원회. 2004. 정신과시설 인권현황관련 공청회 자료, "정신장애인의 인권보호". 서동우.

국가인권위원회 a. 2004. 『인권용어집』. 서울: 국가인권위원회.

국가인권위원회. 2005. 『2004 연간보고서』. 국가인권위원회.

국가인권위원회. 2006. 정신장애자 인권개선을 위한 법제연구. 인권상황실태조사 연구용역보고서. 국가인권위원회.

국가인권위원회 a. 2006. 장애인생활시설 인권교육교재 및 프로그램 개발. 국가인권위원회

김상준 외. 2003. 『경찰인권교육방법』. 서울: 국가인권위원회.

김성수. 2003. "유한킴벌리의 사회적 책임과 사회공헌 활동." 『기업윤리연구』. 한국기업윤리학회, 제7집.

김수원 외. 2005. 『노인복지시설 방문조사보고서』. 서울: 국가인권위원회 조사기획담당관실.

김   택. 2003. "경찰공무원의 국가윤리정립에 관한 연구" 『한·독사회과학논총』 제13권 제1호. 한독사회과학회.

김호섭. 2004. "경찰조직의 윤리성 제고를 위한 인사관리 방안: 채용과 윤리교육을 중심으로." 『한국사회와행정연구』 제14권 제4호. 서울행정학회.

박영란 외. 2001. 『한국의 사회복지와 인권』 "사회권 확보를 위한 공익법운동과 공익소송, 사회운동권의 향후 과제(이찬진). 인간과 복지.

손상호. 2005. "은행의 공공성과 사회적 책임", 『KIF금융논단모음집』. 한국금융연구원. 제14권 제43호.

이 옥. 1999. "소외된 아동의 실상과 사회적 책임, 그리고 아동전문가의 역할" 한국아동학회 1999년도 춘계학술대회.

이지훈·이종구. 2002. "경영자의 사회적 책임성과 윤리적 리더십에 관한 연구." 『기업윤리연구』. 한국기업윤리학회, 제5집.

정영선. 2000. "인권논리의 아시아적 접근과 쟁점: 인권의 보편성과 경제성장론의 충돌을 중심으로" 『인권과 평화』 제1권 1호. 성공회대학교 인권평화센터.

조효제 외. 2002. 『인권 길라잡이(경찰편)』. 서울: 국가인권위원회.

토마스 버겐탈. 1992. 『국제인권법 개론』. 양건, 김재원 역. 서울: 교육과학사.

카렐바삭. 1986. 『인권론』. 박홍규 편. 서울: 실천문학사.

한상범. 1991. 『인권-민중의 자유와 권리-』. 서울: 교육과학사.

한상범·이철호. 2003. 『경찰과 인권』. 서울: 패스 앤 패스.

현명호. 2004. "정신과 관련시설 인권상황 실태조사" 『2003년도 국가인권위원회 연구용역 보고서』. 중앙대학교.

Bell, L., Nathan, A & Peledge, I.(eds). 2001. *Negotiating Culture and Human Rights*. N.Y.Columbia University Press.

Carlsnaes et al. eds. *Handbook of International Relations*, London: SAGE Publications.

Chung, Young-Sun, 1999. *Asian Perspectives on Human Rights and Trade-off Thesis*, Ph. D. Dissertation. The University of Tennessee.

Claude, Richard P., Burns H. Weston. 1992. *Human Rights in the World Community: Issues and Action.* University of Pennsylvania Press.

Donnelly, Jack. 1986. "International human rights: a Regime Analysis." International Organization.

Donnelly, Jack. 1989. *Universal Human Rights in Theory and Practice.* Ithaca: Cornell University Press.

Helgesen, Jan., Allan Rosas. 1990. Human Rights in a Changing East-West Perspective. London: Printer Publishers.

Henkin, Louis. 1985. Human Rights, Encyclopedia of Public International Law. Amsterdam: North-Holland.

Ife, Jim, *Human Rights and Social Work*, Cambridge University Press, 『인권과 사회복 지실천』, 김형식, 여지영 옮김. 2001. 서울: 인간 과 복지.

Interpol. 1987. "Policing and Justice in Europe," *International Criminal Police Review.* No.407.

Mental Disability Rights International. 2005. *Americas advocacy initiative: Neuro-psychiatric hospital of Paraguay.*

Available: www.mdri.org/projects/americas/paraguay/index.htm (14 Feb 2005).

Montgomery, John. 1996. *Human Rights and Human Dignity.* Michigan: Zondervan Publisher.

Mower, Jr, A. Glenn. 1987. Human Rights And American Foreign Policy. New York: Greenwood Press.

Prosser, W. 1960. "Privacy." *California Law Review.* 48, 383-412.

Schmitz, Hans Peter & Kathryn Sikkink. 2003. "International Human Rights," Walter Carlsnaes et al. eds. Handbook of International Relations, London: SAGE Publications.

Scrivner, E. M. 1994. *Controlling Police Use of Excessive Force: The Role of the Police Psychologist.* Washington, D.C.:U.S. Department of Justice, NIJ Research in Brief.

Smolla, R. A. 2000. *"Law of defamation."* New York: West Group.

Torney, J. V. 1980. *UNESCO Report on the Congress on the Teaching of Human Rights.* Paris: UNESCO.

UNESCO. 1993. *The International Congress on Education for Human Rights and Democracy.* Canada: UNESCO.

Vasak, Karal 1982. The international Dimensions of Human Rights. Westport: Greenwood Press.

Weigel, George. 1995. "Are Human Rights Still Universal?" *Commentary,* Vol.99, No.2(Feb). 41-45.

국가인권위원회법.

대한민국헌법.

연합뉴스, 2004년 9월 30일자.

정신보건법.

http://cyberhumanrights.com:5555/index.html.

http://www.humanrights.go.kr/ 인권통계지료.

· 저자 ·

김수원   **· 약 력 ·**

　전북대학교 정치외교학과를 졸업하고 동 대학원에서 『지역사회경찰활동 (Community Policing)과 인권에 관한 연구』로 박사학위를 받았다. 2003년도부터 국가인권위원회 조사관으로 근무하면서 다양한 분야에서의 인권 침해 조사와 사례를 연구하였으며, 현재는 우석대학교 경찰행정학과 교수로 재직하면서 범죄수사, 인권관련 과목들을 강의하고 있다.

　국민고충처리위원회 자문위원 및 국가인권위원회 인권강사, 한국부패학회 전북지역위원장, 교정행정자문위원으로도 활발한 활동을 하고 있으며 주요 논저로는 『경찰활동과 인권』, 『다수인보호시설의 사회적 책임에 관한 연구』, 『정신질환자 인권과 경찰: 정신의료기관 사례를 중심으로』, 『경찰의 사생활 비밀 침해에 관한 연구』, 『수사관행에서 나타난 경찰윤리의 해이』, 『한국자치경찰에 대한 인식과 도입에 관한 연구』 등이 있다.

· 연락처 ·

전화 : 063-290-1382, HP : 011-681-9009

정신보건시설과 인권

· 초판 인쇄	2007년 10월 30일
· 초판 발행	2007년 10월 30일
· 지 은 이	김수원
· 펴 낸 이	채종준
· 펴 낸 곳	한국학술정보㈜
	경기도 파주시 교하읍 문발리 526-2
	파주출판문화정보산업단지
	전화 031) 908-3181(대표) · 팩스 031) 908-3189
	홈페이지 http://www.kstudy.com
	e-mail(출판사업부) publish@kstudy.com
· 등 록	제일산-115호(2000. 6. 19)
· 가 격	27,000원

ISBN　978-89-534-7655-4 93330 (Paper Book)
　　　　978-89-534-7656-1 98330 (e-Book)